银行校招直播体验营

全年大放送

课程安排

6—8月：秋招强化体验营（3期班次任选时间）
利用暑期时间进行强化学习；充分吸收基础阶段的知识，并培养应用能力；同时定制公告前学习计划

9—10月：秋招讲练体验营（2期班次任选时间）
在公告期提升基础，强化训练

8月25日：七夕精讲双学营
大四开学，喜迎公告；中公豪礼相送

10—11月：面试优学营（5期班次任选时间）
定制面试复习计划，充分应对银行面试

课程特色

1.科学而高效的课程安排
避开学校上课安排，每天学习3小时/周末6小时，充分吸收课程内容；周一听课，用于周末课程吸收

2.精致而丰富的课程内容
用往年经典考题带出考点，讲练结合、印象深刻，牢记考点，知悉难度

3.风趣而高质的课程师资
甄选各科授课名师，授课经验超千课时，经验丰富；师资授课风格诙谐幽默，深入浅出，快速掌握

4.全面而系统的课程服务
课程配套全方位服务资料，课后配套模考练习，针对社群答疑，专属客服答疑解惑，名师陪读群指导学习

预约报名

① 扫描右侧二维码后点击"立即报名"，并登录中公网校帐号，即可试听或购买
（首次登录中公网校平台需进行注册）

② 购买后，手机端登录中公网校APP直接观看，或电脑端登录中公网校学习平台，在【我的课程】—【展开】—【去学习】界面听课学习

【听课指导】

Q：购买课程后如何获得听课账号？
A：购课需要注册用户名进行登录后进行，听课账号即为注册用户名。

Q：注册时提示用户名已存在或忘记密码如何进行操作？
A：在中公网校首页 点击"听课中心"进入登录界面，
点击"忘记密码"，根据提示操作重置密码，然后再进行登录学习。

Q：课程有没有学习次数限制？
A：中公网校课程在有效期内，可以随时学习，反复学习，没有次数限制。

网校登录入口

中国农业发展银行招聘考试
冲关攻略

中公教育全国银行招聘考试研究院◎编著

世界图书出版公司

北京·广州·上海·西安

图书在版编目(CIP)数据

中国农业发展银行招聘考试·冲关攻略／中公教育全国银行招聘考试研究院编著. — 北京:世界图书出版有限公司北京分公司,2020.9

ISBN 978-7-5192-7841-0

Ⅰ.①中… Ⅱ.①中… Ⅲ.①中国农业发展银行-招聘-考试-自学参考资料 Ⅳ.①F832.33

中国版本图书馆 CIP 数据核字(2020)第 163370 号

书　　　名	中国农业发展银行招聘考试·冲关攻略	
	ZHONGGUO NONGYE FAZHAN YINHANG ZHAOPIN KAOSHI·CHONGGUAN GONGLÜE	
编　　　著	中公教育全国银行招聘考试研究院	
责任编辑	尹天怡　　张保珠	
特约编辑	李慧慧	
出版发行	世界图书出版有限公司北京分公司	
地　　　址	北京市东城区朝内大街 137 号	
邮　　　编	100010	
电　　　话	010-64038355(发行)　64037380(客服)　64033507(总编室)	
网　　　址	http:// www.wpcbj.com.cn	
邮　　　箱	wpcbjst@ vip.163.com	
销　　　售	各地新华书店	
印　　　刷	北京同文印刷有限责任公司	
开　　　本	787 mm×1092 mm　1/16	
印　　　张	21	
字　　　数	504 千字	
版　　　次	2020 年 9 月第 1 版	
印　　　次	2020 年 9 月第 1 次印刷	
国际书号	ISBN 978-7-5192-7841-0	
定　　　价	58.00 元	

中国农业发展银行是直属国务院领导的全国唯一的农业政策性银行,其主要职责是以国家信用为基础筹集资金,支持"三农"事业发展,全力服务国家乡村振兴战略和脱贫攻坚,全力服务国家粮食安全、农业现代化和城乡发展一体化,发挥国家战略支撑作用。

根据业务发展需要,中国农业发展银行每年都会进行校园招聘。为帮助考生更好地针对中国农业发展银行招聘考试进行复习,中公教育图书编写团队深入分析近两年中国农业发展银行校园招聘考试真题,并根据真题的考查内容,为考生全新打造了 2021 版《中国农业发展银行招聘考试·冲关攻略》。本书具有以下鲜明特点:

分析真题,总结考点

考试真题是最能反映考试内容和特点的复习资料。中国农业发展银行招聘考试难度大,知识点零散,每年的考试内容变化也比较大,因而对真题所涉及的基础知识点进行结构性梳理是笔试备考的第一步。基于此,本书在力求保障知识体系完整、逻辑结构合理、契合考试真题的同时,从基础、重要的考点入手,将常考知识点糅合编排,并大量利用图、表等形式使知识点清晰简洁,便于考生自主学习。

概括考点,突出重点

中国农业发展银行招聘考试涉及考点繁多,在有限的时间里突破重点对考生而言是最高效实用的学习方法。本书除了对重要知识点进行着色以外,还针对不同篇的学科特点设置了不同的版块以帮助考生深入理解重难点。

"示例"版块的作用:帮助考生直观地理解知识点,熟悉常见出题形式。

"经典例题"版块的作用:便于考生就某一考点或解题方法进行针对练习。

学练结合,巩固基础

本书在每一章的末尾设置了"习题演练"版块,该版块紧扣所讲考点,并搭配详细的参考答案,以使考生学练结合,巩固已学知识点的同时查漏补缺。

中公教育全国银行招聘考试研究院

2020 年 9 月

目录

第一篇　中国农业发展银行备考须知

第一章　中国农业发展银行概况 ······· 2

考点详解 ······· 2

考点一　中国农业发展银行简介 ······· 2

考点二　中国农业发展银行的总体发展战略 ······· 2

考点三　中国农业发展银行的企业文化 ······· 3

习题演练 ······· 4

参考答案 ······· 4

第二章　中国农业发展银行招聘考试的招考情况 ······· 6

考点详解 ······· 6

考点一　中国农业发展银行招聘公告信息 ······· 6

考点二　中国农业发展银行招聘考试考情分析 ······· 7

第二篇　行政职业能力测验

第一章　言语理解与表达 ······· 10

考点详解 ······· 10

考点一　选词填空 ······· 10

考点二　阅读理解 ······· 14

考点三　语句连贯 ······· 19

考点四　病句辨析 ······· 22

习题演练 ······· 25

参考答案 ······· 26

第二章　数学运算 ······· 27

考点详解 ······· 27

考点一　计算问题 ······· 27

考点二　和差倍比问题 ······· 29

考点三　行程问题 ······· 29

考点四　工程问题 ······· 30

考点五　排列组合与概率问题 ······· 31

考点六　利润问题 ······· 34

考点七　扩展题型 ………………………………………………………………… 34

习题演练 ……………………………………………………………………………… 37

参考答案 ……………………………………………………………………………… 38

第三章　图形推理 ……………………………………………………………… 39

考点详解 ……………………………………………………………………………… 39

考点一　图形构成 …………………………………………………………………… 39

考点二　几何性质 …………………………………………………………………… 42

考点三　图形转化 …………………………………………………………………… 43

考点四　图形推理题型分类精讲 ………………………………………………… 44

习题演练 ……………………………………………………………………………… 46

参考答案 ……………………………………………………………………………… 47

第四章　逻辑判断 ……………………………………………………………… 48

考点详解 ……………………………………………………………………………… 48

考点一　必然性推理 ………………………………………………………………… 48

考点二　可能性推理 ………………………………………………………………… 53

考点三　智力推理 …………………………………………………………………… 58

习题演练 ……………………………………………………………………………… 60

参考答案 ……………………………………………………………………………… 62

第五章　数字推理 ……………………………………………………………… 63

考点详解 ……………………………………………………………………………… 63

考点一　等差数列及其变式 ……………………………………………………… 63

考点二　等比数列及其变式 ……………………………………………………… 64

考点三　和数列及其变式 ………………………………………………………… 65

考点四　积数列及其变式 ………………………………………………………… 66

考点五　多次方数列及其变式 …………………………………………………… 67

考点六　分式数列 …………………………………………………………………… 69

习题演练 ……………………………………………………………………………… 71

参考答案 ……………………………………………………………………………… 71

第六章　资料分析 ……………………………………………………………… 72

考点详解 ……………………………………………………………………………… 72

考点一　增长 ………………………………………………………………………… 72

考点二　比重 ………………………………………………………………………… 74

考点三　倍数与翻番 ………………………………………………………………… 76

考点四　平均数 ……………………………………………………………………… 77

考点五　零计算技巧 ………………………………………………………………… 78

考点六　直算技巧 …………………………………………………………………… 79

考点七　估算技巧 …………………………………………………………………… 80

习题演练 ……………………………………………………………………………… 82

参考答案 ……………………………………………………………………………… 84

第三篇　专业知识

第一章　经济 ··· 86

第一节　经济学的研究对象 ··· 86

考点详解 ··· 86

考点一　资源的稀缺性和经济学的产生 ···························· 86

考点二　微观经济学及其研究对象 ································· 86

第二节　均衡价格理论 ··· 87

考点详解 ··· 87

考点一　需求 ·· 87

考点二　供给 ·· 90

考点三　均衡价格 ··· 92

考点四　价格政策 ··· 93

考点五　需求弹性 ··· 93

考点六　供给弹性 ··· 97

考点七　影响需求的价格弹性和供给的价格弹性的因素 ··········· 97

第三节　效用理论 ··· 98

考点详解 ··· 98

考点一　基数效用论 ··· 98

考点二　序数效用论 ·· 100

考点三　消费者均衡的条件 ·· 103

考点四　价格变化和收入变化对消费者均衡的影响 ··············· 105

考点五　替代效应和收入效应 ······································ 106

第四节　生产理论 ·· 108

考点详解 ·· 108

考点一　生产概述 ·· 108

考点二　短期生产理论 ·· 108

考点三　长期生产理论 ·· 109

第五节　厂商理论 ·· 111

考点详解 ·· 111

考点一　成本的基本概念 ·· 111

考点二　成本最小化 ·· 111

考点三　短期成本 ·· 113

考点四　长期成本 ·· 116

第六节　市场结构 ·· 118

考点详解 ·· 118

考点一　市场类型的划分和特征 ···································· 118

考点二　完全竞争市场 ·· 119

考点三　完全垄断市场 ··· 121

考点四　垄断竞争市场 ··· 123

考点五　寡头垄断市场 ··· 124

第七节　市场失灵 ··· 124

考点详解 ·· 124

考点一　不完全竞争 ··· 125

考点二　外部影响 ·· 125

考点三　公共物品和公共资源 ·· 126

考点四　信息的不完全和不对称 ··· 126

第八节　国民收入核算理论 ·· 127

考点详解 ·· 127

考点一　国内生产总值及核算方法 ·· 127

考点二　国民收入的其他衡量指标 ·· 129

考点三　国民收入的基本公式 ·· 130

考点四　失业和物价水平的衡量 ··· 132

第九节　简单国民收入决定理论 ··· 133

考点详解 ·· 133

考点一　均衡产出 ·· 133

考点二　凯恩斯的消费理论 ··· 134

考点三　不同部门经济中国民收入的决定 ····································· 135

考点四　乘数理论 ·· 136

第十节　产品市场与货币市场的一般均衡 ··· 137

考点详解 ·· 137

考点一　产品市场的一般均衡 ·· 137

考点二　货币市场的一般均衡 ·· 141

考点三　IS-LM 模型 ··· 148

第十一节　总需求-总供给模型 ··· 150

考点详解 ·· 150

考点一　总需求曲线 ··· 150

考点二　总供给曲线 ··· 151

第十二节　失业、通货膨胀与通货紧缩 ··· 154

考点详解 ·· 154

考点一　失业 ·· 154

考点二　通货膨胀 ·· 156

考点三　通货紧缩 ·· 158

第十三节　宏观经济政策 ·· 159

考点详解 ·· 159

考点一　宏观经济政策的目标 ·· 159

考点二　财政政策 ·· 160

考点三 货币政策 ·· 161

考点四 财政政策和货币政策的混合使用 ·························· 162

第十四节 新古典宏观经济学和新凯恩斯主义经济学 ·············· 162

考点详解 ··· 162

第十五节 马克思主义政治经济学 ····································· 163

考点详解 ··· 163

习题演练 ··· 164

参考答案 ··· 165

第二章 金融 ··· 166

第一节 货币与货币制度 ··· 166

考点详解 ··· 166

考点一 货币 ··· 166

考点二 货币制度 ·· 167

第二节 信用、利息与利率 ··· 169

考点详解 ··· 169

考点一 信用 ··· 169

考点二 利息与利率概述 ··· 170

考点三 利率理论 ·· 173

第三节 金融机构和金融制度 ··· 176

考点详解 ··· 176

考点一 金融机构 ·· 176

考点二 金融制度 ·· 177

考点三 金融中介机构体系 ··· 178

第四节 金融市场 ··· 180

考点详解 ··· 180

考点一 金融市场与金融工具概述 ······································ 180

考点二 货币市场、资本市场与外汇市场 ································ 184

考点三 股票市场 ·· 187

考点四 债券市场 ·· 190

考点五 证券投资基金市场 ··· 195

考点六 金融衍生工具 ··· 196

考点七 金融资产与价格 ··· 197

第五节 货币理论 ··· 200

考点详解 ··· 200

考点一 货币需求 ·· 200

考点二 货币供给 ·· 201

考点三 货币均衡 ·· 203

考点四 货币政策 ·· 205

第六节 国际金融及其管理 ··· 209

考点详解 ······ 209
　　考点一　外汇 ······ 209
　　考点二　汇率 ······ 210
　　考点三　国际收支及其调节 ······ 212
　　考点四　国际储备及其管理 ······ 215
　　考点五　离岸金融市场 ······ 216
　　考点六　外汇管理与外债管理 ······ 218

第七节　普惠金融与互联网金融 ······ 220
　考点详解 ······ 220
　　考点一　普惠金融 ······ 220
　　考点二　互联网金融 ······ 221
　习题演练 ······ 222
　参考答案 ······ 223

第三章　会计与财务管理 ······ 224

第一节　会计概论 ······ 224
　考点详解 ······ 224
　　考点一　会计概念与会计职能 ······ 224
　　考点二　企业会计准则 ······ 224
　　考点三　会计基本假设与会计基础 ······ 225
　　考点四　会计信息质量要求 ······ 225
　　考点五　会计要素及其计量属性 ······ 226
　　考点六　会计科目和账户 ······ 226
　　考点七　会计等式与借贷记账法 ······ 227
　　考点八　会计分录 ······ 229
　　考点九　会计凭证与会计账簿 ······ 229
　　考点十　对账与结账 ······ 230
　　考点十一　账簿错账更正的方法 ······ 230
　　考点十二　账务处理程序 ······ 231
　　考点十三　会计机构与会计岗位设置 ······ 231

第二节　固定资产的折旧 ······ 232
　考点详解 ······ 232
　　考点一　固定资产计提折旧的范围 ······ 232
　　考点二　固定资产的折旧方法 ······ 232
　　考点三　固定资产计提折旧的账务处理 ······ 233

第三节　财务会计报告概述 ······ 233
　考点详解 ······ 233

第四节　独立项目投资决策 ······ 234
　考点详解 ······ 234
　　考点一　净现值法 ······ 234

考点二　现值指数法 ·· 234

考点三　内含报酬率法 ·· 235

考点四　回收期法 ·· 235

第五节　营运资金管理 ·· 235

考点详解 ·· 235

考点一　现金管理 ·· 235

考点二　应收账款管理 ·· 237

考点三　存货管理 ·· 237

考点四　流动负债管理 ·· 238

第六节　上市公司特殊财务分析指标 ·· 240

考点详解 ·· 240

考点一　每股收益 ·· 240

考点二　每股股利 ·· 240

考点三　市盈率 ·· 240

考点四　每股净资产 ·· 241

考点五　市净率 ·· 241

考点六　股利支付率 ·· 241

习题演练 ·· 241

参考答案 ·· 242

第四篇　综合知识

第一章　法律 ·· 244

考点详解 ·· 244

考点一　民法 ·· 244

考点二　公司法 ·· 249

考点三　证券法 ·· 254

考点四　商业银行法 ·· 257

习题演练 ·· 260

参考答案 ·· 261

第二章　管理 ·· 262

考点详解 ·· 262

考点一　决策 ·· 262

考点二　组织与组织文化 ·· 267

考点三　领导 ·· 273

习题演练 ·· 277

参考答案 ·· 277

第三章　计算机 ·· 279

考点详解 ·· 279

　　考点一　计算机及其应用基础知识 ················ 279

　　考点二　Internet 基础 ······················· 285

　　考点三　前沿信息技术 ······················ 286

习题演练 ······································ 289

参考答案 ······································ 290

第四章　工程造价相关知识 ······················ 291

考点详解 ······································ 291

　　考点一　工程造价概述 ······················ 291

　　考点二　施工图预算的编制 ···················· 292

　　考点三　施工招标方式和程序 ·················· 292

　　考点四　招标工程量清单 ···················· 293

习题演练 ······································ 294

参考答案 ······································ 294

第五篇　英语

第一章　选词填空 ·························· 296

考点详解 ······································ 296

　　考点一　近义词辨析 ························ 296

　　考点二　形近词辨析 ························ 296

　　考点三　异形异义词辨析 ···················· 298

　　考点四　词性辨析 ·························· 298

　　考点五　介词 ···························· 299

　　考点六　连词 ···························· 302

　　考点七　时态和语态 ························ 305

习题演练 ······································ 310

参考答案 ······································ 310

第二章　阅读理解 ·························· 312

考点详解 ······································ 312

　　考点一　细节题 ···························· 312

　　考点二　推断题 ···························· 313

　　考点三　主旨题 ···························· 314

　　考点四　态度题 ···························· 316

　　考点五　词义猜测题 ························ 318

习题演练 ······································ 319

参考答案 ······································ 321

中公教育·全国分部一览表 ···················· 323

第一篇

中国农业发展银行备考须知

第一章　中国农业发展银行概况

考点详解

考点一　中国农业发展银行简介

中国农业发展银行于1994年11月挂牌成立，总行设在北京。中国农业发展银行的注册资本由国家财政全额拨付。中国农业发展银行实行独立核算，自主、保本经营，企业化管理的经营方针。其经营宗旨是紧紧围绕服务国家战略，建设定位明确、功能突出、业务清晰、资本充足、治理规范、内控严密、运营安全、服务良好、具备可持续发展能力的农业政策性银行。中国农业发展银行的业务范围主要是向承担粮棉油收储任务的国有粮食收储企业和供销社棉花收储企业提供粮棉油收购、储备和调拨贷款。此外，其还办理中央和省级政府财政支农资金的代理拨付，为各级政府设立的粮食风险基金设立专户并代理拨付。随着我国农业发展的需要变化，中国农业发展银行的业务范围也逐步扩大。

2014年国务院通过了中国农业发展银行改革总体方案，中国农业发展银行进入了重要的发展机遇期。在新的形势下，中国农业发展银行坚持政策属性，坚持服务"三农"，坚持按银行规律办事，全力服务国家粮食安全、服务农业现代化、服务城乡发展一体化、服务国家区域发展战略和服务扶贫攻坚，努力把中国农业发展银行办成政府的银行、支农的银行、现代化的银行，更好地在农村金融体系中发挥主体和骨干作用。

中国农业发展银行的官网网址：http://www.adbc.com.cn/。

中国农业发展银行的LOGO：中国农业发展银行 AGRICULTURAL DEVELOPMENT BANK OF CHINA。

考点二　中国农业发展银行的总体发展战略

中国农业发展银行坚持实施"一二三四五六"总体发展战略。

"第一要务"：坚持科学发展观。

"两个从严"：全面从严治党和依法从严治行。

"三位一体"：坚持执行国家意志、服务"三农"需求和遵循银行规律。

"四大路径"：用改革完善体制机制，用创新激发动力活力，用科技强化引领支撑，用人才提供支持保障。

"五个全力服务"：全力服务国家粮食安全、全力服务脱贫攻坚、全力服务农业现代化、全力服务城乡发展一体化、全力服务国家重点战略。

"六个现代化"：治理机构、运营模式、产品服务、管控机制、科技支撑、组织体系现代化。

考点三　中国农业发展银行的企业文化

一、中国农业发展银行的形象标识

标志以中国农业发展银行英文名称首字母"A"为构成元素,内含中国古钱币的造型,形象地传达了中国农业发展银行的行业特点。

标志为正三角形。三角形具有稳定的结构,准确地表现了中国农业发展银行稳固的基础和雄厚的实力。

标志似一座金色的大山,伟岸、博大,雄踞在天地之间,寓意中国农业发展银行以构建和谐社会、建设中国新农村为己任,是社会主义新农村建设的坚强后盾。

二、中国农业发展银行的文化理念

中国农业发展银行的文化理念体系由使命、愿景、办行理念、职业精神、宣传用语五个部分组成。其文化理念的具体内容见下表。

表 1-1-1　中国农业发展银行的文化理念

文化理念	内容
使命	支农为国、立行为民
愿景	建设现代化高质量发展的农业政策性银行
办行理念	执行国家意志、服务"三农"需求、遵循银行规律(简称"三位一体")
职业精神	家国情怀、专业素养
宣传用语	中国农业发展银行,服务乡村振兴的银行

"支农为国、立行为民"的使命,昭示了农发行和农发行人矢志不渝坚守支农初心的价值追求和神圣职责;"建设现代化高质量发展的农业政策性银行"的愿景,描绘了新时代新征程农发行的发展目标和蓝图;"执行国家意志、服务'三农'需求、遵循银行规律""三位一体"的办行理念揭示了农业政策性银行的办行方向、办行宗旨和经营理念;"家国情怀、专业素养"的职业精神,是全行员工在农业政策性金融工作实践中所形成的优良品质的概括和总结,是新时代完成党和国家交给农发行各项任务的有力保证;"中国农业发展银行,服务乡村振兴的银行"宣传用语,致力于打造新时代农发行支农品牌形象,展示了农发行在服务乡村振兴战略中的责任和担当。

习题演练

1. 中国农业发展银行坚持实施"一二三四五六"总体发展战略,其中"第一要务"为(   )。

A. 用科技强化引领支撑

B. 全力服务脱贫攻坚

C. 全面从严治党

D. 坚持科学发展观

2. 中国农业发展银行成立于 1994 年。目前,全系统共有(   )个省级分行。

A. 30   B. 31

C. 29   D. 32

3. 中国农业发展银行的宣传用语是(   )。

A. 家国情怀、专业素养

B. 现代化高质量发展的农业政策性银行

C. 支农为国、立行为民

D. 中国农业发展银行,服务乡村振兴的银行

4. 中国农业发展银行的职业精神是(   )。

A. 内控严密、运营安全

B. 功能突出、业务清晰

C. 治理规范、服务良好

D. 家国情怀、专业素养

5. 中国农业发展银行的业务范围不包括(   )。

A. 向承担粮棉油收储任务的国有粮食收储企业和供销社棉花收储企业提供粮棉油收购、储备和调拨贷款

B. 办理中央和省级政府财政支农资金的代理拨付

C. 办理中国政府对外优惠贷款

D. 为各级政府设立的粮食风险基金设立专户并代理拨付

6. 中国农业发展银行实行(   )的经营方针。

A. 坚持政策属性、坚持服务"三农"

B. 服务农业现代化、服务城乡发展一体化

C. 独立核算,自主、保本经营,企业化管理

D. 遵循银行规律、服务乡村振兴

参考答案

1.【答案】D。解析:中国农业发展银行坚持实施"一二三四五六"总体发展战略,其中"第一要务"为坚持科学发展观。

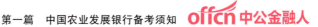

2.【答案】B。解析:目前,中国农业发展银行全系统共有31个省级分行,有一支5万多人的农业政策性金融专业队伍,服务网络遍布中国。

3.【答案】D。解析:中国农业发展银行的宣传用语是"中国农业发展银行,服务乡村振兴的银行"。

4.【答案】D。解析:中国农业发展银行的职业精神是"家国情怀、专业素养",是中国农业发展银行全行员工在农业政策性金融工作实践中所形成的优良品质的概括和总结,是新时代完成党和国家交给农发行各项任务的有力保证。

5.【答案】C。解析:中国农业发展银行的业务范围主要是向承担粮棉油收储任务的国有粮食收储企业和供销社棉花收储企业提供粮棉油收购、储备和调拨贷款。此外,其还办理中央和省级政府财政支农资金的代理拨付,为各级政府设立的粮食风险基金设立专户并代理拨付。随着我国农业发展的需要变化,中国农业发展银行的业务范围也逐步扩大。但办理中国政府对外优惠贷款不在中国农业发展银行的业务范围内。

6.【答案】C。解析:中国农业发展银行实行独立核算,自主、保本经营,企业化管理的经营方针。

第二章　中国农业发展银行招聘考试的招考情况

考点详解

考点一　中国农业发展银行招聘公告信息

本部分以 2020 年中国农业发展银行的校园招聘为例,根据中国农业发展银行总行及分支机构 2020 年的校园招聘公告,介绍考生报名前需知的重要信息。

一、2020 中国农业发展银行的校园招聘相关时间点

公告发布时间:2019 年 9 月 22 日。

网上报名时间:2019 年 9 月 22 日—10 月 12 日。

笔试时间:2019 年 11 月 3 日。

二、2020 中国农业发展银行校园招聘单位及岗位

招聘单位:总行机关和省级分行。

招聘岗位:总行机关招聘岗位包括信贷管理类通用岗位、国际业务类岗位、法律事务类岗位、财务会计类通用岗位、文字综合类通用岗位、信息技术岗位;省级分行招聘岗位包括省级分行机关、二级分行(含二级分行机关及辖内支行)信贷及通用岗位、财务会计岗位、法律事务岗位和信息技术岗位。具体岗位见报名系统。

三、招聘条件

2020 中国农业发展银行校园招聘的招聘对象为中国境内外高校 2020 年全日制大学应届毕业生。在此基础上的招聘条件包括基本条件、学历、专业条件、英语水平及其他条件。其中,其他条件根据具体岗位要求而定。

(一)基本条件

基本条件如下:

(1)具有中华人民共和国国籍。

(2)遵纪守法,诚实守信,品行端正,无不良记录。

(3)中国境内院校毕业生须在 2020 年 7 月 31 日前毕业,取得毕业证、学位证和就业报到证;中国境外院校毕业生须在 2019 年 1 月 1 日至 2020 年 6 月 30 日间毕业(以教育部学历学位认证的学位获得时间为准),并能够在 2020 年 7 月 31 日前获得教育部学历学位认证,

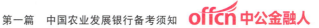

且未落实工作单位。具体见岗位条件。总行机关和北京市分行招聘的应届高校毕业生还须按照人力资源和社会保障部规定的接收毕业生条件执行。

（4）身体健康，具有正常履行岗位职责的身体条件，符合公务员录用体检通用标准和公务员录用体检操作手册的相关规定。

（5）符合农发行亲属回避要求。

（二）学历、专业条件和英语水平

学历、专业条件和英语水平如下：

（1）报考总行机关的人员须具有全日制硕士研究生及以上学历、学位，具有良好的英语听说读写能力，应通过国家大学英语六级（CET6）考试（不低于426分），或提供具备相应英语能力的资格证明（如新托福不低于95分，或雅思不低于6.5分），具有CPA（注册会计师）、CFA（特许金融分析师）、法律职业资格证书以及计算机类相关资格证书者优先。

（2）报考省级分行机关的人员须具有全日制硕士研究生及以上学历、学位；报考二级分行机关和县级支行的人员须具有全日制大学本科及以上学历（对报考"三区三州"支行的本地人员，以及建档立卡贫困家庭人员，学历可放宽至全日制大学专科，录用后至少在当地聘用单位工作5年以上，详见具体招聘岗位）。

（3）报考人员的专业为经济、金融、财会、法律、信息技术等相关专业以及与农发行业务发展密切相关的涉农、生态和建筑、交通、水利、土木工程等专业；少量招收马克思主义理论、哲学、文学、新闻学、档案、教育和人力资源管理类专业人员。

（4）同等条件下优先招聘贫困大学生。

三、其他重要事项

网上报名网址：http：//ADBC.zhaopin.com/。

笔试携带证件：本人身份证、学生证、准考证。

面试、体检、政审及录用签约等后续工作安排会另行通知，考生需随时关注中国农业发展银行最新动态。

考点二　中国农业发展银行招聘考试考情分析

一、笔试

本部分以2020年信贷通用岗为例，进行考情分析。2020年中国农业发展银行（信贷通用岗）招聘考试内容为职业能力、综合知识和性格测试。除性格测试外，其余两部分题型题量见下表。

表 1-2-1   2020 中国农业发展银行职业能力和综合知识真题分析

考查内容			题量（道）
第一单元 职业能力 （78 题）	言语理解与表达 （10 题）	选词填空	2
		阅读理解	3
		语句连贯	2
		病句辨析	3
	数学运算		36
	数字推理		7
	图形推理		6
	逻辑判断		4
	资料分析		$3×5＝15$
第二单元 综合知识 （72 题）	农发行认知		6
	时政		6
	英语（两篇阅读理解）		$2×5＝10$
	经济	宏观经济学	10
		微观经济学	8
		政治经济学	4
	金融		20
	会计与财务管理		4
	工程造价相关知识		4

二、面试

面试基本采用结构化面试形式。

第二篇

行政职业能力测验

第一章　言语理解与表达

考点详解

考点一　选词填空

一、词义辨析

词义辨析是选词填空的考查重点,正确理解、准确辨析词语的含义,对解答选词填空至关重要。词语的含义包括两个方面:理性义和色彩义。

(一)词语的理性义

词语的理性义是词语含义的核心部分。近义词,指的就是理性义相近的词语。

很多词语之所以意义相近,多是因为它们具有相同的语素;同理,之所以意义不同,则是因为具有不同的语素。因此,辨析近义词词义,可以从相异语素着手,根据相异语素的字形、字义以及其组成的惯用词语来判断该近义词的范围、侧重点和轻重程度。

1. 词义所指的范围

范围有大小的不同,也有所指对象的不同。选词填空对范围大小不同的近义词辨析考查较少,多是对词义所指对象的考查。

2. 词义的侧重点

有些词语虽然表示的概念、含义大致相同,但侧重点有所不同。考生在做题时需仔细体会选项中相近词语的不同侧重点,找出与题干内容最相契合的一项。

3. 词义的轻重程度

有的近义词虽然表示的概念、含义大致相同,但在表现程度上有着轻重、强弱的不同。

经典例题

作为描绘人类基因序列的一门科学,基因组学被寄予了_____现代医学、提高公众健康水平的厚望。此外,基因组学还有望改善发展中国家的公共医疗水平,让医疗工作者能更好地理解并治疗那些传染性疾病,阻止疫情的_____。

填入画横线部分最合适的一项是(　　)。

A. 改革　传播　　　　　　　　　B. 增强　肆虐

C. 改进　蔓延　　　　　　　　　D. 增进　扩散

【答案】C。解析：文段第一空形容基因组学可能会给现代医学带来的积极影响。"改革"多用于政策方针。"增强"多适用于能力。"增进"指增强，加深，推进；多用于情感，能力等范畴。这三个词语均不适用于"现代医学"，排除 A、B、D。C 项，"改进"的意思是改变旧有情况，使有所进步，符合语境。将"蔓延"代入第二空，亦符合句意。故本题选 C。

(二)词语的色彩义

词语的含义除了理性义以外，还有附着在理性义上的色彩义。理性义使语言表达得准确，色彩义则使语言表达更生动、更形象。所以，我们在做选词填空时，不仅要仔细辨析词语的理性义、搭配习惯，还需要认真体会词语的色彩义，揣摩词语在具体语境中的独特含义。在词语的理性义非常相近，或者无法从理性义判断答案时，辨析词语的色彩义将是解题的一个重要方法。

1. 词语的感情色彩

根据感情色彩，词语可分为褒义词、贬义词、中性词。大家在做题时，需要根据现有句子所提供的语境，判断作者的感情态度和褒贬意味，从而选出与作者感情色彩最相符合的词语。

2. 词语的语体色彩

根据语体色彩，词语可分为口头语和书面语。口头语的特点是自然、通俗，常用于日常交谈，或比较口语化的文学作品。书面语的特点是文雅、庄重，多用于比较正式的场合、理论性强的文章等。从选材来看，选词填空多考查考生对书面语的掌握情况。

从表达内容来看，书面语又可分为公文语体、政论语体、科技语体和文艺语体。不同的语体色彩表现出不同的语体风格，如公文语体用词比较规范、庄重；政论语体的词语感情色彩比较强烈、逻辑性强；科技语体的词语比较严密、规范；文艺语体的词语则具有形象性和情感性。

3. 词语的形象色彩

有些词语除了具有一般意义外，还能给人一种特别的形象感，它往往以生动、具体的形象让人们产生视觉、听觉、嗅觉、味觉上的感受，以引起人们对现实生活中某种形象的联想，这就是词语的形象色彩。有些选词填空题从词语的理性义、感情色彩、搭配习惯等方面都不太好判断答案，这时对词语的形象色彩进行辨析有可能成为我们攻克难关的法宝。

二、语法与语用

语法，指的是语言的结构规律。做选词填空题除了要考虑语境、词义以外，还需要遵循一定的语法规则，通过分析所缺词语在句子中充当的句子成分，选择合适的进行补缺。

语用，指的是语言的实际应用。语法探讨的是遣词造句的规则，而语用更多是指遣词造句的习惯。语用既是选词填空的一个考查重点，也是解题的一个重要法宝。

(一)词性与句法功能

词性，指的是划分词语类别的根据。现代汉语的词按词性可划分为实词和虚词。

实词主要包括名词、动词、形容词、数词、量词和副词等;虚词主要包括介词、连词、助词等。

选词填空考查得比较多的是动词、形容词、名词、副词和连词。

按照词语与词语在句子中的组合关系,可以把句子分为六大成分:主语、谓语、宾语、定语、状语、补语。选词填空考查得比较多的是谓语、宾语、定语、状语。

解选词填空题时,要注意以下四个方面。

1. 并列成分的词语词性通常一致

当句子中存在并列成分时,为了保持句子内部节奏的一致性、流畅性,并列成分的词语词性通常要保持一致。这里就涉及怎样区分词性的问题。

副词比较好辨别,它是限制修饰动词、形容词,表示程度、范围、时间等的词,如:非常、很、极、刚、才、正好、依然、确实、再、还等。

区分名词、动词、形容词的几个常见方法:

(1)不能受"不"和"很"修饰的一般是名词。

(2)能受"不"修饰但不能受"很"修饰的是动词(助动词和表示心理活动的动词除外)。

(3)既能受"不"修饰又能受"很"修饰的是形容词(个别形容词和个别重叠式形容词除外)。

2. "很"一般不能修饰名词,不能修饰偏正结构的形容词

在区分词性时我们提到了"不能受'不'和'很'修饰的一般是名词",这个规律反过来也是成立的,所以"很"一般不能修饰名词。

偏正结构的形容词指的是前一个语素对后一个语素起修饰、限定作用的形容词,如稀少、笔直、飞快、巨大、滚圆、粉红等。其中前一个语素"稀""笔""飞""巨""滚""粉"分别修饰后一个语素"少""直""快""大""圆""红"。前文虽然提到了"既能受'不'修饰又能受'很'修饰的是形容词",但偏正结构的形容词不能与"很"搭配。

3. 语义重复的词语一般不连用

当一个词语中已包含另一个词语的意思时,这两个词语一般不能连用。例如:"中旬"本就包含大约、左右的意思,所以不能与"左右"连用;"必需"意为一定要有,已包含了"有"的意思,所以不能再和"有"连用;"威慑"意为使人感到恐惧,已包含了"使"动的意思,所以不能与"令人""让人"等表使动的词语连用。

4. 数量词修饰名词须遵循习惯

现代汉语中的数量词在修饰名词时要遵照约定俗成的搭配习惯,不能随意混搭。例如:修饰"书"可以用"本""捆""堆",但不能用"把""个""群"。除此之外,集合名词不受个体量词修饰。例如:"花卉"不能用"朵"来修饰;"船舶"不能用"艘""条""只"来修饰。

(二)词语的习惯搭配

习惯搭配,指的是固定的、约定俗成的搭配,既包括日常生活用语的习惯搭配,也包括一些专业领域里特殊用语的固定搭配。这一类题目通常没有什么规律可言,主要靠平时多阅读、多积累。

三、成语

(一)成语的含义

成语是语言中经过长期使用、锤炼而形成的固定短语。它是比词大而语法功能又相当于词的语言单位,大多由四字组成。成语有固定的结构形式和说法,表示一定的意义,在语句中作为一个整体来应用。成语在语言表达中具有生动简洁、形象鲜明的特点。

(二)八大常见命题陷阱

要破解成语类选词填空题,考生除了要理解单个成语的基本含义以外,还要掌握成语的具体用法,并能对近义成语进行辨析。只有做到了这些,考生才能轻松避开命题者设置的陷阱。

成语使用常见的命题陷阱主要有八种:望文生义、对象误用、轻重失衡、语义侧重不符、感情色彩不符、句法功能混乱、语义重复、谦敬错位。

1. 望文生义

成语的意蕴是约定俗成的,且大多有特定的出处,或出于古代诗文,或出于寓言故事,加之有些成语中的语素还含有生僻的古义,我们如果不仔细体会,仅拘泥于其字面含义,就极容易犯望文生义的错误。

2. 对象误用

与实词一样,成语也具有不同的适用对象,而且其适用对象常常比较隐蔽。选词填空中的成语题经常出现从适用对象角度设置迷惑项的情况。

3. 轻重失衡

有一部分成语的词义在程度上有轻有重,这就要求考生根据特定的语境选用轻重适度的成语,以避免大词小用或小词大用。

4. 语义侧重不符

有些成语含义大致相同,但是仔细体会,就会发现彼此在语义侧重上存在差异,选项词语侧重点与句意不符也是命题者常设的陷阱之一。考生在做题时需结合句子语境斟酌选择。

5. 感情色彩不符

成语的感情色彩分为褒义、贬义、中性三种。在运用成语时,因目的、场合、对象等的不同,需选用不同感情色彩的成语,如用于赞扬、夸奖应使用褒义成语,用于贬斥、批评应使用贬义成语。感情色彩错用也是命题者常设的陷阱之一。

6. 句法功能混乱

作为一种特殊的短语,成语也有词性之分。成语从词性上大致可分为动词性成语、名词性成语、形容词性成语、副词性成语四类。不同词性的成语在句子中充当不同的成分,行使不同的语法功能。考生在做题时要注意甄别,以免落入命题者的陷阱。

7. 语义重复

有些成语填入句子中虽很符合语境,但会与句子中某些词语的意义重复。这样,这个成语的使用就是错误的。

8. 谦敬错位

有些成语只能用于自称,比如谦辞;有些成语用于称呼对方,而不能称呼自己,比如敬辞。这些成语如果不分场合随便使用,就容易犯谦敬错位的错误,从而影响句子整体语境的协调。如:"蓬荜生辉"是谦辞,只能对己,不能对人;"虚怀若谷"表示对人的敬意,只能对人。谦敬辞错用也是命题者常设的陷阱之一。

经典例题

提起影视作品,人们总习惯把目光投向主要演员,鲜有人留意群众演员。可如果没有这些群众演员,再优秀的主演也_____。因此,影视作品里的群演就像机器上的螺丝钉、大厦墙壁中的石子,微小却_____。然而,群众演员的行业地位跟他们的独特作用并不匹配——处于行业最底端、待遇低、没保障、工作辛苦,是这一群体的现状。

填入画横线部分最恰当的一项是(　　)。

A. 独木难支　不可或缺　　　　　　　B. 孤掌难鸣　不可偏废

C. 束手无策　缺一不可　　　　　　　D. 无计可施　不可小觑

【答案】A。解析:第一空,句意是没有群演,主要演员再优秀也无法独自完成一部影视作品。横线处所填词语应能表达难以独自完成作品的意思。"独木难支""孤掌难鸣"都符合意思。"束手无策""无计可施"指面对问题毫无办法,不是指不能独自完成工作,排除C、D。第二空,"不可或缺"指非常重要,不能有一点点的缺失,不能少一点;"不可偏废"指两方面都应同样重视,不可偏重一方而轻视另一方,多形容事物,而不能形容人。横线处所填词语修饰的是"群演","不可或缺"比"不可偏废"更恰当。排除B。故本题选A。

考点二 | **阅读理解**

阅读理解考查的是考生对语言文字的综合理解、运用能力。要想提高解题速度和准确率,最重要的是要学会有意识地培养抓关键信息的思维,另外还要准确掌握不同题型的特点,并学会熟练运用相关的解题技巧。

一、主旨观点题

测查要素:考查考生"概括归纳阅读材料的中心、主旨;根据上下文内容合理推断阅读材料中的隐含信息;判断作者的态度、意图、倾向、目的"等综合分析理解的能力。

提问方式:"这段文字主要谈论""这段文字的主旨是""作者意在强调/说明""这段文字主要支持的观点是""这段文字主要想表述的是""这段文字最有可能是在表述"等。

根据题目材料特点和解题方法,主旨观点题又可分为概括类和引申类。

(一)概括类

作者的观点可以直接从材料中得出,正确答案是对文段内容、主旨的归纳、总结。

1. 解题原则

概括要全面。概括要全面指的是要全面概括文段的"要点"。一般情况下,材料在论述时出现了几个要点,正确选项就应该体现几个要点,要点不全的多为错误选项。

2. 解题方法

根据"概括类"主旨观点题的特点,解题时可主要参照如下方法:

(1)首尾寻找中心句。"总—分"或"分—总"是概括类主旨观点题材料的常见写作结构。因此,在解题时,首句和尾句通常都是需要关注的重点。材料中心句前常见的词语:

表总结性的词语:"因此""所以""可见""其实""总而言之""照此看来"等。

带有主观倾向性的词语:"务必""(迫切)需要""应该""意味着"等。

(2)关注表转折的词语。当材料中出现"虽然……但/却……""但""然而""可是"等关联词时,重点关注转折后的内容。转折后的内容一般为文段的论述重点,文段的主旨多与此相关。

(3)事物罗列抓共性。有些题目的文段仅仅是多个事物的简单罗列,并没有提出任何观点,在解此类题时,重点在于找出所罗列事物的共同特点。

(4)文末注意新概念。概括类主旨观点题,当文末出现总结型句式时,该句中提到的新概念多为文段的落脚点,即关键信息,正确答案应包含这一关键信息。此类题常见的总结型句式:"这是……""这/那就是……""都指向了……"。

(5)尾句警惕"个别"词。很多考生可能都知道要注意文段的尾句,因为尾句很可能是文段的中心句。但尾句也常常是设置命题陷阱的重要区域。其中最常见的一种命题陷阱就是"以偏概全",即从个别、特例来推出全部。要避免以偏概全,考生可以通过注意主题中心词前面的修饰语来提高警惕,特别是那些表个别的词语,如"有些""有的""之一"。

(二)引申类

作者的主旨观点不能直接从材料中得出,正确答案需根据材料的内容进行推断、引申。

1. 解题原则

要有高度,要合常理。作者写文用意不会仅仅局限于描述现象、问题本身,而多数倾向于揭示现象背后的本质,或探求解决问题的办法。故正确选项多具有一定的思想高度,常体现为方法论之类的描述,表现在用词上,则多含有"应""应当""要""亟须""必须""不宜""不必""必要性"等主观倾向比较强的词语。

2. 解题方法

根据"引申类"主旨观点题的特点,解题时可主要参照如下方法:

(1)描述现状力图改变。通过描述一个不好的现象或存在的问题来提醒人们应采取措施改变现状,是主旨观点题材料的常见写作思路。遇到此类材料时,倡导改变现状或针对材料中的问题给出解决办法的选项为正确答案。

(2)文末假设多为否定。有些题目会在文段末尾通过假设来点明主旨,即先提出一个假设,进而指出这个假设情况下将出现的不利结果,意在否定这个假设。解此类题时,与假设的条件意思相反的选项为正确答案。此类假设常见的句式:"如果……那么……"。

经典例题

随着经济全球化的不断推进,"标准"已成为世界的"通用语言",更是国际贸易的"通行证"。在某种程度上,标准制定者等同于行业领军者,就像英特尔确立了中央处理器标准,从而牢牢掌握住了国际市场竞争的话语权。或许,这就是"三流企业做产品,二流企业做品牌,一流企业做标准"等人们耳熟能详的话语中所蕴含的道理。目前,"中国标准"走出去仍然存在诸多掣肘的现实,需要在修正不足中加速前进。要想真正达到让"中国标准"成为世界"通用语言"的目标,无论企业还是政府层面,都应继续努力。

这段文字意在说明( )。

A."中国标准"的国际化任重而道远

B. 成为"标准"制定者并非朝夕之事

C. 谁掌握了"标准"谁就掌握了话语权

D. 如何让"中国标准"成为"通用语言"

【答案】A。解析:文段首先提出"'标准'已成为世界的'通用语言'"的话题,接着指出其重要性,最后指出中国在这方面的不足以及"中国标准"成为世界"通用语言"任重道远。该文段是一个分总文段,重点在尾句观点的总结。A项为尾句观点的同义转述。B、C两项并未提及"中国标准"这个话题,排除。D项,文段并未提及做法,只是在说任务艰巨,选项表述不正确。故本题选A。

二、细节判断题

"细节"是细小的环节或情节。阅读理解中有一类题型被称为细节判断题,这里的细节是指文段中那些常常容易被人忽略、易混淆的部分。

测查要素:主要考查考生根据材料查找主要信息及重要细节、判断新组成的语句与阅读材料原意是否一致的能力。

提问方式:"对这段文字理解(不)正确的一项是""下列说法与原文(不)相符的是""根据这段文字,以下说法(不)正确的是"等。

细节判断题中有些选项是对原文表述的同义或近义替换,有些选项是对文段细节、概念的理解或引申,有些选项则是根据文段的表述进行推断。

做细节判断题,关键是要细心。除了细心外,还需知道命题人喜欢从哪些方面,或使用哪些词语来设置错误选项。在细节判断题中,命题人常用的设错方法可归纳为四字诀——混、反、无、误。

(一)设错四字诀之"混"

"混",即混淆。命题人常通过混淆谈论对象、时态、数量、范围、可能性与必然性等来设置错误选项。

混淆谈论对象也可称为偷换概念,当选项或文字材料中出现与时态、数量、范围、可能性、必然性等相关的词语时,一定要引起注意,找出原文认真比较。具体需注意的词语如下:

表时态的词语:已、已经、曾经、正、正在、在……中、着、将、要等。

表数量的词语:一些、有些、几乎、绝大多数、都、全、全部等。

表范围的词语:或、和等。

表可能性的词语:可能、也许、或许等。

表必然性的词语:一定、肯定等。

(二)设错四字诀之"反"

"反",指选项与原文意思相反。命题人在设置错误选项时,有时故意把错误的说成正确的、正确的说成错误的,把黑的说成白的、白的说成黑的,把不需要说成必需、必需说成可有可无。这一类错误选项中常出现的词语:必、必需、必须、没、没有、不、不必、不用、不曾、不可、是、不是。

(三)设错四字诀之"无"

"无",即无中生有。它主要是指把没有的说成有,凭空捏造,通常出现在细节判断题中。"无中生有"主要是指选项涉及的某个概念、问题或结论在原文中并没有提及。尤其是当选项出现对两个事物进行比较时,一般原文并未对它们进行比较。

(四)设错四字诀之"误"

"误",指选项存在逻辑错误或推断错误。这也是命题人设置错误选项的常见方法。

逻辑错误,指选项中两个事物的逻辑关系与原文不符,最常见的两种逻辑错误是因果混乱和充分条件与必要条件混淆。

1. 因果混乱

一是因果颠倒,就是把"因"错断为"果""果"错断为"因",颠倒了两者的关系;二是强加因果,就是把没有因果关系的说成有因果关系。

2. 充分条件与必要条件混淆

充分条件常用的关联词语是"只要……就……",必要条件常用的关联词语是"只有……才……"。

推断错误,指选项过度推断作者意图,或者推断出错。对于某些表述比较绝对的选项,要重点注意。

经典例题

为什么会有那么多论文显示男女之间存在认知差异?一个重要的理由是样本太小。全球有70亿人,而一般研究受经费限制,只能对10~20个受试者进行研究,样本可能缺乏代表性。进一步看,即便真的发现男女之间的认知差异,社会应该如何面对这种差异也是一个值得思考的问题。不少研究显示,男女各项认知能力的差异往往取决于社会的性别平等程度。比如说最近一项涉及27个国家20万人的研究显示:越是在性别平等的国家,女性在情景记忆能力一项上比男性的优势就越显著。

下列说法与这段文字相符的是(　　)。

A. 研究中男女间的认知差异会随样本增加而减小

B. 男女间的认知差异可能受社会平等程度的影响

C. 客观对待男女间的认知差异是社会进步的标志

D. 女性的认知方式会随社会进步表现出更大优势

【答案】B。解析：A项，文段只是说样本太小导致男女认知差异的结论不准确，并不能由此推出样本越大男女认知差异越小，错误。由"男女各项认知能力的差异往往取决于社会的性别平等程度"可知B项正确。C项无中生有，排除。D项，文段只是提到"越是在性别平等的国家，女性在情景记忆能力一项上比男性的优势就越显著"，由此不能推出社会越进步女性认知方式越有优势，错误。故本题选B。

三、词句理解题

词语和句子是构成文章的基本单位，正确理解文中重要词语、句子的含义，对于把握文章旨意来说非常重要。考生在解这类题目时，最主要的是从词语和句子的本义入手，同时结合上下文语境甚至文段的主旨综合考虑。

解答词句理解题最实用的方法——遵循就近原则。"这""这些""其""它"等代词的出现，往往是在所指代的事物、人物之后，因此代词的指代对象一般在上句或上文。故考生解题时，一般遵从就近原则，从上句开始寻找，由近及远。

四、推断下文题

推断，是指推测断定。推断下文题即要求根据已有的文段信息，来推知作者接下来将说明的内容的一种题型。推断下文题以已知推断未知的题型特点，决定了论述的逻辑顺序及行文结构是其命题点也是解题突破点。快速解答此类题目需要关注尾句信息。

文段尾句往往是总结句，经常起到总结上文内容，同时又提示下文信息走势的作用。因此，对推断下文题来说，蕴含着作者下一步意图的尾句是解题的关键，正确选项往往与尾句相关。并且在这类题型中，尾句往往呈现出鲜明的特点。具体来讲，尾句可分为三类。

(一)引入一个概念

材料特点：段尾引入一个特定概念，这一特定概念在前文并未提及，有的会使用引号加以强调。

正确选项特征：针对段尾引入的特定概念，后文一般应与此有关，围绕这一特定概念展开。这种类型的题目，四个选项中往往只有一个选项涉及特定概念，这一选项即为正确选项。如果遇到多个选项或所有选项都包含概念的，可首先考虑"此概念是什么"的选项。

(二)指出一种现象

材料特点：尾句指出一种现象。尾句前面的文字是说明性质的，陈述的是一些事实，未包含作者的观点或态度倾向。

正确选项特征：后文应围绕该现象展开论述，或者继续阐述该现象，或者解释该现象产生的原因。

(三)提出一个问题

材料特点：这里的"问题"，不是有疑而问的"问题"，而是针对前文内容得出的某个结论。前文一般带有议论性质，与尾句得出的结论之间有一定的逻辑关系。

正确选项特征:后文应围绕"如何解决问题"展开论述。

五、标题添加题

标题添加题要求考生为所给文段选择最恰当的标题,其与主旨观点题侧重考查对文段整体把握的思路相似,但也有其自身特点——不仅要能概括文段的主要内容,还要鲜明简洁、夺人眼球等。

解答标题添加题需要掌握好标题的特征。究竟什么样的标题才是好标题呢? 好标题一般具有以下六个特征:题文一致、鲜明醒目、简洁明快、形象生动、夺人眼球、可读易懂。好标题的特征及具体内容见下表。

表 2-1-1　好标题的特征及具体内容

特征	具体内容
题文一致	题文一致是指标题的内容、格调、感情倾向、话题等都应该与整个文段一致。这是最基本的要求
鲜明醒目	鲜明醒目是指标题要概括文段中最重要、最有特点的精华部分,令读者一目了然,看到这个标题,就能了解文段的精髓
简洁明快	简洁明快是指标题言语必须简明,力求以最少的语言载体传递最多的信息,做到言简意赅
形象生动	形象生动是指标题要有表现力,做到言有尽而意无穷。标题要生动,就要注意遣词造句及修辞手法的恰当运用
夺人眼球	夺人眼球是指标题本身要生动、引人注目,能给人眼前一亮的感觉,并增加读者的阅读兴趣
可读易懂	可读易懂是指标题应该通俗明白,让人一看就懂

以上是一个好标题应该具有的特征,但并不是每一个标题都要具备所有特征,有的只需要具备其中一二。做题时,考生可先根据一个好标题的特征排除其中明显不恰当的选项。

考点三　语句连贯

语句连贯,就是指语句表达要前后衔接和呼应恰当。语句连贯包括语句填充和语句排序两种题型。语句排序更侧重考查语言的呼应与衔接,其难度要远远大于语句填充,对考生整体把握能力的要求也更高。

一、八大解题原则

为保持语句连贯,需把握八大解题原则——话题统一、意境协调、前后照应、重点突出、句式一致、音节和谐、合乎逻辑、承启恰当。由于语句填充与语句排序出题形式存在差别,两者适用的解题原则略有不同,具体来讲,语句填充主要遵循前六个原则,语句排序则主要遵循后两个原则。

（一）话题统一

"话题统一"指组成段落的句子之间，或者组成复句的分句之间，有紧密的联系，围绕一个中心，集中表现一个事实、场景或思想观点。

话题一般由共同的主语来表示，共同的主语是贯穿语段各句的灵魂，是联系各句的纽带，所以，要尽量保持主语的一致性。但话题统一与主语一致并不是同一概念，有时候它们等同，有时候它们并不相同。做题时不能教条地单看各个句子的主语是否一致，要根据具体情况具体分析。

（二）意境协调

"意境协调"指文段所体现出来的情感、意蕴同其中的物象、景致高度契合统一，从而给人带来一种美的感受。

"意境协调"包括语体色彩、感情色彩，如喜与悲、褒与贬、凄清与热烈、壮美与秀丽等，这种融合了作者思想感情的语境，必须和谐，氛围一致，句子才能连贯。

（三）前后照应

"前后照应"指语段中的信息要前后吻合、彼此呼应，在表意上形成一个严密的整体。

行文的前后照应，一般有两种：

（1）统一中的照应，即文段前后的内容基本是一致的，后面照应的内容是对前面内容的重复，作者的意图是强调、突出。

（2）对立中的照应，即文段前面的内容在所表达的动作、所持的观点、所见到的景物、所怀有的心情等方面与后面不一致，并且是对立的。

分号可以表示并列，冒号可以表示解释说明和总结。当题干中，尤其是语句填充题干中有这两种符号时，可优先考虑运用前后照应原则来解题。

（四）重点突出

"重点突出"指通过一定的句序排列方式将语段的侧重点表现出来。在语句填充题中，要尤其注意关联词的正确使用，不同的关联词表达不同的关系，指示重点的作用也不一样。

（五）句式一致

"句式一致"指组成文段的句子结构形式前后具有一致性。

常考的句式主要有主动句、被动句、排比句、对偶句、主谓倒装句、定语后置句、状语后置句、宾语前置句等，其中对排比和对偶句式考查得最多。

（六）音节和谐

"音节和谐"主要出现在一些散文中，会让语句读起来更通顺，更有韵味，更富美感。遇到体裁为散文的语句连贯题时，考生应首先以"音节和谐"为考虑方向。

"音节和谐"的表现方式主要有以下三种：

（1）前后句字数相同或基本相同，如果是并列关系的词或短语，常将音节少的放前面，音节多的放后面。

（2）前后句押韵或平仄协调。

（3）前后句的句式对称。

（七）合乎逻辑

"合乎逻辑"指语段在表情达意时，要遵从一定的逻辑顺序。

这种逻辑顺序主要包括以时间的先后为顺序，以空间转换为顺序，以心理变化为顺序，以人们的认知规律为顺序等。

要使句序合乎逻辑，排列句子时要注意把握好以下三点：

（1）以时间、事物发展的先后为序，应抓住表示时间的词语。

（2）以空间为序，注意从上到下、从左到右、从外到内、从远及近等。

（3）以人们认识事物的规律为序，要由表及里，由浅入深，由感性认识到理性认识。寻找事物发展的规律，借助关联词是最常用的方法。

（八）承启恰当

"承启恰当"指要把握文段句与句之间上承下启、前后勾连的关系。

为使句序承启恰当，可从以下两点入手解题：

（1）运用顶真、反复等修辞手法。顶真又叫联珠法，是将前一句或前一节奏的尾字作为后一句或后一节奏的首字，使两个音节或两个句子首尾相连、前后承接，产生上递下接的效果。顶真手法在语句连贯中的运用，最常见的是用前一句的宾语作后一句的主语。

（2）让后一句的开头部分与前一句的末尾部分所说内容相同或相关。

二、解题步骤

由于语句填充与语句排序的出题形式存在差异，其解题步骤也稍有差别。

（一）语句填充

对于语句填充，考生首先要注意认真研读各选项，通过对照分析选项的不同之处，进而找到命题角度，一旦找对了角度对号入座，接下来的问题便会迎刃而解。

（二）语句排序

对于语句排序，最好用的方法是排除+验证，具体来说可按以下步骤来解题：

（1）根据选项中首句、尾句等特殊位置的句子是否恰当首先排除部分选项。

（2）比较剩下选项的差异点，进行分析，初步选定正确答案。

（3）验证并最终确定正确句序。

（三）注意代词

代词需注意以下问题：

（1）语境或选项中的代词或指代性的短语要紧跟在它所代替或指代的内容后面。

（2）指示代词要注意区分近指（这）、远指（那）。

（3）语句排序题中的代词，要注意以下两点：①含有第三人称代词的句子一般不能作为首句；②除某些含有表示时间、方位的指示代词或指代性短语的句子可作为首句外，其他含有指示代词或指代性短语的句子一般不能作为首句。

考点四　病句辨析

病句,实际上就是有毛病的句子。这里的"毛病"是指违反了语法结构规律或客观事理逻辑。病句的六大类型见下图。

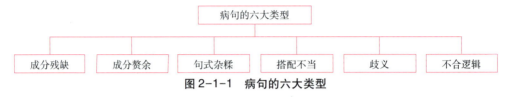

图 2-1-1　病句的六大类型

一、成分残缺

成分残缺是因缺少应有的成分造成句子结构不完整、表意不明确的一种语病。成分残缺的类型见下表。

表 2-1-2　成分残缺的类型及释义

类型	释义
主语残缺	常见的主语残缺主要是由滥用介词或暗中更换主语造成的
谓语残缺	常见的谓语残缺主要是错把状语或宾语中的动词当作整个句子的谓语
宾语残缺	常见的宾语残缺主要是由于动词所带的宾语较长,在表述时,往往只写了宾语的修饰语,而丢失了宾语的中心语
其他残缺	除了以上主谓宾三种主要成分的残缺外,还存在一些其他句子成分残缺的情况,如状语残缺、介词残缺、关联词语残缺等

【示例1】由于他成绩优异,所以得到了老师和同学们的赞扬。

点拨:关联词使用不当,导致主语残缺,可去掉"由于"或改为"他由于"。

【示例2】我国人民正在意气风发地为建设一个现代化的社会主义强国。

点拨:谓语残缺。本句缺少谓语,删去"为",或者在最后加上"而奋斗"。

【示例3】作为2008年北京奥运会保险合作伙伴,中国人保以更适合公众参加的形式,组织了弘扬奥林匹克精神、服务奥运,分享奥运所带来的激情和欢乐。

点拨:宾语残缺。谓语动词"组织"缺少宾语,应在"服务奥运"后加上"的活动"。

【示例4】那些手上有过硬技术的职工,企业即使面临困难,也要千方百计地挽留。

点拨:介词残缺。应在"那些手上有过硬技术的职工"前加介词"对于"。

【示例5】不管天气多么恶劣,他是按时到校学习。

点拨:关联词语残缺。应在"是"前面应加上"都"。

二、成分赘余

成分赘余,实际上就是句子中出现了重复表达的内容。常见的容易出现赘余的情形:词语隐含义与已提供的语境义重复、虚词多余等。

【示例1】只有把想法付诸于行动,才能最大限度地达到我们的目标。

点拨:"诸"已含有"之于"的意思,其后不能再接"于",可将"于"删去。

【示例2】《中华人民共和国消费者权益保护法》深受广大消费者所欢迎,因为它强化了人们的自我保护意识,使消费者的权益得到最大限度的保护。

点拨:虚词"所"多余,应为"深受广大消费者欢迎"。

【示例3】我们必须拿出自己的正版计算机游戏软件,否则,拿不出新软件,就难以抵制不健康的盗版软件。

点拨:"否则"本身就是一种表否定的假设,后面又说"拿不出新软件",二者重复,可删除"拿不出新软件"。

三、句式杂糅

句式杂糅是把两种不同的句法结构混杂在一起,造成结构混乱、语义不清的语法错误。

【示例1】教师心态浮躁的背后,是整体学术氛围不纯的表现。

点拨:"背后是……"与"是……表现"两种句式杂糅,可去掉"的表现"。

【示例2】要想真正深入学习实践科学发展观,就一定要在求真务实创新上下苦功夫不可。

点拨:"一定要……"和"非要……不可"两种句式杂糅,可改为"就一定要在求真务实创新上下苦功夫"或"就非要在求真务实创新上下苦功夫不可"。

四、搭配不当

搭配不当是比较常见的语病,主要出现在主谓之间、动宾之间、主宾之间、修饰成分与中心词之间等。搭配不当的类型见下表。

表2-1-3　搭配不当的类型及释义

类型	释义
主谓搭配不当	主要表现为谓语不能陈述主语,有时主语或谓语由联合短语充当,其中一部分不能搭配
动宾搭配不当	主要表现为当动词带两个以上宾语时,部分宾语与动词不搭配
主宾搭配不当	主要出现在由"是"充当谓语的句子中
修饰语与中心词搭配不当	主要表现为句子的定语、状语、补语与其修饰、限制的中心词搭配不当

【示例1】机关考勤制度改革后,"一杯茶、一支烟、一张报纸看半天"的现象不见了,全勤的人数骤然增多,出勤率较前三个月有很大增加。

点拨:主谓搭配不当,主语"出勤率"与谓语"增加"不搭配,应把"增加"改为"提高"。

【示例2】在拉萨市郊的每块土地上,都可以看到农民们愉快的笑脸和那"喔哝、喔哝"的赶牛的吆喝声。

点拨:动宾搭配不当。谓语动词"看到"只能与"笑脸"搭配,不能与"吆喝声"搭配。

【示例3】汉末之王充思想,是批评阴阳五行、天人感应及是古非今思想的代表人物。

点拨:主宾搭配不当。本句的主语是"王充思想",宾语是"代表人物","王充思想是代表人物"明显搭配不当。

【示例4】我们中华民族在人类文明发展史上,曾经有过优越的贡献。

点拨:修饰语与中心语搭配不当。"优越的"不能作为修饰语与"贡献"搭配,可改为"卓越的贡献"。

五、歧义

歧义是指一个句子存在两种或两种以上解释的现象。歧义的类型见下表。

表 2-1-4　歧义的类型及释义

类型	释义
词的多义导致歧义	由句子中的多义词或多义短语造成的歧义
停顿不同导致歧义	因句中停顿不明确(或者说句中可以有不同的停顿)而引起的歧义
指代不明导致歧义	句中的指示代词或人称代词指代不明确造成的歧义
修饰语两可导致歧义	由修饰语修饰的中心词不明确而造成的歧义

【示例1】许多国家根本看不上美国 NBA 篮球赛。

点拨:词的多义导致歧义。"看不上"有歧义,可以理解为"瞧不起",也可以理解为"看不到"。

【示例2】柏林反对申办奥运的暴力活动升级。

点拨:停顿不同导致歧义。既可理解为"反对/申办奥运的暴力活动升级",也可理解为"反对申办奥运的暴力活动/升级"。

【示例3】"有偿新闻"应当受到批评,这是极其错误的。

点拨:指代不明导致歧义。"这"可以指"有偿新闻",也可以指"有偿新闻受到批评"。

【示例4】几个学校的领导一起来了。

点拨:修饰语两可导致歧义。"几个"既可以修饰"学校",理解成"不同学校";也可以修饰"领导",理解为"来自同一个学校的多个领导"。

六、不合逻辑

不合逻辑主要考查的是对事理逻辑的分析能力。不合逻辑的类型见下表。

表 2-1-5　不合逻辑的类型及释义

类型	释义
一面对两面	这类病句的主要特征是句子内容不能前后照应,句子的一部分内容涉及两个方面,而与之对应的另一部分内容却只涉及一个方面
自相矛盾	前面的说法与后面的说法彼此冲突,主要涉及时间、数量、范围、动作、位置、状态等
主客倒置	颠倒了主体与客体之间存在着的主要与次要、认知与被认知、主动与被动等关系,造成表达的混乱
否定失当	主要原因是句中有多个否定词,多重否定失当从而造成与逻辑不符的结果
并列不当	这种语病通常是对词语所表达的概念内涵及概念间关系的误解而造成的

【**示例1**】有没有丰富的知识是一个人能够成功的关键。

点拨:两面对一面,可删除"有没有"。

【**示例2**】农村正在掀起了科学种田的新高潮。

点拨:时态错误导致自相矛盾,"正在"是正在进行之意,而"了"一般表完成时,两词不能同时使用,可删除"了"。

【**示例3**】在那个时候,报纸与我接触的机会是很少的。

点拨:主客倒置。主体应该是"我",可改为"我与报纸接触的机会是很少的"。

【**示例4**】为了防止不再发生类似事故,领导制定了一系列切实加强安全保卫工作的措施。

点拨:否定失当。"防止""不"双重否定表肯定,与句子要表达的意思相反,应删去其一。

【**示例5**】展望21世纪,中国文化和东方文化的伟大复兴,必将改变西方文化片面主宰世界的格局。

点拨:并列不当。"中国文化"属于"东方文化",二者不能并列。

习题演练

1. 千百年来,传世的文学作品都以春风化雨、润物无声的力量,引人向上向善、奋然前行。当文学遭遇网络,网络文学_____。能否_____一脉相承的优良传统,书写网络时代的崭新篇章,是网络文学发展的关键所在。

填入画横线部分最恰当的一项是(　　)。

A. 应运而生　延续

B. 铺天盖地　践行

C. 水到渠成　继承

D. 风起云涌　发扬

2. 她在黑夜里站了很久,东边地平线上不知不觉露出苍白的_____,她周围的废墟露出了_____,一只孤独的猫头鹰在半空中盘旋了最后一圈,飞回_____,别的鸟儿开始唱歌。

填入画横线部分最恰当的一项是(　　)。

A. 晨曦　轮廓　巢穴

B. 朝阳　阴影　老巢

C. 晨光　背景　鸟巢

D. 微光　身影　窠臼

3. 门槛低、读者广泛、方便快捷,是互联网平台备受诗人青睐的重要原因。在新技术、新平台的带动下,一批"草根诗人"以及"网络诗人"有了尽情展现的平台。精致页面、真人朗读、动听配乐、专家评论,共同为读者提供立体化且直观可感的诗歌体验。每晚一首诗的推介模式,正在成为若干中国人新的夜生活。许多诗歌平台拥有几万甚至几十万的订阅量,即使大多数人都看不懂。某些时候,我们惊奇地发现,一句广告语也可能是诗,一个策划文案也可能是诗,诗已经不仅仅是精神生活的配饰。

这段文字主要介绍( )。

A. 互联网对诗歌的影响　　　　　B. 诗歌平台的推介模式

C. 大众对诗歌态度的变化　　　　D. 诗歌与日常生活的关系

4. _____。基层不稳,天下也会难安。而基层治理的清明,不仅关乎每一个个体的福祉,也是转型期经济社会健康有序发展的必要条件。有鉴于此,当务之急既要严厉查处一个个具体的案例,务必在每一个个案中让民众感受到公平公正;也要立足长效机制,强化制度的建设与落实,特别是要防范基层组织的"内卷化",使其真正成为服务民众、分担压力的开放式自治组织。

填入画横线部分最恰当的一项是( )。

A. 基层社会是中国现代化进程中的蓄水池与稳定器

B. 当下中国的基层治理确实出现了一些矛盾与问题

C. 基层组织的"内卷化"日益固化

D. 以上案例反映出基层公权力救济的缺失

参 考 答 案

1.【答案】A。解析:第一空,"文学遭遇网络"产生的结果应是"网络文学"这一新事物的出现。"铺天盖地"形容声势大,来势猛,到处都是;"水到渠成"比喻条件成熟,事情自然会成功;"风起云涌"比喻新事物相继兴起,声势很盛。三者均不能描述"网络文学"这一新事物的出现,排除B、C、D。验证第二空,"延续一脉相承的优良传统"为习惯表述。故本题选A。

2.【答案】A。解析:第一空,"朝阳"指早上的太阳,用"苍白"修饰不恰当,排除B。第二空,形容露出光线后废墟也显现出来。"背景"指图画、摄影里衬托主体事物的景物,不能描述废墟显现出来的样子,排除C。"身影"指身体的模糊形象,多用来指人,与"废墟"搭配不当,排除D。验证A项,第三空,"飞回巢穴"代入无误。故本题选A。

3.【答案】A。解析:文段首先指出互联网平台"门槛低、读者广泛、方便快捷"的三个特点使其备受诗人青睐;接着指出互联网为读者提供了立体化且直观可感的诗歌体验;最后指出互联网使得诗歌的推介模式、诗歌的表现形式都更为丰富且吸引受众。因此,这段文字主要是在介绍互联网对诗歌的影响,A项概括恰当。B项的"推介模式"概括不全面,C、D两项均未提到"互联网"这一影响因素。故本题选A。

4.【答案】A。解析:由"有鉴于此"可知,前三句论述的应是基层的重要性,后文由此引出强化基层组织建设的紧迫性和必要性。B、C、D三项论述的均是基层治理中存在的问题,填入衔接不当。A项指出基层社会具有"蓄水池与稳定器"的作用,后句由此引出"基层不稳,天下也会难安"的论述,符合写作逻辑。故本题选A。

第二章 数学运算

考点详解

考点一 计算问题

计算问题是数量关系中的经典题型之一,也是其他题型的基础,主要包括算式计算、数列计算、平均数与不等式等。

一、算式计算

算式计算常用法则及公式见下表。

表2-2-1 算式计算常用法则及公式

常用法则	具体公式
加法	$a+b=b+a$,$(a+b)+c=a+(b+c)$
乘法	$a\times b=b\times a$,$(a\times b)\times c=a\times(b\times c)$,$(a+b)\times c=a\times c+b\times c$
幂次	$a^m\times a^n=a^n\times a^m=a^{m+n}$,$(a^m)^n=(a^n)^m=a^{mn}$,$(a\times b)^m=a^m\times b^m$,$\left(\dfrac{b}{a}\right)^m=\dfrac{b^m}{a^m}$
完全平方公式	$(a\pm b)^2=a^2\pm 2ab+b^2$
平方差公式	$a^2-b^2=(a+b)(a-b)$
完全立方公式	$(a\pm b)^3=a^3\pm 3a^2b+3ab^2\pm b^3$
立方和(差)公式	$a^3\pm b^3=(a\pm b)(a^2\mp ab+b^2)$
阶乘	$n!=1\times 2\times\cdots\times n$,$0!=1$
裂项公式	$\dfrac{d}{n(n+d)}=\dfrac{1}{n}-\dfrac{1}{n+d}$,当$d=1$时,$\dfrac{1}{n(n+1)}=\dfrac{1}{n}-\dfrac{1}{n+1}$

二、数列计算

等差数列:从第二项起,每一项与前一项之差为一个常数的数列。该常数称为公差,记为d。

等比数列:从第二项起,每一项与前一项之商为一个非零常数的数列。该常数称为公比,记为 q。

等差数列与等比数列常用公式见下表。

表2-2-2　等差数列与等比数列常用公式

数列	通项公式	对称公式	求和公式
等差数列	$a_n=a_1+(n-1)d$	$a_m+a_n=a_i+a_j$, 其中 $m+n=i+j$	①一般求和: $S_n=\dfrac{n(a_1+a_n)}{2}=na_1+\dfrac{1}{2}n(n-1)d$ ②中项求和: $S_n=\begin{cases} na_{\frac{n+1}{2}}, & n\text{ 为奇数} \\ \dfrac{n}{2}\left(a_{\frac{n}{2}}+a_{\frac{n}{2}+1}\right), & n\text{ 为偶数} \end{cases}$
等比数列	$a_n=a_1\cdot q^{n-1}$	$a_m\cdot a_n=a_i\cdot a_j$, 其中 $m+n=i+j$	$S_n=\begin{cases} \dfrac{a_1(1-q^n)}{1-q}, & q\neq 1 \\ na_1, & q=1 \end{cases}$

三、平均数与不等式

算术平均数:所有数据之和除以数据个数所得的商,用公式表示为: $M=\dfrac{m_1+m_2+m_3+\cdots+m_n}{n}$。

几何平均数: n 个正实数乘积的 n 次算术根,用公式表示为: $G=\sqrt[n]{m_1\cdot m_2\cdot m_3\cdot\cdots\cdot m_n}$。

不等式属于方程的衍生,方程用"="连接两个等价的解析式,不等式由">"">"""<"
"≤"连接两个解析式。考试中主要借不等式确定未知量的取值范围,或是利用均值不等式求极值。

均值不等式:任意 n 个正数的算术平均数总是不小于其几何平均数,即:

$\dfrac{a_1+a_2+\cdots+a_n}{n}\geqslant\sqrt[n]{a_1\cdot a_2\cdot\cdots\cdot a_n}$,当且仅当 $a_1=a_2=\cdots=a_n$ 时等号成立。

数量关系考试中,多考查两个数或三个数的均值不等式。

(1) $\dfrac{a+b}{2}\geqslant\sqrt{ab}$,当且仅当 $a=b$ 时等号成立。

证明: $(\sqrt{a}-\sqrt{b})^2\geqslant 0\Rightarrow a+b-2\sqrt{ab}\geqslant 0\Rightarrow\dfrac{a+b}{2}\geqslant\sqrt{ab}$。

(2) $\dfrac{a+b+c}{3}\geqslant\sqrt[3]{abc}$,当且仅当 $a=b=c$ 时等号成立。

经典例题

　　甲、乙、丙三家软件企业某年的大数据业务收入分别占其总收入的25%、40%和75%,三家企业的总收入中,大数据业务收入占55%。已知甲企业的总收入是乙企业的2倍,则丙企业的大数据收入占三家企业大数据收入之和的比重为(　　)。

　　A. 不到六成　　　　　　　　　　B. 六成多

　　C. 七成多　　　　　　　　　　　D. 八成以上

【答案】C。解析：设丙企业的总收入为 x，乙企业的总收入为100，则甲企业的总收入为200，甲企业的大数据业务收入为 $200×25\%=50$，乙企业的大数据业务收入为 $100×40\%=40$。根据题意列得 $50+40+75\%x=(300+x)×55\%$，解得 $x=375$，则丙企业的大数据收入占三家企业大数据收入之和的比重为 $1-\dfrac{40+50}{(300+375)×55\%}=1-\dfrac{90}{675×55\%}=1-\dfrac{2×4}{15×55\%×4}=1-\dfrac{8}{33}=1-2X\%=7X\%$。故本题选C。

考点二　和差倍比问题

和差倍比问题是研究不同量之间的和、差、倍数、比例关系的数学应用题。这类问题对计算速度和准确度要求较高，考生应注意培养自己的速算能力。按其考查形式，和差倍比问题可以分为和差倍问题、比例问题。

一、和差倍问题

和倍关系：已知两个数之和以及其之间的倍数关系，求这两个数。
和÷（倍数+1）=小数　　小数×倍数=大数
差倍关系：已知两个数之差以及其之间的倍数关系，求这两个数。
差÷（倍数-1）=小数　　小数×倍数=大数
和差关系：已知两个数之和与差，求这两个数。
（和+差）÷2=大数　　（和-差）÷2=小数

解题时，要注意和（差）与倍数的对应关系。如果不是整数倍，要想办法转化得到整数倍，再应用公式。在情况比较复杂时，采用方程法思路往往比较简单。

二、比例问题

解决比例问题的关键是找准各分量、总量以及各分量与总量之间的比例关系，再根据分量÷总量=所占比例，分量÷所占比例=总量求解。解题时，有时根据题干数字特征，尤其是遇到含分数、百分数的题，可结合选项排除。

考点三　行程问题

行程问题研究的是物体运动中速度、时间、路程三者之间的关系。大部分的行程问题都可通过找出速度、时间、路程三量中的两个已知量后，利用核心公式求解。

一、知识要点

行程问题的基本公式见下表。

表 2-2-3 行程问题的基本公式

要点	公式
比例关系	时间相同,速度比=路程比;速度相同,时间比=路程比 路程相同,速度比=时间的反比
相遇问题	相遇时间=相遇路程÷速度和
追及问题	追及时间=追及路程÷速度差
流水问题	顺水速度=船速+水速;逆水速度=船速-水速 船速=(顺水速度+逆水速度)÷2;水速=(顺水速度-逆水速度)÷2
火车过桥问题	火车速度×时间=车长+桥长

二、重要结论

(一)平均速度

平均速度的相关计算公式如下:

平均速度=总路程÷总时间。

若物体前一半时间以速度 v_1 运动,后一半时间以速度 v_2 运动,则全程的平均速度为 $\dfrac{v_1+v_2}{2}$。

若物体前一半路程以速度 v_1 运动,后一半路程以速度 v_2 运动,则全程的平均速度为 $\dfrac{2v_1v_2}{v_1+v_2}$。

(二)多次相遇问题

从两地同时相向出发的直线多次相遇问题中,第 n 次相遇时,每个人走的路程等于他第一次相遇时所走路程的 $(2n-1)$ 倍。

环形相遇问题中每次相遇所走的路程之和是一圈。如果最初从同一点出发,那么第 n 次相遇时,每个人所走的总路程等于第一次相遇时他所走路程的 n 倍。

三、注意事项

相遇问题基本公式适用于"同时出发,相向而行,经过相同时间相遇"的情况,当出现"不同时出发"或"没有相遇(还相隔一段路)"时,应转化为"同时出发,经过相同时间相遇",再应用公式。

追及问题基本公式适用于"同时出发,同向而行,经过相同时间追上"的情况。与相遇问题一样,如果出现不标准情况,都应转化为"同时出发、同向而行、经过相同时间追上"的标准情况求解。

考点四 | **工程问题**

工程问题是数量关系中的经典题型,工程问题中涉及工作量、工作时间和工作效率三个

量,它们之间存在如下关系式:

工作量＝工作效率×工作时间,工作量÷工作时间＝工作效率,工作量÷工作效率＝工作时间

与行程问题类似,根据工程问题中三个量之间的关系式,还可以得到相应的比例关系。在解决基本工程问题时,要明确所求,找出题目中工作量、工作时间、工作效率三量中的已知量,再利用公式求出未知量。

此外水管问题也是工程问题的一种。只是对于注水问题,注水管的工作效率为正,排水管的工作效率为负;对于排水问题,注水管的工作效率为负,排水管的工作效率为正。

经典例题

某农场有 14 台联合收割机,收割完所有的麦子需要 20 天时间。收割作业进行了 2 天之后,增加 6 台联合收割机,并通过技术改造使 20 台联合收割机的效率均提升 5%,那么收割完剩余的麦子还需要几天?(　　)

A. 15　　　　　　　　　　　　　　　B. 14

C. 13　　　　　　　　　　　　　　　D. 12

【答案】D。解析:假设未改造前一台收割机每天收割麦子量为1,工作两天后剩余麦子量为14×(20-2)＝252,改造后 20 台收割机每天收割麦子 20×(1+5%)＝21,完成剩余的工作需要 252÷21＝12(天)。

考点五　排列组合与概率问题

排列组合与概率问题作为数学运算中相对独立的一个知识点,其难度较大,需要考生在掌握基本原理的基础上,熟悉更多的特殊解题方法。

一、排列组合问题基本原理

排列组合问题的两个基本原理如下:

(1)加法原理:完成一件事情,有 m 类不同的方式,而每种方式又有多种方法可以实现。那么,完成这件事的方法数就需要把每一类方式对应的方法数加起来。

【示例1】从 A 地到 B 地,坐火车有 3 种方法,坐汽车有 5 种方法,坐飞机有 2 种方法,那么从 A 地到 B 地一共应该有 3+5+2＝10(种)方法。这里从 A 地到 B 地有火车、汽车和飞机三类方式,所以使用加法原理。

(2)乘法原理:完成一件事情,需要 n 个步骤,每一个步骤又有多种方法可以实现。那么完成这件事的方法数就是把每一个步骤所对应的方法数乘起来。

【示例2】从 A 地到 B 地坐飞机需要在 C 地转机,已知从 A 地到 C 地有 4 种方法,从 C 地到 B 地 3 种方法。这里从 A 地到 B 地,需要分两个步骤完成,第一步从 A 地到 C 地,第二步从 C 地到 B 地,因此从 A 地到 B 地有 4×3＝12(种)方法。

分类用加法原理,分步用乘法原理。

二、排列组合问题基本概念

排列组合问题主要涉及的基本概念有排列、全排列、组合。

（1）排列：从 n 个不同元素中任取 m 个按照一定的顺序排成一列，叫作从 n 个元素中取出 m 个元素的一个排列。所有不同排列的个数，称为从 n 个不同元素中取出 m 个元素的排列数，一般我们记作 A_n^m。其计算公式为：$A_n^m = n \times (n-1) \times \cdots \times (n-m+1)$。

【示例1】从编号为 a、b、c、d 的 4 个孩子中选出 2 个孩子排成一行，有多少种排法？显然，列举出来有 ab、ac、ad、ba、bc、bd、ca、cb、cd、da、db、dc，共 12 种；这里，即便是选出来的孩子一样，但排列顺序不一样，排法也就不一样，因此要考虑孩子的顺序，所以是排列问题。排法应该是 $A_4^2 = 4 \times 3 = 12$（种）。

（2）全排列：n 个不同的元素全部取出的一个排列，叫作 n 个不同元素的一个全排列，即当 $m = n$ 时，全排列数 $A_n^n = n(n-1)(n-2) \times \cdots \times 3 \times 2 \times 1 = n!$。

（3）组合：从 n 个不同元素中取出 m 个元素拼成一组，称为从 n 个元素取出 m 个元素的一个组合。不同组合的个数称为从 n 个不同元素取出 m 个元素的组合数，一般我们记作 C_n^m。其计算公式为：$C_n^m = \dfrac{A_n^m}{A_m^m} = \dfrac{n \times (n-1) \times \cdots \times (n-m+1)}{m \times (m-1) \times \cdots \times 1}$，其中 $C_n^0 = 1$。

【示例2】从编号为 a、b、c、d 的 4 个孩子中选出 3 个孩子去参加运动会，有多少种选法？列举出来，有 abc、abd、bcd、acd 这 4 种情况。abc 与 acb、bca 表明选出的都是 a、b、c，是一种选法，不需要考虑孩子的顺序，所以是组合问题，选法为 $C_4^3 = 4$（种）。

考虑顺序用排列，不考虑顺序用组合。

三、排列组合问题三原则

排列问题三原则如下：

（1）特殊元素优先考虑：排列问题中，有些元素有特殊的位置要求，如甲必须站第一位；或者有的位置有特殊的元素要求，如第一位只能站甲或乙。此时，应该优先安排特殊元素或者特殊位置。

（2）复杂问题从对立面考虑：部分问题直接考虑，情况需要分成很多类来讨论，而它的对立面往往只有一种或者两种情况。此时我们可以先求出对立面的情况数，然后再将总情况数减去对立面的情况数就可以了。

（3）环形问题转为直线排列：排列问题一般考查的是直线上的顺序排列，但是也会有一些在环形上的顺序排列问题。与直线排列问题相比，环形排列没有前后和首尾之分，此时我们只需要将其中一个元素列为队首，这样就可以把环形问题转为直线排列问题。

n 个人围成一圈，不同的排列方法有 $A_{n-1}^{n-1} = (n-1)!$（种）。

四、排列组合问题四种特殊方法

下面四种方法的针对性很强，只能够解决某一种排列组合问题，这几种方法是考试中的重点。

（1）捆绑法：n 个不同元素排成一列，要求 m 个元素必须相邻，可以把 m 个元素看成一个整体，此时有 $A_{n-m+1}^{n-m+1}A_m^m$ 种排法。

（2）插空法：n 个不同元素排成一列，要求 m 个元素互不相邻，那么可以先排好其余的 $(n-m)$ 个元素，然后将 m 个元素按插到 $(n-m)$ 个元素形成的 $(n-m+1)$ 个空之间，有 $A_{n-m}^{n-m}A_{n-m+1}^m$ 种排法。

（3）隔板法：将 n 个相同元素分成 m 堆，每堆至少一个，相当于将 $(m-1)$ 个木板插到 n 个元素形成的 $(n-1)$ 个"空"中，有 C_{n-1}^{m-1}（种）分法。

（4）归一法：n 个不同元素排成一列，其中 m 个元素的位置相对确定，如甲必须在乙前面等，此时将所有元素正常全排列，然后除以 m 个元素的全排列数即可，此时有 $\dfrac{A_n^n}{A_m^m}=\dfrac{n!}{m!}$（种）排法。

五、错位重排问题

错位重排问题的通常形式：

编号为 $1,2,\cdots\cdots,n$ 的 n 封信，装入编号为 $1,2,\cdots\cdots,n$ 的 n 个信封，要求每封信和信封的编号不同，问有多少种装法？

对于这种问题，有一个固定的递推公式，记 n 封信的错位重排数为 D_n，则：$D_1=0,D_2=1$，$D_n=(n-1)(D_{n-2}+D_{n-1})$。

由递推公式得，$D_3=(3-1)\times(0+1)=2,D_4=(4-1)\times(1+2)=9,D_5=(5-1)\times(2+9)=44$。

一般考试中只考查 $n=3,4,5$ 的情况，所以记住 $D_3=2,D_4=9,D_5=44$ 就可以快速求解出正确答案。

六、概率问题

下面是三种常见的概率问题：

（1）普通概率：将基本空间（也就是所有的情况）分成 n 个等可能的情形，其中事件 A 包括了 m 个情形，那么称事件 A 发生的概率为 $\dfrac{m}{n}$，记为 $P(A)$。

（2）条件概率：事件 A 在另外一个事件 B 已经发生条件下的发生概率。条件概率表示为 $P(A|B)$，读作"在 B 条件下 A 的概率"。

$P(A|B)=\dfrac{P(AB)}{P(B)}$，$P(AB)$ 为 AB 同时发生的概率，$P(B)$ 为 B 发生的概率。

（3）多次试验概率：如果在一次试验中事件 A 发生的概率为 p，则在 n 次独立重复试验中，事件 A 发生 k 次的概率 $P(k)=C_n^kp^k(1-p)^{n-k}$。

经典例题

车库里有 6 个连成一排的车位，其中 3 号车位上已停有 1 辆车。另两辆车先后在剩余的 5 个车位中随机选择一个停放。问：3 辆车相邻的概率是 3 辆车彼此均不相邻概率的多少倍？（　　）

A. 1.5　　　　　　B. 2　　　　　　C. 2.5　　　　　　D. 3

【答案】A。解析：另两辆车先后在剩余的 5 个车位中随机选择一个停放有 $A_5^2=20$（种）选择。3 辆车相邻有 3 种情况，分别是选择 1,2,3 车位或 2,3,4 车位或 3,4,5 车位，共有 3×2=6（种）选择，故 3 辆车相邻的概率是 $\frac{6}{20}=\frac{3}{10}$。3 辆车彼此均不相邻的话，不能选择 2,4 车位，只能选择 1,3,5 或者 1,3,6 车位，共有 2×2=4（种）选择，故 3 辆车彼此均不相邻的概率是 $\frac{4}{20}=\frac{1}{5}$，3 辆车相邻的概率是 3 辆车彼此均不相邻的概率的 $\frac{3}{10}\div\frac{1}{5}=1.5$（倍）。故本题选 A。

考点六 利润问题

利润问题主要考查进价、售价、利润、打折等日常经济数据之间的关系。作为与实际生活联系紧密的题型，利润问题是数量关系中的常考内容。利润问题的概念及相关公式见下表。

表 2-2-4　利润问题的概念及相关公式

概念	含义	示例	相关公式
进价	商品买进的价格	商家以每件 100 元买入某商品	—
定价	商家根据进价定出的商品出售价格	商家决定以每件 150 元卖出某商品	—
售价	商品实际的出售价格	商家实际以每件 120 元卖出某商品	—
利润	售价与进价的差	每件商品商家赚了 120-100=20（元）	利润=售价-进价
利润率	利润占进价的百分比	利润率为 20÷100×100%=20%	利润率=$\frac{利润}{进价}$×100%
打折	售价与定价之比	120÷150=0.8，即该商品打了八折	打折=$\frac{售价}{定价}$

此外，银行储蓄类问题与利润问题也极为相似。

本金：储蓄的金额。

利率：利息和本金的比。

利息和本息和的计算公式如下：

$$利息=本金×利率×期数$$

$$本息和=本金+利息=本金×（1+利率×期数）$$

考点七 扩展题型

一、容斥问题

容斥原理是指计数时先不考虑重叠的情况，把包含于某内容中的所有对象的数目先计算出来，然后再把重复计算的数目排斥出去，使得计算的结果既无遗漏又无重复。容斥问题常利用容斥原理来解题。

容斥问题的常用解题方法有公式法和文氏图法。

（一）公式法

两个集合：$A \cup B = A + B - A \cap B$

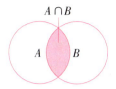

三个集合：$A \cup B \cup C = A + B + C - A \cap B - B \cap C - C \cap A + A \cap B \cap C$

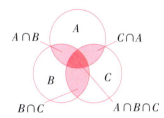

（二）文氏图法

在文氏图中集合通常被抽象为大小一致的圆圈，集合的大小以数字的形式标注在对应的圆圈上，通过文氏图可以清楚地看出集合之间的关系以及重复计数的次数，最适合描述3个集合的关系。

二、浓度问题

关于溶液的配制、与溶液浓度相关的问题，称为浓度问题。银行招聘考试以考查溶液浓度变化为主，考生只需抓住问题中的不变量，进行解答即可。

基本概念：溶液是将一种固体或者液体溶于另一种液体（一般指水）得到的混合物，其中前一种固体或者液体称为溶质，后一种液体（水）称为溶剂。

基本公式：溶液质量＝溶质质量＋溶剂质量；浓度＝溶质质量÷溶液质量

溶液的混合特性：一种高浓度的溶液 A 和一种低浓度的同种溶液 C 混合后得到溶液 B，那么溶液 B 的浓度肯定介于溶液 A 和溶液 C 的浓度之间。

三、抽屉原理

题干中含有诸如"至少……才能保证……""要保证……至少……"这类叙述的题目，一般可以用抽屉原理来解决，称为抽屉问题。对于这类问题，常应用到以下两个抽屉原理。

（一）抽屉原理1

将多于 n 件的物品任意放到 n 个抽屉中，那么至少有一个抽屉中的物品件数不少于 2 件。

（二）抽屉原理2

将多于 $m \times n$ 件的物品任意放到 n 个抽屉中，那么至少有一个抽屉中的物品的件数不少于（$m+1$）件。

除此之外,抽屉问题也可以用最不利原则来考虑。最不利原则,就是考虑问题发生的最不利情况,然后就最不利情况进行分析。最不利原则是极端法的一种应用,一般情况下,我们优先考虑用最不利原则来解决抽屉问题。

四、牛吃草问题

典型的牛吃草问题的条件是假设草的生长速度固定不变,不同头数的牛吃光同一片草地所需的天数各不相同,求若干头牛吃这片草地可以吃多少天。

解决牛吃草问题的基本流程:首先设每头牛每天所吃的草量为1,然后根据不同头数的牛吃光草所花的天数计算出草地每天新的长草量以及最初的草总量,最后再根据牛吃草问题的核心公式求出答案。

牛吃草问题核心公式:

(所有牛每天吃的草量-草地每天新长的草量)×天数=最初的草量   (1)

$$草地每天新长的草量 = \frac{较多的天数×对应牛的头数 - 较少的天数×对应牛的头数}{较多的天数 - 较少的天数} \quad (2)$$

牛吃草的天数=最初的草量÷(牛每天吃的草量-草地每天新长的草量)   (3)

一般情况下,考试中出现的多是牛吃草问题的变形题,表面上看似与牛吃草问题完全无关,但仔细分析会发现,这些问题实际上都是牛吃草问题。

五、鸡兔同笼问题

"鸡兔同笼"是著名的中国古算术题,最早出现在《孙子算经》中。

在考试中,偶尔出现的"得失"问题,也可看作鸡兔同笼问题,利用假设法求解。"鸡兔同笼问题"的公式见下表。

表 2-2-5 "鸡兔同笼问题"的公式

标准鸡兔同笼问题	鸡兔同笼问题变形题
设鸡求兔	设得求失
兔头数=(总脚数-2×总头数)÷2 鸡头数=总头数-兔头数	损失数=(每件应得×总件数-实得数)÷(每件应得+每件损赔)

六、日期问题

日期问题是由历法产生的一类计数问题,其主要知识点见下表。

表 2-2-6 日期问题的主要知识点

年份	判断方法	一年总天数(天)	2月天数(天)
闰年	非100的倍数,能被4整除 100的倍数,能被400整除	366	29
平年	不是闰年,则为平年	365	28

星期:星期每 7 天一循环;平年星期数加 1,闰年星期数加 2(其间包含 2 月 29 日)。

七、植树问题

在一条"路"上等距离植树的问题称为植树问题。在植树问题中,"路"被分为等距离的几段。

解题思路:先判断植树类型,再套用公式。其公式见下表。

表 2-2-7　植树问题公式

问题类型	公式
路不封闭且两端都植树	棵数=总路长÷间距+1
路不封闭且有一端植树	棵数=总路长÷间距
封闭道路植树(闭合曲线)	
路不封闭且两端都不植树	棵数=总路长÷间距-1

习题演练

1. 一个年龄在 13 至 19 岁的孩子把他自己的年龄写在他父亲年龄的后面,这个新的四位数减去父子年龄差得到 4 289,他们年龄的和为多少?(　　)

A. 58 岁　　　　　　　　　　　　　B. 59 岁

C. 60 岁　　　　　　　　　　　　　D. 61 岁

2. 一项工程,如果让甲、丙一起做,需要 45 天;让乙、丙一起做,需要 60 天;让甲、乙一起做,需要 90 天。若让甲、乙、丙一起做,需要多少天?(　　)

A. 20　　　　　　　　　　　　　　B. 25

C. 30　　　　　　　　　　　　　　D. 40

3. 往某水库中注水,A 泵注水 400 立方米后,换用注水速度是 A 泵 2 倍的 B 泵,已知 B 泵注水 700 立方米的时间比 A 泵注水 400 立方米的时间少 50 分钟,则 A 泵的注水速度为每分钟多少立方米?(　　)

A. 0. 5　　　　　　　　　　　　　　B. 1

C. 1. 5　　　　　　　　　　　　　　D. 2

4. 小明要从自家开车到爷爷家,已知平路占全路程的 $\frac{3}{5}$,剩下的路程中 $\frac{4}{5}$ 是下坡路,其余的都是上坡路,返程时下坡路的路程长为 2 千米,则小明家和爷爷家相距多少千米?(　　)

A. 25　　　　　　　　　　　　　　B. 6. 25

C. 6　　　　　　　　　　　　　　D. 15

5. 一家电器经销商要把 3 台老款空调打折出售。一开始按照原售价的八折出售，每台空调可以盈利 78 元，但只卖出 1 台，后来只好七折卖出另外 2 台。3 台空调卖完后，经核算，总共亏损 142 元，那么这款空调的原售价是(　　)元。

A. 1 780

B. 1 880

C. 2 080

D. 2 180

参 考 答 案

1.【答案】B。解析：如果父亲年龄为 42 岁，那么父子年龄差小于 11，且孩子的年龄大于 89，显然不可能。所以父亲年龄为 43 岁，设孩子年龄为 x 岁，则父子年龄差为 $(11+x)$ 岁，$11+x+x=43$，解得 $x=16$，年龄和为 $16+43=59$(岁)。故本题选 B。

2.【答案】D。解析：设工程总量为 180，则甲、丙每天完成的量为 $180÷45=4$，乙、丙每天完成的量为 $180÷60=3$，甲、乙每天完成的量为 $180÷90=2$，甲、乙、丙一起做每天完成的量为 $(4+3+2)÷2=4.5$，需要 $180÷4.5=40$(天)。故本题选 D。

3.【答案】B。解析：因为 B 泵注水速度是 A 泵的 2 倍，所以 B 泵注水 700 立方米的时间等于 A 泵注水 350 立方米的时间，则 A 泵注水 50 立方米需要 50 分钟，注水速度为 $50÷50=1$(立方米/分)。故本题选 B。

4.【答案】A。解析：去程上坡路和下坡路之和占总路程的 $1-\dfrac{3}{5}=\dfrac{2}{5}$，则去程上坡路占总路程的 $\dfrac{2}{5}×(1-\dfrac{4}{5})=\dfrac{2}{25}$。去程的上坡路即返程的下坡路，为 2 千米，占全程的 $\dfrac{2}{25}$，则全程为 $2÷\dfrac{2}{25}=25$(千米)。故本题选 A。

5.【答案】B。解析：根据题意，七折卖出一台空调亏损 $(142+78)÷2=110$(元)，八折与七折售价相差 $110+78=188$(元)，对应原售价的一折，则这款空调的原售价是 $188÷0.1=1\ 880$(元)。故本题选 B。

第三章　图形推理

考点详解

图形推理的考点及规律包括图形构成、几何性质、图形转化等内容。考生学习时应认真掌握解题思路,并举一反三,学会如何根据题干图形快速定位图形推理规律。

考点一　图形构成

研究图形应该从观察图形的构成入手。图形构成指的是图形的组成及一些细节特征,以及它们在数量和位置等方面的体现。这部分是图形推理中涉及考点最多的一部分,也是一个难点。

一、点、线、角、面

点、线、面是图形的基本构成要素,角则是由相交直线构成的特殊元素。

(一)点

图形推理中需要关注的"点"有以下几种:

(1)交点:线与线相交的点,线与面相交的点。一般的交点有三种类型:"十"字点、"T"字点、折点(∠、⌐)。

(2)切点:两条光滑曲线的交点,且在此点的切线相同,这个点就是两条曲线的切点。最常见的就是圆与直线相切的交点。

(3)接点:两个图形相接触,这个接触点叫作接点。

(二)线

线条是图形最主要的构成要素,也是涉及考点最多的一个要素。图形推理中主要从直线和曲线两个方面来考查。然而,还有一个与线条相关的概念——笔画,也是个重要的考点。

(1)直线图形:完全由直线构成的图形。

曲线图形:完全由曲线构成的图形。

直线和曲线混合图形:由直线和曲线构成的图形。

此部分还经常从数量上考查,包括直线数(图形中直线的条数)、曲线数(图形中曲线的条数)以及线条数(图形中直线和曲线总的数目)。

(2)汉字笔画数:按书写习惯来计算汉字的笔画数,看看下面这些汉字的笔画数分别是多少?

乙　乃　子　予　四

英文字母笔画数:按书写习惯计算,看看下面这些英文字母的笔画数分别是多少?

A D E L M

提示:汉字的笔画数依次是1、2、3、4、5,英文字母的笔画数依次是3、2、3、1、2。

（3）一笔画图形:若一个图形可以从某一点开始不重复、不间断地画出,则这个图形是一笔画图形。

一个图形是否能够一笔画出可依据下面的判断规则:

图形中端点根据所连接线条数的奇偶性被分为奇点、偶点。一个端点连接的线条数若为奇数,则该点被称为奇点;反之则为偶点。图形的奇点数为0或2,则这个图形是一笔画图形。

（三）角

直线和直线相交形成角。其常考规律包括以下两个:

（1）图形中都含有直角。

（2）图形中角(锐角、直角)的个数存在数量关系(构成等差数列或其他基本数列)。

（四）面

"面"的常考规律:

立体图形中面的个数相等或构成等差数列。

二、封闭与开放

图形的封闭与开放是对图形包围与否的整体描述。给出的图形都是很容易就能辨别出来的。

（一）封闭图形、开放图形

封闭图形:图形的边缘是由封闭线条围成的。

开放图形:图形中不存在由封闭线条围成的区域。

（二）封闭区域

封闭区域:指图形中由封闭线条围成的一个个空白。区域内部任何一点与区域外任何一点的连线都将和区域的边界相交。

封闭区域数:指图形中所有封闭区域的个数。例如,汉字"品"的封闭区域数是3;在圆中任意画两条不重合的直径形成了4个封闭区域。

三、图形部分

部分:一个图形中没有公共点的两个图形元素称为这个图形的两部分。所以任何一个图形的部分数都是确定的。考查部分数涉及的图形比较多样,不仅包括一般的图形,也可以是文字、数字等。

"图形部分"常考规律：

（1）图形的部分数相同。

（2）图形的部分数存在数量关系（构成等差数列或存在和差关系）。

四、图形种类

（一）图形种类

图形种类：把形状相同的图形元素，称为一种图形。

图形种类数：图形中所有小图形的种类的个数称为这个图形的图形种类数。

图形的种类数有时不太好区分，对于接连的整体图形，一般先将图形分成几个部分，划分的原则是不重复地以最小封闭空间计算，然后再看图形种类数。

（二）同种图形元素

"同种图形元素"常考规律：

（1）图形都含有某种图形元素。

（2）图形中同一种图形元素的个数相同或存在数量关系（构成等差数列或存在和差关系）。

（三）数量换算

当题干出现两三种小图形时，在数量上考虑将小图形换算成同一种小图形，然后寻找存在的规律。此类题型的实质是通过小图形间的数量换算，寻找图形间的数量关系。

五、元素位置

元素位置的主要考点有以下三类：

（一）图形结构

图形中几个（至少两个）部分之间的相对位置关系，称为图形的结构，主要有左右结构、上下结构、内外结构等。汉字的结构按照我们的认识习惯而定，例如，汉字"行"是左右结构，"李"是上下结构。

（二）接触与分离

两个图形元素有交点，即为图形接触；两个图形元素没有交点，即为图形分离。在考试中，最常考查的是内外图形的接触与分离，也可能伴随数量上的一些变化。

（三）元素在图形中的位置

题干给出的一组图形，组成元素基本相同，而由各元素在图形中的位置确定正确选项。

经典例题

从所给的四个选项中，选择最合适的一个填入问号处，使之呈现一定的规律性。（　　）

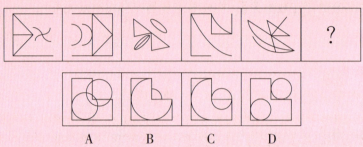

A　　　B　　　C　　　D

【答案】C。解析：题干图形均由直线和曲线构成，直线与曲线的交点数依次为0、1、2、3、4。按此规律可知，问号处应该填入直线与曲线的交点数为5的图形。只有C项符合。故本题选C。

考点二　几何性质

图形的几何性质包括图形的对称性、图形的重心、图形的面积和体积等。图形推理考查最多的是图形的对称性，图形的对称性包括轴对称和中心对称，此外考查中还涉及对称轴的数目，这是本部分需重点掌握的内容。重心、面积和体积则考查较少。

一、对称性

图形的对称性主要涉及轴对称和中心对称两个方面。

轴对称图形：对于一个平面图形，若存在一条直线，图形沿这条直线折叠，图形的两部分能完全重合，这个图形就是轴对称图形，这条直线就是这个图形的一条对称轴。有的轴对称图形只有一条对称轴，有的轴对称图形有多条对称轴。

中心对称图形：对于一个平面图形，若存在某一点，图形绕这个点旋转180°后，与原图形能够完全重合，我们就说这个图形是中心对称图形，这个点叫作这个图形的对称中心。对于一个中心对称图形的任意一点，它关于对称中心的对称点都在这个图形上。

二、重心

重心：一个物体的各部分都要受到重力的作用。从效果上看，我们可以认为各部分受到的重力作用集中于一点，这一点叫作物体的重心。

物体的重心与物体的形状和质量的分布有关。一般题目所给的图形均看成质量分布均匀的物体。其中形状规则的物体，它的重心就在几何中心上。其考查重点是重心的位置，即观察图形的重心位置是在上部、下部、中部。

三、面积和体积

"面积和体积"常考规律：
（1）图形中有相同的阴影或阴影的面积相等。

（2）小图形的面积或体积占大图形面积或体积的比例相同。

经典例题

把下面的六个图形分为两类,使每一类图形都有各自的共同特征或规律,分类正确的一项是( )。

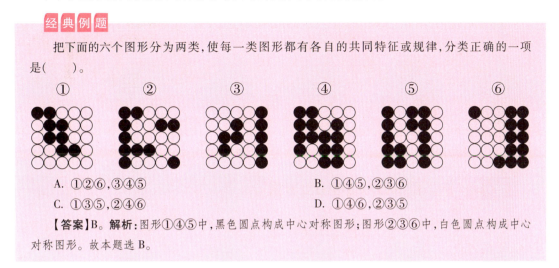

A. ①②⑥,③④⑤
B. ①④⑤,②③⑥
C. ①③⑤,②④⑥
D. ①④⑥,②③⑤

【答案】B。解析:图形①④⑤中,黑色圆点构成中心对称图形;图形②③⑥中,白色圆点构成中心对称图形。故本题选 B。

考点三 图形转化

图形转化有两种情况:一是第一个图形中的元素通过旋转、移动、翻转等方式发生位置上的规律变化,依次得到后面的图形;二是两个图形在叠加的基础上(或伴随其他简单变化)得到第三个图形。

一、移动、旋转、翻转

图形的移动、旋转和翻转是图形位置的改变,而不会改变图形的大小和形状。在考试中,若题干各个图形中的元素大小形状都相同,只是位置不同,则首先应考虑移动、旋转或翻转。

移动——找准移动的距离(一格、两格……)

旋转——确定旋转的方向和角度(顺时针、逆时针;30°、45°、60°、90°、135°等)

翻转——确定翻转的方式(左右翻转、上下翻转)

二、图形叠加

叠加:将两个图形的中心重合,叠放在一起,图形叠加转化是两个图形转化得到第三个图形的重要方式。

"图形叠加"常考规律:

（1）直接叠加:将已知的两个图形叠在一起,形成一个新图形,新图形中保留已知两个图形的所有。

（2）叠加去同存异:将图形叠加后去掉相同的部分,保留不同的部分。

（3）叠加去异存同:将图形叠加后去掉不同的部分,保留相同的部分。

（4）自定义叠加:图形叠加后,其中的某些特征按照一定的规律发生改变,常出现的是叠加后阴影的变化。

经典例题

从所给的四个选项中,选择最合适的一个填入问号处,使之呈现一定的规律性。(　　　)

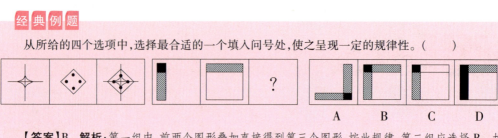

A　　B　　C　　D

【答案】B。解析:第一组中,前两个图形叠加直接得到第三个图形,按此规律,第二组应选择 B。故本题选 B。

考点四　图形推理题型分类精讲

图形推理题型一般包括类比型、顺推型、九宫格、空间型和分类型图形推理,注重对考生基础知识的考查。

一、类比型图形推理

这一题型的题干是两组图形,每组三个图形,需要根据第一组图形的排列规律,在选项中选择一个合适的图形作为第二组中所缺少的图形。这一题型是图形推理考试中最原始的题型,整体难度较低。其作答的思路通常是使两组图形表现出最大的相似性,其所涉及的考点规律以图形构成、几何性质为主。

二、顺推型图形推理

这一题型包含一组题干图形和一组选项图形,需要根据题干图形的排列规律,在选项中选择一个合适的图形作为符合题干规律的图形。这一题型由于规律类型众多,考点变化丰富,被认为是难度较大的图形推理题型。

顺推型图形推理所涉及的考点规律以图形构成、图形转化为主。

该题型作答的思路主要有两种:

(1)寻找图形的共同特征,然后在选项中找到唯一符合这一特征的图形。

(2)分析题干几个图形在某一考点规律上所存在的连续性变化,然后按照这个连续性的变化确定下一个图形所应具备的特征。

此外,还有题干与选项图形按规律间隔排列,按规律以中间位置对称排列。

三、九宫格图形推理

这一题型的题干是一个 3×3 的九宫格,给出了其中的 8 个图形,要求根据这几个图形的排列规律,在选项中选择一个合适的图形作为第 9 个图形。这一题型是对类比型图形推理、顺推型图形推理的结合与创新,整体难度介于类比型图形推理和顺推型图形推理之间。

九宫格图形推理所涉及的考点主要有图形构成、几何性质、图形转化。

该题型的作答思路主要有两种:

（1）从每行或每列将9个图形分为3组，由此转化为类似于类比型图形推理的解题思路。

（2）将9个图形看成连续排列的一系列图形，由此转化为类似于顺推型图形推理的解题思路。

四、空间型图形推理

空间型图形推理主要考查考生的空间想象能力，空间想象能力的培养应从认识三维空间开始。在考试中空间型图形推理主要包括两种题型——三视图及平面图形与立体图形之间的转化，后者即为"折纸盒"问题和"拆纸盒"问题。解答这类问题需要对图形中面与面的位置关系、线条的方向、小图形的相关性十分熟悉。考生在解题中也应熟练应用标点法、假设排除法等方法。

（一）平面与立体的转化

1. 对三维空间的认识——区分相邻面与相对面

平面图形中相邻的两个面折成立体图形后也相邻，立体图形中相对的两个面拆成平面图形后不相邻，区分相邻面与相对面是认识三维空间的起点。

2. 线条类的"折纸盒"问题——标点法

"折纸盒"实质是一个点与点重合、边与边重合的过程，当确定两个点重合时，这个立体图形也就确定了。标点法就是根据已知的点确定由这个点出发的线条的情况，从而确定"纸盒"的形式。

3. 图形类的"折纸盒"问题——小图形的相关性

可以根据已知"纸盒"上小图形的指向或阴影部分的位置关系，确定面与面之间的位置关系。

（二）立体图形与其三视图

如下图所示，我们用三个互相垂直的平面作为投影面，其中正对着我们的叫作正面，正面下方的叫作水平面，右边的叫作侧面。一个物体在三个投影面内同时进行正投影，在正面内得到的由前向后观察物体的视图，叫作主视图；在水平面内得到的由上向下观察物体的视图，叫作俯视图；在侧面内得到的由左向右观察物体的视图，叫作左视图。

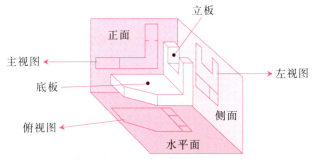

图 2-3-1　立体图形与其三视图

主视图、俯视图以及左视图统称为三视图。三视图用于表示物体的形状和大小，所以在画三视图时不仅要表示出物体的外部轮廓,还要体现其细节特征。

如上图中所示的物体,我们以主视图为例来说明三视图的绘制步骤。

(1)外部轮廓:外部轮廓指的就是最大的外部边界,在视图中以实线画出。

(2)细节特征:细节特征指的是除了外部轮廓外,立体图形上面的投影图中还有两条线(一条实线和一条虚线),这两条线表示的就是物体的细节特征。实线表示的是底板在长度方向上切除的那一块的位置,而虚线表示的是立板在高度方向上切除的深度,但由于这个特征我们从前向后观察不到,所以用虚线画出(或者不画出)。

(3)相切问题:当立体图形中有相切面时,由于相切是光滑过渡,不存在轮廓线,所以在视图上一般不画出。

经典例题

左边给定的是正方体的外表面展开图,下面哪一项能由它折叠而成?(　　　)

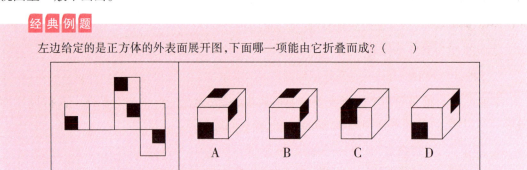

A　　B　　C　　D

【答案】C。解析:A项,如果正面正确,则顶面或右侧面错误。B项,如果正面正确,则顶面和右侧面错误。C项,可由题干图形折成。D项,假设正面与顶面正确,右侧面错误。故本题选C。

五、分类型图形推理

分类型图形推理的题干包含六个图形,要求将这六个图形分为两类,使得每一类图形都有各自的共同特征或规律。

分类型图形推理相对来说涵盖的考点不全面,一般只考查"结构类""位置类"和"数量类",因此在做分类型图形推理时,只需从"结构类""位置类"和"数量类"考点中分析分类的标准即可。

习题演练

1. 从所给的四个选项中,选择最合适的一个填入问号处,使之呈现一定规律性。(　　　)

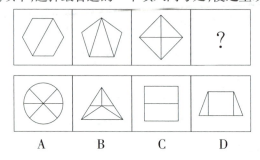

A　　B　　C　　D

2. 从所给的四个选项中,选择最合适的一个填入问号处,使之呈现一定规律性。(　　)

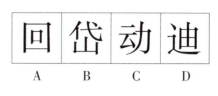

3. 把下面的六个图形分为两类,使每一类图形都有各自的共同特征或规律,分类正确的一项是(　　)。

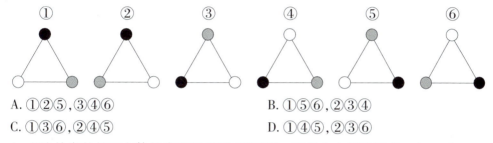

A.①②⑤,③④⑥　　　　　　　　B.①⑤⑥,②③④

C.①③⑥,②④⑤　　　　　　　　D.①④⑤,②③⑥

4. 左边给定的是正方体的表面展开图,下面哪一项是由它折叠而成?(　　)

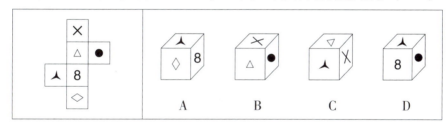

参 考 答 案

1.【答案】B。解析:题干图形的封闭区域数分别为 2、3、4、(5)。故本题选 B。

2.【答案】C。解析:从每行或每列来看,都含有 1 个左右结构、1 个上下结构和 1 个全包围结构的汉字,应选左右结构的汉字。故本题选 C。

3.【答案】C。解析:图形①③⑥可通过旋转得到同一个图形,图形②④⑤可通过旋转得到同一个图形。故本题选 C。

4.【答案】B。解析:A 项,假设正面和顶面正确,右侧面中数字"8"的方向错误;B 项可由左侧图形折成;C 项,三个面的相对位置错误;D 项,顶面与右侧面是相对面,不可能相邻,错误。故本题选 B。

第四章 逻辑判断

考点详解

考点一 必然性推理

必然性推理在考试中时有出现,且必然性推理知识是解答可能性推理题目的基础,考生有必要学习并掌握相关知识。必然性推理部分主要考查直言命题和复言命题。

一、直言命题

(一)直言命题的定义

直言命题是断定事物是否具有某种性质的简单句子,例如,有些人是好人。在这个句子中,被断定的对象"人"称为主项,通常用"S"表示;所要断定的性质"好人"称为谓项,通常用"P"表示;表示对象数量的词"有些"称为量项;表示对象是否具有该性质的词"是"称为联项。联项分肯定与否定两种,如"是"和"不是"。量项分全称、特称与单称三种,如"所有""有的""这个"。

(二)直言命题的分类

根据联项和量项的不同,可以将直言命题分为六种:

(1)全称肯定命题:所有 S 是 P。例如,所有人都是会笑的。

(2)全称否定命题:所有 S 不是 P。例如,所有动物都不是植物。

(3)特称肯定命题:有的 S 是 P。例如,有的人是好人。

(4)特称否定命题:有的 S 不是 P。例如,有的人不是好人。

(5)单称肯定命题:这个 S 是 P,或者 a 是 P。例如,姚明是篮球运动员。

(6)单称否定命题:这个 S 不是 P,或 a 不是 P。例如,刘翔不是演员。

当然,考试中出现的直言命题不一定是标准形式,有的可能需要转化。比如,"没有人不爱他"可转化为"所有人都爱他"。

注:在直言命题中,"所有 S 不都是 P"表示"有的 S 不是 P",是特称否定命题,而"所有 S 都不是 P"是全称否定命题。

(三)直言命题的对当关系

具有相同主项和谓项的直言命题之间在真假方面存在必然的制约关系,这种关系称为真假对当关系,主要包括从属关系、矛盾关系、下反对关系和反对关系四种。考试中逻辑判断常考的对当关系见下图。

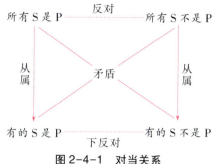

图 2-4-1　对当关系

（1）具有从属关系的两个命题之间的关系：全称真则特称真；特称假则全称假。

由此得出直言命题之间的推出关系：所有 S（不）是 P→某个 S（不）是 P→有的 S（不）是 P。

例如，所有人都（不）是党员→我（不）是党员→有的人（不）是党员。

（2）具有矛盾关系的两个命题之间的关系：必有一真一假。除了图中的两对矛盾关系外，单称肯定命题和单称否定命题之间也是矛盾关系。

（3）具有下反对关系的两个命题之间的关系：不能同假，必有一真。

（4）具有反对关系的两个命题之间的关系：不能同真，必有一假。

（四）直言命题的推理

在考试中，直言命题推理题的考查特点：题干给出多个直言命题，但未给出这些命题的真假，要求找寻可以推出或不能推出的一项。对于这种题目，考生可以直接利用概念间的关系来进行解题。

概念间的关系即指两个概念所表示的集合之间的关系，主要有全同、真包含于、真包含、交叉以及全异关系五种，见下图。

图 2-4-2　五种概念间关系

利用这一关系进行推理，即通过将题干中的直言命题转化为其所表示的概念之间的关系来分析，进而画图进行直观推理，具体内容见下表。

表 2-4-1　直言命题转化为其所表示的概念间关系推理

命题类型	概念间关系				
	全同关系	真包含于关系	真包含关系	交叉关系	全异关系
所有 S 是 P	√	√	×	×	×
所有 S 不是 P	×	×	×	×	√
有的 S 是 P	√	√	√	√	×
有的 S 不是 P	×	×	√	√	√

从上表可以发现，一种直言命题所表示的概念间的关系可能有多种，因此做题时需要充分考虑这些关系。例如，"有的学生是党员"这个命题，既可以是全同关系，也可以是真包含于关系或真包含关系，还可以是交叉关系。在画图时有以下四种情况：

全同　　　　　　真包含于　　　　　真包含　　　　　　交叉

二、复言命题

复言命题一直是逻辑推理的重点和难点，且掌握其中的一些知识点对解可能性推理题目有一定的帮助，需要大家引起重视。

(一)复言命题的定义

复言命题，又称复合命题，是由若干个命题通过逻辑联结词组合而成的命题。例如，一滴水只有放进大海里才永远不会干涸。其中"只有……才……"为联结词，"放进大海里"和"永远不会干涸"是构成复言命题的肢命题。

根据逻辑联结词的不同，复言命题可以分为以下四种：

(1)联言命题。"联"，是联合的意思，联言命题就是将若干个命题联合起来，表示这些情况同时存在的命题。

例如，考试时间紧并且题目难。时间紧和题目难是考试的两个特点。

可表示：p 并且 q（p、q 是联言肢，"并且"是联结词）。

真假关系：联言命题只要有一个联言肢为假即为假。如上例中，只要时间紧和题目难有一个不成立，则该联言命题为假。即"一假即假，全真才真"。

(2)选言命题。"选"，是选择的意思，选言命题就是给出若干个命题，可以选择出一种或者多种情况存在的命题。根据所能选择的情况不同，可以分为相容选言命题和不相容选言命题。

在相容选言命题中多种情况可以同时存在。

例如，去德国馆或者去意大利馆。可以既去德国馆又去意大利馆。

可表示：p 或者 q（p、q 是选言肢，"或者"是联结词）。

其他联结词还有"或……或……""可能……也可能……"等。

在不相容选言命题中只允许一种情况存在。

例如，要么顽强抵抗，要么屈膝投降。顽强抵抗和屈膝投降只能选择一种。

可表示：要么 p，要么 q（p、q 是选言肢，"要么……要么……"是联结词）。

其他联结词还有"或……或……，二者不可兼得"等。

(3)假言命题。"假"，是假设的意思，假言命题就是带有假设条件的命题。假言命题通常包含两个肢命题：反映条件的肢命题在前，称为前件；反映结果的肢命题在后，称为后件。根据前后件间条件关系的不同，又可分为充分条件假言命题、必要条件假言命题和充分必要条件假言命题。

充分条件假言命题：当条件 p 存在时，结论 q 一定成立，而无须考虑其他条件，则 p 是 q

的充分条件,即"有它就行"。

例如,如果天下雨,那么地就会湿。一旦天下雨了,地肯定会湿,地未湿就一定没有下雨。

可表示:如果 p,那么 q 或 p→q(p 是前件,q 是后件,"如果……那么……"是联结词)。

其他联结词还有"只要……就……""若……则……"等。

真假关系:当 p 出现而 q 没有出现时,充分条件假言命题才为假,即"p 真 q 假才为假"。

注:充分条件假言命题并未断定条件 p 未出现时的情况,所以条件 p 为假时该命题恒成立。

必要条件假言命题:当条件 p 不存在时,结论 q 一定不成立,则 p 是 q 的必要条件,即"没它不行"。

例如,只有年满 18 周岁才有选举权。在没有达到 18 周岁的时候肯定是没有选举权的,有选举权就说明已经年满 18 周岁了。

可表示:只有 p,才 q 或 p←q(p 是前件,q 是后件,"只有……才……"是联结词)。

其他联结词还有"不……不……""除非……否则不……""没有……就没有……"等。

真假关系:当 p 不存在但 q 成立时,必要条件假言命题才为假,即"p 假 q 真才为假"。

注:必要条件假言命题并未断定条件 p 存在时的情况,所以条件 p 为真时该命题恒成立。

充分条件与必要条件的转化:必要条件假言命题"只有 p,才 q"="p←q"="q→p"="如果 q,那么 p"。

例如,"只有年满 18 周岁才有选举权"="如果有选举权,那么年满 18 周岁"。

由必要条件假言命题的定义可知,"只有 p,才 q"="如果非 p,那么非 q"。因此,表示必要条件的其他联结词也可用充分条件来理解。

例如,"除非政府出台新政策,否则楼市难降"="只有政府出台新政策,楼市才不难降"="如果政府不出台新政策,那么楼市难降"。

充分必要条件假言命题:表示 p 是 q 的充分条件和必要条件的命题,即表示 p 与 q 等值的命题。例如,人不犯我,我不犯人;人若犯我,我必犯人。也就是说"人犯我"和"我犯人"要么都发生,要么都不发生。即人犯我=我犯人。

可表示:p 当且仅当 q 或 p↔q(p 是前件,q 是后件,"当且仅当"是联结词)。

其他联结词还有"若……则……,且若不……则不……""当且仅当……,……"等。

真假关系:当 p 与 q 不等值时该充分必要条件假言命题为假,即"p、q 不同真假时为假"。

注:充分条件假言命题和必要条件假言命题是考试的重点之一,但充分必要条件假言命题出现较少,因此就不再赘述。

(4)负命题。"负",是否定的意思。负命题,又称矛盾命题,就是对原命题进行否定的命题。

可表示:并非 p(p 是原命题,"并非"是联结词)。

真假关系:负命题的真假与原命题相反。当 p 为真时,则其负命题"并非 p"为假。因此,一个命题的负命题等值于与原命题具有矛盾关系的命题。

根据上述所说的各种命题的真假关系可得出其负命题,见下表。

表 2-4-2　原命题与负命题

原命题	负命题
p 并且 q （考试时间紧并且题目难）	非 p 或者非 q （考试时间不紧或者题目不难）
或者 p,或者 q （去德国馆或者去意大利馆）	非 p 并且非 q （既不去德国馆也不去意大利馆）
要么 p,要么 q （要么顽强抵抗,要么屈膝投降）	"p 并且 q"或者"非 p 并且非 q" （"既顽强抵抗,又屈膝投降"或者 "既不顽强抵抗,又不屈膝投降"）
如果 p,那么 q （如果天下雨,那么地湿）	p 并且非 q （天下雨但地没湿）
只有 p,才 q （只有年满18周岁才有选举权）	非 p 并且 q （未年满18周岁却有选举权）
当且仅当 p,才 q （当且仅当你去了,我才会去）	"p 并且非 q"或者"非 p 并且 q" （"你去了我没去"或者"你没去但我去了"）

(二)复言命题的基本推理规则

复言命题的推理包括联言推理、选言推理和假言推理。

联言推理即依据联言命题的逻辑性质进行的推理。联言命题的推理规则有两条:

(1)全部肢命题为真推出联言命题为真。

(2)联言命题为真,可推出其中任一肢命题为真。

其推理的有效式可表示:

$$\frac{p \text{ 并且 } q}{\text{所以,} p(q)} \qquad \frac{p,q}{\text{所以,} p \text{ 并且 } q}$$

分解式　　　　　　　　　组合式

例如,"你很高"和"你很帅"可以推出"你又高又帅"这个联言命题;"你又高又帅"又可以推出"你很高"和"你很帅"。

选言推理即依据选言命题的逻辑性质进行的推理。相容和不相容选言推理见下表。

表2-4-3　相容和不相容选言推理

项目	相容选言命题(p 或者 q)	不相容选言命题(要么 p,要么 q)
推理规则	肯定一部分选言肢,不能否定另一部分选言肢;否定一部分选言肢,可以肯定另一部分选言肢	肯定一个选言肢,就能否定其余的选言肢;否定一个选言肢以外的所有选言肢,就能肯定未被否定的那个选言肢
推理有效式	p 或者 q 非 p(非 q) ——————— 所以,q(p) **否定肯定式**	要么 p,要么 q　　　　要么 p,要么 q 非 p　　　　　　　　　p ——————　　　　—————— 所以,q　　　　　　所以,非 q **否定肯定式**　　　　**肯定否定式**
示例	"去德国馆或者去意大利馆" 不去德国馆⇒去意大利馆 去德国馆≠不去意大利馆	"要么顽强抵抗,要么屈膝投降" 顽强抵抗⇒不屈膝投降 不顽强抵抗⇒屈膝投降

假言推理即依据假言命题的逻辑性质进行的推理。充分条件与必要条件假言推理见下表。

表2-4-4　充分条件与必要条件假言推理

项目	充分条件假言命题(如果 p,那么 q 或 p→q)	必要条件假言命题(只有 p,才 q 或 p←q)
推理规则	肯定前件就能肯定后件,否定后件就能否定前件;否定前件不能否定后件,肯定后件不能肯定前件	否定前件就能否定后件,肯定后件就能肯定前件;肯定前件不能肯定后件,否定后件不能否定前件
推理有效式	如果 p,那么 q　　　如果 p,那么 q p　　　　　　　　非 q ——————　　　—————— 所以,q　　　　　所以,非 p **肯定前件式**　　　**否定后件式**	只有 p,才 q　　　　只有 p,才 q 非 p　　　　　　　q ——————　　　—————— 所以,非 q　　　　所以,p **否定前件式**　　　**肯定后件式**
示例	"如果下雨,那么地就湿" 下雨⇒地湿;地没湿⇒没下雨 没下雨≠地没湿;地湿≠下雨	"不到长城非好汉"="只有到长城才是好汉" 不到长城⇒不是好汉;好汉⇒到长城 到长城≠好汉;不是好汉≠不到长城

在考试中,大部分考查复言命题的题目都需要用到其基本推理规则,即使是在使用矛盾关系解题的过程中,也可能使用到推理规则。因此,大家务必牢记这些推理规则。

考点二　可能性推理

根据提问方式的不同,一般将可能性推理的题目分为六种:削弱型、加强型、前提型、解释型、评价型和结论型题目。由于可能性推理题目的题干基本上都是一个论证,因此我们有必要先学习论证的相关知识,学会准确鉴别题干的论点和论据,这是解题的基础。

一个论证在结构上通常由论点、论据和论证关系构成,具体见下图。

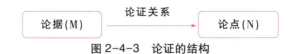

$$\boxed{\text{论据}(M)} \xrightarrow{\text{论证关系}} \boxed{\text{论点}(N)}$$

图2-4-3 论证的结构

论点即论证者所主张并且要在论证过程中加以证明的观点,它所回答的是"论证什么"的问题。论据是论证者用来支持或反驳某个论点的理由,它所回答的是"用什么来证明论点"的问题。论证关系是论据和论点的联系方式,也就是推理形式,它所回答的是"如何用论据来论证论点"的问题。

例如,研究人员对四川地区出土的一批恐龙骨骼化石进行分析后发现,骨骼化石内的砷、钡、铬、铀、稀土元素等含量超高,与现代陆生动物相比,其体内的有毒元素要高出几百甚至上千倍。于是一些古生物学家推测这些恐龙死于慢性中毒。
（论据）　　　　　　　　　　　　　　　（论点）

一、削弱型题目

在考试中,削弱型题目的特点是题干中给出一个完整的论证或表达某种观点,要求从备选项中寻找最能(或最不能)反驳或削弱题干论证或观点的选项。

一般来说,提问中包含"削弱""质疑""反驳"等字样的都为削弱型题目。

要反驳或削弱某个论证,可以通过削弱论点、削弱论据或削弱论证关系来达到目的,而不同的题目又有不同的方法,具体见下表。

表2-4-5 削弱论证的角度

基本形式		论据M→论点N
削弱论点	非N	通过举出与论点N相反的例子或者直接否定论点N指出论点是错误的
	P且非N	引入新的论据P使得论点N不成立(P可能是与原论据M相关的,也可能无关)
	M不可行	当题干论证可简化为"通过方法M来达到目的N"的形式时,指出方法M是行不通的或通过方法M达不到目的N
削弱论据	驳斥样本的科学性	当题干论据是问卷、调查、实验和研究时,常见的削弱形式有以下两种:①样本的数量不足;②样本不正确、不具有代表性或代表性不够,也即指出论据M是片面的,犯了"以偏概全"的错误
	直接否定论据	直接指出题干的论据M是错误的
削弱论证关系	M和N之间无联系	指出M和N之间隐含的联系是不存在的,即打破M和N之间的联系
	M和N之间有差异	指出M和N之间所涉及的概念是存在差异的,并不是"同一个概念"

当题干论证存在明显的因果联系时,也可直接从因果联系出发进行削弱,主要有以下几种方式:

（1）因果倒置。

（2）另有他因。

(3)存在共同原因。

具体见下表。

表2-4-6　削弱因果联系的角度

基本形式		指出 M 是 N 的原因(M 导致 N)
削弱因果联系	因果倒置	指出实际上 N 才是 M 的原因
	另有他因	指出实际上 P 才是 N 的原因
	存在共同原因	指出实际上 P 既是 M 的原因,也是 N 的原因,即 P 是 M 和 N 的共同原因

通过削弱因果联系来考虑,其本质上也是削弱了论点、论据或论证关系,只是较为快捷。其中,因果倒置是最强的削弱形式,也是比较简单的;另有他因是最常见的一种削弱形式;而存在共同的原因这种削弱形式出现较少,属于前两种削弱形式的变形。这几种削弱形式的本质都是指出"M 不是 N 的原因"。

经典例题

有人提出,可以通过医患共同决策机制来缓和当前紧张的医患关系,即让患者参与到医疗决策过程中,让患者有更多的知情权,了解医生在治疗方案制定上的考虑和想法。同时,医生也可以通过对患者的了解,将患者的心理社会因素考虑到治疗方案之中,这样有助于制定一个更加个性化的治疗方案,让患者获益。

下列选项如果成立,不能质疑上述机制可行性的是( )。

A. 医患共同决策机制会增加医生诊疗时间和患者候诊时间,可能引发新的医患矛盾

B. 患者的医学知识有限,可能无法理解医生在制定治疗方案过程中的考虑和想法

C. 共同决策机制要求医生用更多的时间和精力与患者或其家属进行充分的沟通与了解

D. 共同决策机制可能导致医生为了规避矛盾而倾向于选择患者及家属的方案,不能坚持专业判断

【答案】C。解析:题干机制:通过医患共同决策来缓和当前紧张的医患关系。A项,指出该机制会引发新的医患矛盾,可以质疑题干机制的可行性。B项,指出患者可能无法以专业的角度理解医生制定的方案,可以质疑题干机制的可行性。C项,指出共同决策机制需要医患双方更多的时间和精力,但是并未说明实施此机制不能缓和医患关系,不可以质疑题干机制的可行性。D项,指出共同决策机制可能导致医生不能坚持专业判断,反而会带来其他的隐患,可以质疑题干机制的可行性。故本题选C。

二、加强型题目

在逻辑判断中,加强型题目也是一种比较常见的考查题型。题干中多包含"支持""加强"等字眼。

解加强型题目同样可以从加强论点、论据和论证关系三个方面来考虑,具体见下表。

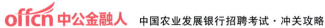

表 2-4-7　加强论证的角度

基本形式		论据 M→论点 N
加强论点	N	直接说明论点 N 是正确的(在考试中很少出现)
	P→N	给出新的论据 P 来证明论点 N 的正确性,直接加强论点
加强论据	样本选择具有科学性	如果论据的形式是问卷、调查、实验和研究,一般有两种方式来加强它:①样本数量充足;②样本选择正确,具有代表性
	直接加强论据	直接说明论据是正确的(在考试中较少出现)
加强论证关系	建立联系	通过"搭桥"的方式在论据 M 和论点 N 之间建立联系,使原本看似没有关系的两句话之间产生逻辑关系
	排除他因	如果题干是由调查、研究、数据或实验等得出的一个解释性的结论,除了考虑选项能否直接加强论据外,"没有别的因素影响推论"也是加强论证或结论的一种方式
	非 M→非 N	从反面场合加强论证有两种情况:①前提不存在时,结论也不存在;②前提出现相反情况时,结论也相反

三、前提型题目

前提型题目也是考试中会出现的一种题目类型,在提问时会有"假设""前提"等词语出现。前提型题目和加强型题目有一定的相似之处,但也有区别。前提型题目其实就是补充论据,其解题方法与前面所讲的加强型题目类似。大家在解题时,可以先分析题干的论证结构,找出题干论述中所缺少的论据,或将选项代入,找出使论证成立所必须假设的一项,即为正确答案。

那么,可以从哪些角度来补充论据使得论证有效呢? 在考试中,我们可以从建立联系、排除他因和推论可行这三个角度来考虑。具体见下表。

表 2-4-8　补充论据的三个角度

基本形式	论据 M→论点 N
建立联系	M 与 N 之间有明显的跳跃,在 M 和 N 之间"搭桥",建立联系
排除他因	说明没有其他因素影响论点 N 的成立(即 M 是推出论点 N 的唯一要素)
推论可行	题干可能只有论点 N,使论点 N 可行或有意义

四、解释型题目

解释型题目实际上通过一种现象,来解释另一种的合理性,即题干的结果为什么发生,产生矛盾的原因是什么等。它所考查的不仅是逻辑性思维,还有常识性思维。

在解题时,我们要运用理性思维,找出一个常识性的选项来达到解释题干合理性的效果。因此,常常需要引入一个新概念来达到解释说明的作用,而这与前提型、结论型题目是

有所区别的。

五、评价型题目

评价型题目根据提问方式的不同,可以分为常规评价、找争论的焦点、直接评价论证方法、寻找相似的逻辑结构四种。

(一)常规评价

常规评价是在考试中较常见的评价型题目,提问中通常会包含"评价"二字。这类题目往往需要考生寻找一个问题,对这个问题的回答可以验证论点或整个论证的正确性。

这类题目的选项一般为疑问句,不论是一般疑问句还是特殊疑问句,对这个问句都有正反两方面的回答。当一方面的回答对题干论证起支持作用,而另一方面的回答起削弱作用时,这个问句就对题干论证有评价作用,而这个问句所对应的选项即为能对论证起到正反两方面作用的评价型选项。

(二)找争论的焦点

有些题目往往采取对话的形式,要求考生选出对话中两人所争论的焦点。不管两人在对话中表达了几个观点,他们多数都只是在一个方面针锋相对,考生只需要把这个焦点找出来,而不需要去关注没有直接冲突的观点。

(三)直接评价论证方法

直接评价论证方法,即要求考生直接对题干论证所用的方法进行评价。当题干只给出一个论证时,考生只需要在分析题干论证的基础上选出正确选项即可;当题干给出两个论证(对话)时,一般需要考生分析第二个论证反驳(或支持)第一个论证的方式。

有些题目的论证中存在明显的逻辑漏洞,对这类题目,评价论证方法也就是要求考生分析论证中存在的逻辑错误,并从选项中选择出概括最为恰当的一项。要解好这类题目,首先要了解论证规则和常见的逻辑错误。

(四)寻找相似的逻辑结构

找寻相似的逻辑结构,即考查考生对论证结构的分析能力。这类题目的特点是"题干和四个选项都是一个推理或论证"。要求考生在分析题干论证结构的基础上,在选项中挑选出一个与题干最为类似的。由于题干往往是三段论、假言推理等,所以做这类题目往往需要用到必然性推理的知识。

经典例题

这座铁塔非常雄伟,而这座铁塔无疑是由无数个铁原子组成的,所以,铁原子非常雄伟。
下列哪项和上述论述中存在的错误最为相似?(　　　)
A. 小陈等人非常诚实肯干,小陈等人是甲地人,所以,甲地人都诚实肯干
B. 这只鸡浑身长满羽毛,而这只鸡是由鸡蛋孵化而来的,所以,鸡蛋一定含有羽毛
C. 人都是由细胞构成的,而人是有自由意志的,所以细胞都有自由意志
D. 赵州桥是隋朝匠师李春建造的,赵州桥是一个伟大的建筑,所以李春是伟大的

【答案】C。解析：题干可翻译：铁塔→雄伟，铁塔是由铁原子组成的，所以，铁原子→雄伟。即：A→B，A 由 C 构成，所以，C→B。A 项，可翻译：小陈等人→诚实肯干，小陈等人→是甲地人，所以，甲地人→诚实肯干。即 A→B，A→C，所以，C→B，和题干论述结构不同。B 项，可翻译：这只鸡→长满羽毛，这只鸡→由鸡蛋孵化而来，所以，鸡蛋→含有羽毛。即 A→B，A→C，所以，D→B，和题干论述结构不同。C 项，可翻译：人→有自由意志，人由细胞组成的，所以，细胞→有自由意志。即 A→B，A 由 C 构成，所以，C→B，和题干论述结构相似。D 项，可翻译：赵州桥→李春建造，赵州桥→伟大，所以，李春→伟大。即 A→B，A→C，所以，D→C，和题干论述结构不同。故本题选 C。

六、结论型题目

结论型题目比较类似于言语理解题目，是题干中给出一段论述或推理，要求选出能够根据题干所给信息进行归纳或推理的选项。

（一）对题干信息的理解

需要理解题干信息的题目，主要考查的是对题干某些细节信息的准确理解。由于题干中的每一句话都可以作为出题方向，因此对考生的读题能力提出了更高的要求，要注意把握句子之间的逻辑关系。解题的关键就是在准确理解题干信息的基础上，对比选项与题干信息的差异。

选项与题干存在的差异主要表现在以下几个方面：

（1）是否与题干信息点相矛盾。

（2）是或然性还是必然性。

（3）是否偷换概念。

（4）条件的适用范围是否改变。

（5）是否超出题干信息的范围。

（二）需要归纳题干论点

需要归纳论点的题目，类似于言语理解题目，要求体现对文段整体主要内容的理解概括与抽取能力，具体而言就是在阅读理解的基础上准确地把握住和表述出给定材料所含的主要信息。

解题时要首先弄清题干的论证结构，找出中心句、关键词和论据；如果是单纯的说明性文段，也要找出关键词和重要信息点。

考点三 智力推理

智力推理类题目是最能直接考查考生推理能力的一类题目，对题目使用恰当的解题方法，能够更快更准确地进行推理，得出答案。要想快速解答逻辑判断题目，特别是智力推理类题目，需要掌握一定的方法。其中不少方法，如找突破口法、假设法、排除法、图表法等，也可以运用到其他逻辑判断题目中。

一、找突破口法

找突破口法就是快速找到解题切入点的方法。

(一)运用找突破口法的题目特点

运用找突破口法的题目有如下特点：

(1)存在特殊条件：与确定条件有关的条件、反复提及的条件和唯一条件。

(2)多为"对话猜测型"题目：题干会给出几种事物，多个人对这些事物进行猜测，然后要求根据这些对话和其他已知条件来进行判断。

(二)寻找突破口的特殊条件

寻找突破口的特殊条件如下：

(1)与确定条件有关的条件。所谓确定条件，即可确定为真的条件。当题干中出现与确定条件相关的其他条件时，通常可以从这个条件入手解题。

(2)反复提及的条件。如果同一个条件或同一类内容，在题干中被反复提及、重复出现，那么这个条件通常就是解题的关键，可以此作为突破口来解题。

(3)唯一条件。所谓唯一条件，就是能够明显区别于其他条件的条件。当题干出现一个明显区别于其他条件的条件时，通常可以从这一条件入手解题。

二、假设法

假设法是一种解答智力推理类题目的有效方法。所谓假设法就是假设某个条件正确，然后根据假设条件来推导(能推导出矛盾的即为错误条件)，从而得出答案的方法。假设既可以由题干入手，也可以由选项入手，还可以是推导过程中的假设。

(一)运用假设法的题目特点

运用假设法的题目有如下特点：

(1)题干描述的条件不是很确定，不能够直接进行推理，或者题干条件比较复杂，直接进行推理非常困难。

(2)通常被假设的条件较为简单，运用假设法之后可以迅速判断该条件是否正确。

(二)假设法的分类

假设法分为以下两类：

(1)选项假设法。选项假设法，也称代入法，就是假设选项是正确的，然后代入到题干中进行验证的方法。因为假设的选项要代入题干进行验证，因此选项假设法适用于选项简单而且明确的题目，一般只涉及单一元素。

根据所假设选项的真假，又可以分为两类：正向假设代入法和反向假设代入法。

正向假设代入法是直接将选项代入题干。如果不会产生矛盾，则该项正确；如果出现矛盾，则该项错误，需要继续将别的选项代入题干进行验证，直至选出正确答案。

反向假设代入法是将选项的否定代入题干。如果出现矛盾，则该项一定为真，一定是结论。这种方法不常用,一般题干出现"一定会推出""不可能为假"等字眼时才可能使用。

(2)题干假设法。所谓题干假设法就是假设题干中的某一条件是正确的,然后代入到题干中,进行验证的方法。题干假设法适用于题干条件简单但选项较为复杂,或不能使用选项假设法的题目。

三、排除法

排除法是智力推理类题目最常用的方法之一,可以在解题的全过程中充分使用,从而提高解题速度。排除法既可以单独使用,也可以与其他方法结合使用。运用排除法的题目特点:

(1)题干给出多个确定的条件,由这些条件可以直接进行推导或排除。

(2)选项一般比较复杂,是对题干涉及的所有元素或者元素间复杂关系的判断;且一般每个选项除了部分对应关系不同,其形式(涉及对象的个数、选项的长短)是相同的。

四、图表法

当题干给出多类元素之间的相互关系,且多类元素间的关系也都非常确定,但却很难直接进行排除时,可以使用图表法。另外,在涉及位置关系时,经常需要使用画图法。

(一)排除法与图表法的区别

排除法和图表法在几类元素对应关系的题目中都经常用到。二者的区别:运用排除法的题目一般四个选项都是对所有元素的叙述,而运用图表法的题目四个选项则分别是对某一个元素的叙述。

(二)图表法的分类

图表法分为以下两类:

(1)列表法。列表法就是将题干中叙述关系用表格表示,理清元素之间的关系,从而得出答案的方法。列表法主要适用于只有两类主要元素的题目;有的题目虽然给出了多于两类的元素,但只存在两类关键元素,可以列表格,其他的元素虽然不在表格中体现,却是联系这两类元素的纽带,根据它们,我们可以得出更多的信息,从而将题目解答出来。

(2)画图法。当题目中涉及的主要元素超过两类,表格已经不能够表示清楚时,或者涉及位置关系时,便可通过画图的方式来理清关系。

习题演练

1. 1968年建成的南京长江大桥,丰水期的净空高度是24米,理论上最多能通过3 000吨的船舶,在经济高速发展的今天已经成为"腰斩"长江水道、阻碍巨轮畅行的建筑。一位桥梁专家断言:要想彻底疏通长江黄金水道,必须拆除、重建南京长江大桥。

以下哪项如果为真,能最有力地质疑这位专家的观点?(　　　)

A. 由于大型船舶无法通过南京长江大桥,长江中上游大量出口货物只能改走公路或铁路

B. 造船技术高速发展,国外为适应长江通行而设计的 8 000 吨级轮船已经通过南京直达武汉

C. 只拆除南京长江大桥还不行,后来在芜湖、铜陵、安庆等地建起的长江大桥,净空高度也是 24 米

D. 进入长江的国际船舶 99%泊于南京大桥以下的港口,南京以上数十座外贸码头鲜有大型外轮靠泊

2. 纯牛奶中含有一些成分能够有效地抑制肝脏制造胆固醇,对于心血管病,牛奶能助人一臂之力。因此有心血管病的老人应该多喝牛奶。

以下哪项为真,则最能加强上述论断?（   ）

A. 坚持长期饮用纯牛奶能使血压降低,减少心血管疾病的发生,有助于老年人的身体健康

B. 只有老年人适合饮用纯牛奶

C. 纯牛奶中富含钙、磷以及维生素 D 等丰富的微量元素,能够预防骨质疏松等疾病的发生,因此非常适合老年人饮用

D. 纯牛奶能够治疗心血管等疾病

3. 根据联合国官网,联合国大会将"青年"定义为年龄介于 15 岁至 24 岁之间(含 15 岁和 24 岁)的那些人。中共中央、国务院近日印发的《中长期青年发展规划(2016—2025 年)》所指的"青年"年龄范围是 14~35 周岁。

以下各项说法能够从题干中推出的是(   )。

A. 联合国大会对"青年"年龄范围界定更准确

B. 中共中央、国务院对"青年"年龄范围界定更准确

C. 联合国大会和中共中央、国务院对"青年"年龄范围界定类似

D. 联合国大会和中共中央、国务院对"青年"年龄范围界定不一

4. 某地举办为期三天的大学生村官岗前培训,培训班以学员观念转变、思路拓展和能力提升为目标,设置理想信念、党的知识、农村常识、扶贫政策、农村工作、经验交流等六个专题,分别安排在三天的上午、下午举行,已知一天只能安排两个专题,再加上要考虑专家授课的时间安排,此次培训在总体上必须满足以下条件:①理想信念要在农村常识之前讲;②经验交流要安排在第一天的上午或第三天的下午;③第二天的上午安排扶贫政策或农村工作专题;④党的知识要紧接在农村工作之后讲。

根据以上要求,三天的培训专题依次应为(   )。

A. 扶贫政策、理想信念、农村工作、党的知识、农村常识、经验交流

B. 经验交流、扶贫政策、理想信念、农村工作、党的知识、农村常识

C. 农村常识、理想信念、扶贫政策、农村工作、党的知识、经验交流

D. 党的知识、农村工作、扶贫政策、理想信念、农村常识、经验交流

5. 在一次聚会上,10 个吃了水果色拉的人中,有 5 个很快出现了明显的身体不适。吃剩下的色拉立刻被送去检验,检验的结果不能肯定其中存在超标的有害细菌。因此,食用水果色拉不会造成食用者身体不适。

如果上述检验结果是可信的,则对上述论证的评价最为恰当的是(　　　)。

A. 题干的论证有漏洞,因为它把事件的原因,当作该事件的结果

B. 题干的论证有漏洞,因为它没有考虑到这种可能性:那些吃了水果色拉后没有很快出现不适的人,过不久也出现了不适

C. 题干的论证有漏洞,因为它没有充分利用一个有力的论据,即有的水果色拉食用者没有出现不适

D. 题干的论证有漏洞,因为它把缺少证据证明某种情况存在,当作有充分证据证明某种情况不存在

参 考 答 案

1.【答案】B。解析:专家的观点是"要想彻底疏通长江黄金水道,必须拆除、重建南京长江大桥"。A项在一定程度上支持了专家观点;B项则说明国外设计的8 000吨级的轮船可以顺利通过南京长江大桥,因此不需要对其进行拆除和重建,质疑了专家观点;C项为无关项;D项只涉及外轮,有可能国内大型船舶需要停靠在南京以上码头,不能质疑题干。故本题选B。

2.【答案】D。解析:题干论点为有心血管病的老人应该多喝牛奶。A项强调的是牛奶能预防心血管疾病,但题干是已经患心血管病的老人,故不能支持;B项属于无关项;C项预防骨质疏松的发生与心血管疾病无关;D项直接说明纯牛奶能够治疗心血管疾病,加强了题干论断。故本题选D。

3.【答案】D。解析:由题干可知,中共中央、国务院对"青年"年龄范围界定比联合国大会的范围更广,二者有很大区别,但不能判定哪个界定更准确,排除A、B、C。故本题选D。

4.【答案】A。解析:利用排除法。根据①可排除C;根据③可排除B;根据④可排除D。故本题选A。

5.【答案】D。解析:题干通过"吃剩下的色拉检验的结果不能肯定其中存在超标的有害细菌"得出"食用水果色拉不会造成食用者身体不适"的结论,可知其漏洞是"把缺少证据证明某种情况存在,当作有充分证据证明某种情况不存在"。故本题选D。

第五章　数字推理

考点详解

数列形式数字推理的题干是一个数列,但其中缺少一项或两项,要求应试者观察各项之间的关系,确定其中的规律,选择符合条件的选项。数列形式数字推理是考试中最古典、最常见的数字推理题型,因此分析数列形式数字推理就成为备考数字推理的重中之重。本章先从几大基本数列及其变式入手,进行详细讲解,之后是较为特殊的分式数列。

考点一　等差数列及其变式

等差数列及其变式指通过作差寻求规律的数列。

一、等差数列基本形式

如果一个数列从第二项起,每一项与前一项的差等于同一个常数,那么,该数列就叫作等差数列。这个常数叫作该等差数列的公差。最典型的等差数列就是1,2,3,4,5,……这个自然数列,公差是1。

二级等差数列:一次作差后得到等差数列,称原数列为二级等差数列。

三级等差数列:两次作差后得到等差数列,称原数列为三级等差数列。

二、等差数列变式

等差数列变式主要有两种表现形式:

(1)作差(或持续作差)得到其他基本数列或其变式,是最常考查的等差数列规律。

(2)包含减法运算的递推数列。这类递推型数列主要包含两种基本形式:其一是两项分别变换后相减得到第三项,如 $2a_1 - 3a_2 = a_3$;其二是两项相减后再变换得到第三项,如 $(a_1 - a_2) \times \frac{1}{2} = a_3$。

综上,等差数列变式是与作差紧密联系的。

三、等差数列及其变式特征归纳

等差数列及其变式特征如下:

(1)数列中出现个别质数的,一般都是等差数列或其变式。因为质数不具备进行拆分寻求规律的可能性。

(2)含有0的数列很有可能是等差数列,因为0不易做递推变化,多在等差数列或多次方数列中出现,宜首先从作差方向寻求规律。

(3)单调增减或增减交替有可能是等差数列变式。

(4)先增后减(先减后增)或增减无序的一般不是等差数列,因为作差后的数列先正后负不具规律性。

经典例题

5, 12, 21, 34, 53, 80, (　　)

A. 121　　　　　　B. 115　　　　　　C. 119　　　　　　D. 117

【答案】D。解析:从数列整体特征角度分析,题干有6项,且递增趋势较为平稳。而53是一个质数,排除了作商求解。数项多、递增平稳、不宜作商这三点提示我们可能需要连续作差。

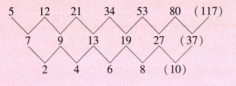

5　12　21　34　53　80　(117)　　　　作差

7　9　13　19　27　(37)　　　　作差

2　4　6　8　(10)　　　　公差为2的等差数列

考点二　等比数列及其变式

等比数列及其变式指相邻两项作商后呈现出一定规律的数列。

一、等比数列基本形式

如果一个数列从第二项起,每一项与它前面一项的比等于同一个非零常数,那么,该数列就叫作等比数列。这个非零常数叫作等比数列的公比。

二级等比数列:通过一次作商得到等比数列,称原数列为二级等比数列。

三级等比数列:通过两次作商得到等比数列,称原数列为三级等比数列。

二、等比数列变式

二级等比数列变式:通过一次作商得到其他基本数列,称原数列为二级等比数列变式。

前一项的倍数+常数(基本数列)= 后一项,这样的数列也称为等比数列变式。

等比数列变式的核心是,相邻项之间的变化存在一个有规律的比例关系。

三、等比数列及其变式特征归纳

等比数列及其变式的特征如下:

(1)数项具有良好的整除性。

(2)递增(减)趋势明显,会出现先增后减的情况。

(3)具有递推关系的等比数列变式可通过估算相邻项间大致倍数反推规律。

经典例题

1, 2, 6, 24, (　　), 720

A. 32　　　　　　B. 48　　　　　　C. 96　　　　　　D. 120

【答案】D。解析：这是一个增幅较大的递增数列,观察题干相邻数项间有倍数关系,作商后发现是一个自然数列。

```
 1    2    6    24  (120)  720
   2    3    4   (5)    6          作商
                                   自然数列
```

考点三　和数列及其变式

和数列及其变式指通过作和寻求规律的数列。

一、和数列基本形式

与等差数列、等比数列的定义稍有区别的是,通常我们指的基本和数列是以递推规律为主的。

两项和数列:数列从第三项开始,每一项等于它前面两项之和,当确定数列前两项对应的数值时,数列所有项都可确定。

如:1,2,3,5,8,13,……

三项和数列:三项和数列是指数列从第四项开始,每一项等于它前面三项之和,当确定数列前三项对应的数值时,数列所有项都可确定。

如:1,1,2,4,7,13,24,……

二、和数列变式

和数列变式主要有两种形式:

(1)作和后得到基本数列,这类题型在考试中经常出现,难度不大。和数列通常涉及递推规律,解题时需要跳出这个思维定式,大胆考虑作和得到基本数列。

(2)存在加法运算的递推规律数列,算是比较常见的和数列变式。如:

(第一项+第二项)×常数(基本数列)=第三项。

第一项+第二项+常数(基本数列)=第三项。

第一项×常数+第二项×常数=第三项。

三、和数列及其变式特征归纳

1. 数项偏小

涉及和数列的数字往往较小,根据前三项(或前四项)很容易辨别出来,接下来对其加以验证即可。

2. 数列整体趋势不明朗

和数列或其变式往往在数列整体趋势上并非单调递增或递减,会出现增减很杂乱的情况。

3. 递推规律宜从大数入手构造

小数字之间的运算关系多,通过发散思维,易得到很多种,逐个验证规律的效率不高。大数字之间存在的运算关系少,验证规律次数少、效率高。因此递推规律宜从大数字入手构造。

经典例题

1. 1, 3, 5, 9, 17, 31, 57, ( )

A. 105   B. 89

C. 95   D. 135

【答案】A。解析:三项和数列,17+31+57=(105),故本题选 A。

2. 1, 2, 3, 4, 7, 6, ( )

A. 11   B. 8

C. 5   D. 4

【答案】A。解析:题干数字较小,但相差太小,且6与整体递增趋势不符,故可排除作差。数列各项并不具备多次方数列特征,且也不能作商,因此考虑作和。

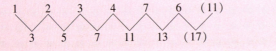

1   2   3   4   7   6   (11)

3   5   7   11   13   (17)   作和

                 连续质数

考点四 | 积数列及其变式

积数列及其变式是指项与项间通过作积呈现出一定规律的数列。

一、积数列基本形式

通过对数列数字作积得到后项的数列被称为积数列。

两项积数列:从第三项起,每一项等于它前面两项乘积的数列。

此类题型最为常见,通常表现为 1,A,A……形式。这是因为很寻常的积数列,往往容易发现规律,以 1 开头则具有一定的迷惑性。

三项积数列:从第四项起,每一项等于它前面三项乘积的数列。

这类题型较少,但也有真题涉及。它是两项积数列的延伸,需要对数字有一定的敏感度。同时,这类题型的数字递增(减)趋势往往很明显,仅次于加入乘方运算规律的数列。

二、积数列变式

积数列变式是原数列相邻项作积之后经过简单变化得到后面项的数列。积数列变式主要包括以下两种形式:

(1)两项积+常数(基本数列)=第三项。

(2)两项积构成基本数列。

积数列变式规律的分析方法可以参考等比数列中相应规律来分析,即观察数项间大致的倍数差。该类题型往往从大数推断规律,从极大数(一般是选项)判断数列类型。譬如选项动辄上千或过万的数列,基本可以排除是等比数列变式的可能,而应该是通过相邻项作积再进行变化得到,或者是含有乘方运算的递推规律。

三、积数列及其变式特征归纳

积数列及其变式特征如下:

(1)两项积数列通常表现为 1,A,A……。

(2)数列递增(减)趋势明显。

经典例题

1.1, 2, 2, 4, (　　), 32

A.6 　　　　　　　　　　　　　　B.8

C.16 　　　　　　　　　　　　　D.24

【答案】B。解析:两项积数列。第一项×第二项=第三项,依此类推,4×8=32。

2. $\dfrac{1}{3}$, 3, $\dfrac{1}{12}$, $\dfrac{4}{3}$, $\dfrac{3}{64}$, (　　)

A. $\dfrac{13}{86}$ 　　　　　　　　　　　　B. $\dfrac{64}{75}$

C. $\dfrac{3}{52}$ 　　　　　　　　　　　　D. $\dfrac{3}{32}$

【答案】B。解析:题干形式类似分式数列,但是第二项的 3 很突兀,比其他分数大很多,且非首项。说明即使通分后分子也不会呈现出什么有价值的规律。两项间相乘后分子分母多能约分。尝试作积发现相邻两项的积为平方数列的倒数,1, $\dfrac{1}{4}$, $\dfrac{1}{9}$, $\dfrac{1}{16}$, ($\dfrac{1}{25}$)。所以答案为 $\dfrac{1}{25} \div \dfrac{3}{64} = \dfrac{64}{75}$。

考点五　多次方数列及其变式

多次方数列及其变式指数字之间表现为幂次形式,规律多体现在幂次之中。

一、多次方数列基本形式

数列呈现为多次方数,且底数、指数各自具有规律的称为多次方数列。

平方数列:数列逐项可以改写为平方数,底数呈现规律。

立方数列:数列逐项可以改写为立方数,底数呈现规律。

多次方数列:数列各项可改写成指数、底数均不相同的数列,底数和指数分别具有规律。

二、多次方数列变式

多次方数列变式主要是在上述多次方数列基本形式基础上经过简单运算得到的数列。多次方数列变式的规律类型主要包括两种:

(1)对各项进行多次方改写,并加入常数做简单运算得到原数列。譬如 2,3,10,15,26。

数列各项是 $1^2+1, 2^2-1, 3^2+1, 4^2-1, 5^2+1$；这是由一个多次方数列基本形式经过 ±1 的运算修正得到的。

（2）各项之间通过幂次运算形成递推规律，比如 2,3,7,16,65,321。数列规律为第一项的平方加第二项等于第三项。

要点提示：

（1）1 可以写成任何非零数的 0 次方，这往往是命题人设置的障碍，需要从其他数入手，有效避开。

（2）5、7 等数的多次方形式是 5^1、7^1；分子为 1 的分数，如 $\frac{1}{7}=7^{-1}$ 也可写成多次方形式。这一点要引起注意，不能因为有这些数而放弃考虑多次方规律。

（3）在其他数明显是多次方数情况下，最后一项出现分子为 1 的分数意味着该分数是其分母的 -1 次方。

三、常用多次方数

多次方数列及其变式强调数字敏感度。下面是常用的多次方数列表格，不仅要熟记表中所列多次方数，还要记住该数 ±5 范围内的其他数，这样才能应对多次方数列变式对数字敏感度的要求。常用自然数多次方见下表。

表 2-5-1　常用自然数多次方表格

底数	指数								
	2	3	4	5	6	7	8	9	10
1	1	1	1	1	1	1	1	1	1
2	4	8	16	32	64	128	256	512	1 024
3	9	27	81	243	729	2 187	6 561		
4	16	64	256	1 024	4 096				
5	25	125	625	3 125					
6	36	216	1 296	7 776					
7	49	343	2 401						
8	64	512	4 096						
9	81	729	6 561						

注：1. 除 0 以外，任何数的 0 次方都等于 1，0 的 0 次方是没有意义的。

2. 表格中加底纹的数字有多种多次方表现形式，解题时应格外注意。

四、多次方数列及其变式特征归纳

多次方数列及其变式特征如下：

（1）单调递增的多次方数列增幅明显，集中体现在选项数字极大，可以从选项入手定位规律。

（2）底数与指数规律性变化的数列强调数字敏感度，一般看到一个数列中有三项是不加变化的多次方数就可以直接考虑从这方面入手构造。

（3）对多次方数+常数形式要熟记多次方数及其±5以内的数字。

（4）多次方数×常数（基本数列）形式通常会出现0，应以0做突破口构造多次方数列。

（5）第一项的平方（立方）±第二项=第三项，一般从选项入手确定规律类型，从大数入手构造递推规律。

经典例题

1.1，4，27，（　　），3 125

A. 70　　　　　　　　　　　　　　　　　B. 184

C. 256　　　　　　　　　　　　　　　　　D. 351

【答案】C。解析：1、4、27是明显的多次方数，但是幂次不同。经分析，各项分别为 1^1，2^2，3^3，(4^4)，5^5，所以答案为 $4^4=(256)$。

2. $\dfrac{1}{10}$，1，6，16，8，（　　）

A. −2　　　　　　　　B. −1　　　　　　　　C. 0　　　　　　　　D. 1

【答案】C。解析：$\dfrac{1}{10}$ 较为特殊，是迷惑项。数列中16、8均是较为明显的多次方数，考虑构造多次方数列。原数列变化如下：

$\dfrac{1}{10}$	1	6	16	8	(0)
↓	↓	↓	↓	↓	↓
10^{-1}	8^0	6^1	4^2	2^3	(0^4)

底数是公差为−2的等差数列，指数是公差为1的等差数列。

考点六　分式数列

分式数列是指题干以分数为主的数列。分数本身可以通分和约分，其具备分子、分母这一独特结构，是分式数列规律难以寻找的原因。

分式数列按其内在变化规律分为两类：一种是分子分母分别变化型，另一种是分子分母关联变化型。

一、分子分母分别变化型

这类分式数列的本质是两个基本数列对应项相除，再对分数化简，使得我们不能直接找到各项分子、分母组成的基本数列。

如：等比数列 1，2，4，8，16，（32）；

等差数列 2，6，10，14，18，（22）。

分别作为分数的分子和分母，对应项相除，依次是 $\dfrac{1}{2}$，$\dfrac{2}{6}$，$\dfrac{4}{10}$，$\dfrac{8}{14}$，$\dfrac{16}{18}$，$\left(\dfrac{32}{22}\right)$，记作数列①。

若对分数进行约分,为 $\frac{1}{2}$, $\frac{1}{3}$, $\frac{2}{5}$, $\frac{4}{7}$, $\frac{8}{9}$, $\left(\frac{16}{11}\right)$,记作数列②。

这种分式数列解题过程就是将数列②转化为数列①,这涉及对某些分数的改写。改写时要注意:

(1)要有意识地构造简单变化的数列。

(2)分子、分母与原数列其他项分子、分母的整体增减趋势一致。

分子分母分别变化型数列中分子、分母所组成的基本数列以递增型数列为主。等差数列及其简单变式、等比数列出现的频率最高。

要注重从局部出发,选择比较特殊的分子(或分母)大胆构造简单数列,再由分母(或分子)加以验证。另外,对含 0 的数列可直接从 0 入手,因为这个分数无论如何改写,分子必然是 0,可根据这一点推断分子的规律。

二、分子分母关联变化型

这一类型的分式数列的规律通常是分子分母存在相互关联。这种关联主要有以下三类。

(一)依次变化型

将分子分母依次排列,得到一个基本数列或其变式。

(二)交错变化型

两个基本数列在分子、分母位置交错排列,与分子分母分别变化型数列类似。

(三)递推变化型

数列各项的分子(分母)都是前一项分子、分母简单运算的结果,这一运算有时也涉及本项的分母(分子),解题时要从分析相邻项分子、分母之间的简单运算关系入手。

经典例题

1.( ), $\frac{21}{16}$, $\frac{7}{4}$, $\frac{35}{16}$, $\frac{21}{8}$

A. 1 B. $\frac{5}{8}$ C. $\frac{7}{8}$ D. $\frac{1}{2}$

【答案】C。解析:从题干各项的分母入手,统一改写成16,则原数列变化如下:

$$\left(\frac{7}{8}\right) \quad \frac{21}{16} \quad \frac{7}{4} \quad \frac{35}{16} \quad \frac{21}{8}$$
$$\downarrow \quad \downarrow \quad \downarrow \quad \downarrow \quad \downarrow$$
$$\left(\frac{14}{16}\right) \quad \frac{21}{16} \quad \frac{28}{16} \quad \frac{35}{16} \quad \frac{42}{16}$$

分母均为16,分子(14),21,28,35,42 是公差为 7 的等差数列。

2.1, $\frac{3}{4}$, $\frac{9}{5}$, $\frac{7}{16}$, $\frac{25}{9}$, ( )

A. $\frac{38}{15}$ B. $\frac{11}{36}$ C. $\frac{27}{14}$ D. $\frac{29}{18}$

【答案】B。解析:数列增减交替说明该分式数列应是分子分母关联变化型数列,将1写为$\frac{1}{1}$。

$$\frac{1}{1} \nearrow \frac{3}{4} \searrow \frac{9}{5} \nearrow \frac{7}{16} \searrow \frac{25}{9} \nearrow \left(\frac{11}{36}\right) \qquad \text{平方数列}$$

$$\frac{1}{1} \nearrow \frac{3}{4} \searrow \frac{9}{5} \nearrow \frac{7}{16} \searrow \frac{25}{9} \nearrow \left(\frac{11}{36}\right) \qquad \text{公差为2的等差数列}$$

习题演练

1. 7, 12, 17, 36, 65, 118, (　　　)

A. 279　　　　　　　　　　　　B. 265

C. 246　　　　　　　　　　　　D. 219

2. 79, 64, 49, 34, 66, (　　　), 36, 21

A. 51　　　　　　　　　　　　B. 52

C. 54　　　　　　　　　　　　D. 55

3. $\frac{1}{3}$, $\frac{2}{5}$, $\frac{3}{7}$, $\frac{4}{9}$, (　　　), $\frac{6}{13}$

A. $\frac{5}{13}$　　　　　　　　　　　B. $\frac{5}{12}$

C. $\frac{5}{11}$　　　　　　　　　　　D. $\frac{1}{2}$

4. 10, 5, 5, 7.5, 15, (　　　)

A. 42.5　　　　　　　　　　　B. 37.5

C. 25　　　　　　　　　　　　D. 20

参 考 答 案

1.【答案】D。解析:从第四项开始,每一项等于前三项之和,应填入$36+65+118=$(219)。故本题选D。

2.【答案】A。解析:方法一:两两一组,前项减后项的差均为15,应填入$66-15=$(51)。故本题选A。

方法二:首尾组合,对称位置的两数之和为100,应填入$100-49=$(51)。

3.【答案】C。解析:原数列各项的分子依次为1,2,3,4,(5),6,构成连续自然数列,分母依次为3,5,7,9,(11),13,构成连续奇数列,应填入($\frac{5}{11}$),故本题选C。

4.【答案】B。解析:原数列后项除以前项的商依次为0.5,1,1.5,2,(2.5),是公差为0.5的等差数列,应填入$15×2.5=37.5$。故本题选B。

第六章　资料分析

考点详解

资料分析核心概念是准确列式的关键所在,包括增长、比重、倍数与翻番、平均数四类;而掌握实战技巧是快速解题的关键所在,零计算技巧、直算技巧、估算技巧都是实用的解题技巧。本章将重点讲解4类核心概念、10种快解方法。

考点一　增长

一、百分数与百分点

百分数:表示一个数是另一个数的百分之几,用来指比例或增长率等,表现形式为$x\%$。

百分点:不含百分号的百分数,一般用于增长率等的比较,表现形式为 **x 个百分点**。

【示例1】2013年1—3月,全国规模以上工业企业实现利润11 740.1亿元,比上年同期增长12.1%,增幅比1—2月回落5.1个百分点。

点拨:百分数为12.1%,表示的是同比增长率;百分点为5.1个,表示的是增幅的变化值。

考查方式一:A增长$m\%$,比B高p个百分点,则 **B 增速$=(m-p)\%$**　　　①

【示例2】2011年我国全年建设占用耕地19.16万公顷,比上年增加7.4%,比上年同期高3.4个百分点,则2010年我国全年建设占用耕地面积的同比增长率为多少?

点拨:$\left.\begin{array}{l}m\%=7.4\%\\p=3.4\text{个百分点}\end{array}\right\}$ 根据公式① → 2010年的同比增长率为$(7.4-3.4)\%=4.0\%$。

考查方式二:A增速为$x\%$,B增速为$y\%$,则 **A 与 B 增速差值$=x-y$ 个百分点**　　②

【示例3】2010年浙江生产总值比上年增长12.8%,2009年比上年增长14.5%,则2010年浙江生产总值增速比2009年回落多少个百分点?

点拨:$\left.\begin{array}{l}x\%=12.8\%\\y\%=14.5\%\end{array}\right\}$ 根据公式② → 所求为$12.8-14.5=-1.7$,即回落了1.7个百分点。

经典例题

　　2013年,某省工业企业全年实现主营业务收入37 864亿元、税金1 680亿元、利润2 080亿元,分别增长19.1%、19.4%①、26.4%②,分别高出全国7.9、8.4③、14.2④个百分点。该省工业企业主营业务收入占全国工业的3.7%,比上年提高0.3个百分点。百户重点企业主营业务收入、税金、利润分别增长10.2%、11.1%、20.8%,分别占全省工业的29.5%、51%、27.6%。

2013年全国工业企业的税金增速[①③]比利润增速[②④]（　　　）。

A. 低1.2个百分点　　　　　　　　B. 低5.8个百分点

C. 高7.0个百分点　　　　　　　　D. 高8.4个百分点

【答案】A。解析：根据材料标注数据可判断，材料已知全省增速，而要比较的为全国增速，解题第一步要根据公式①求出全国增速。结合题下、选项"税金增速比利润增速……个百分点"可判断考查公式②。

根据公式①，全国税金增速为19.4%-8.4%=11%，利润增速为26.4%-14.2%=12.2%。

根据公式②，所求为11-12.2=-1.2，即低1.2个百分点，故本题选A。

二、同比与环比

同比：与上年同一时期相比的增长情况，包括同比增长率（增幅或增速）、增长量。

环比：与相邻的同一个统计周期相比较的增长情况，包括环比增长率（增幅或增速）、增长量。

核心区别：两者的对比基期不同，同比是与上年同期对比，而环比是与相邻统计周期（上期）对比。

假设本期数为A，基期数为B，同（环）比增长率为$m\%$，同（环）比增长量为X，则：

已知本期数和基期数求增长率：$m\% = \dfrac{A-B}{B} \times 100\% = \left(\dfrac{A}{B}-1\right) \times 100\%$；　　　①

已知本期数和增长率求基期数：$B = \dfrac{A}{1+m\%}$；　　　②

已知基期数和增长率求本期数：$A = B \times (1+m\%)$；　　　③

已知本期数和基期数求增长量：$X = A - B$；　　　④

已知本期数和增长率求增长量：$X = \dfrac{A}{1+m\%} \times m\%$；　　　⑤

已知本期数和增长量求增长率：$m\% = \dfrac{X}{A-X} \times 100\%$。　　　⑥

三、年均增长

年均增长：反映在一段时间内某指标平均每年的增长情况，包括年均增长量、年均增长率。

初值为A，第$n+1$年增长为B，年均增长量为M，年均增长率为$\bar{x}$，则：

已知初值和终值求年均增长量：$M = \dfrac{B-A}{n}$；　　　①

已知初值和终值求年均增长率：$\bar{x} = \sqrt[n]{\dfrac{B}{A}} - 1$。　　　②

年均增长率的难点在于计算，比较常用的速算公式有以下两个：

已知第m年的数据指标为A，年均增长率为$\bar{x}$，求第n年的数据指标B。根据二项展开

式可得:

$$(1+\bar{x})^{n-m}=1+(n-m)\bar{x}+\frac{(n-m)(n-m-1)}{2}\bar{x}^2+\cdots+\bar{x}^{n-m}$$

当年均增长率 $\bar{x}<10\%$,且选项间差距较大时,$(1+\bar{x})^{n-m}\approx1+(n-m)\bar{x}$,则:

$$B=A\times(1+\bar{x})^{n-m}\approx A\times[1+(n-m)\bar{x}] \qquad ③$$

且 B 略大于 $A\times[1+(n-m)\bar{x}]$。

已知第 m 年的数据指标为 A,第 n 年为 B,求年均增长率 $\bar{x}$。根据公式③可推出:

$$\bar{x}\approx\frac{\dfrac{B}{A}-1}{n-m} \qquad ④$$

且 $\bar{x}$ 略小于 $\dfrac{\dfrac{B}{A}-1}{n-m}$。

四、拉动增长

拉动增长:某部分的增加量带动总体增长的百分点,表示为拉动……增长……百分点。

基期总量为 A,本期分量增加值为 b,则拉动……增长……百分点 $=\dfrac{b}{A}\times100$ 个百分点。

五、贡献率

贡献率:某部分的增加值占总量增加值的比重。

本期某部分增加值为 a,总量增加值为 b,则贡献率 $=\dfrac{a}{b}\times100\%$。

考点二 比重

一、比重及递推

比重:某部分在总体中所占的比例,一般都为百分数。

总量为 A,分量为 B,分量占比为 $x\%$,核心公式如下:

已知总量和分量求比重:$x\%=\dfrac{B}{A}\times100\%$; ①

已知总量和比重求分量:$B=A\times x\%$; ②

已知分量和比重求总量:$A=\dfrac{B}{x\%}$。 ③

【示例1】2010 年农村家庭纯收入是 5 153 元,其中工资性收入是 2 697.56 元,求工资性收入所占的比重。

点拨:$\left.\begin{array}{l}\text{分量 }B=2\ 697.56\\ \text{总量 }A=5\ 153\end{array}\right\}\xrightarrow{\text{根据公式①}}$ 工资性收入所占的比重 $x\%=2\ 697.56\div$

$5\ 153 \approx 52.3\%$。

在资料分析中,还会涉及三个量之间比重的递推考查,具体考查方式有下面两种:

考查方式一:A 占 B 的比重为 $a\%$,B 占 C 的为 $b\%$,则 **A 占 C 的比重 $= a\% \times b\%$**　④

【示例2】2011 年,全国共有高等学校 2 723 所。其中,普通高等学校占 87%,独立学院占普通高等学校的比重为 14%。求独立学院占高等学校的比重。

点拨:$\left.\begin{array}{l} a\% = 14\% \\ b\% = 87\% \end{array}\right\}$ 根据公式④ → 所求为 $14\% \times 87\% \approx 12.2\%$。

考查方式二:总量为 A,B 占 A 的比重为 $b\%$,C 占 B 的比重为 $c\%$,则 **$C = A \times b\% \times c\%$**　⑤

二、比重与增长

比重与增长综合考查难度相对较大,近几年常见的考查方式汇总如下:

(1)本期总量为 A,分量占比为 $b\%$,增长率为 $x\%$,则:

$$基期分量 = \frac{A \times b\%}{1 + x\%} \qquad ⑥$$

$$基期分量的增长量: \frac{A \times b\%}{1 + x\%} \times x\% \qquad ⑦$$

【示例1】2010 年农村居民人均纯收入为 5 919 元,同比增长 14.9%。其中,工资性收入所占比重为 41%,同比增长 17.9%。求 2009 年工资性收入及 2010 年工资性收入与 2009 年相比的增长量。

点拨:根据公式⑥,2009 年工资性收入为 $\dfrac{5\ 919 \times 41\%}{1 + 17.9\%} \approx 2\ 058.3$ 元。

根据公式⑦,2010 年工资性收入与 2009 年相比的增长量为 $\dfrac{5\ 919 \times 41\%}{1 + 17.9\%} \times 17.9\% \approx 368.4$ 元。

(2)本期总量、分量为 A、B,比基期分别增加 a、b,则:

$$基期比重 = \frac{B - b}{A - a} \times 100\% \qquad ⑧$$

【示例2】2010 年 1—3 月,厦门所有航线客运量 272 951 人次,比上年同期减少了 13 425 人次;其中马尾马祖航线客运量 16 077 人次,比上年同期增加了 1 742 人次。

2009 年 1—3 月,马尾马祖航线客运量占全部客运量的比重为多少?

点拨:$\left.\begin{array}{l} B = 16\ 077, b = 1\ 742 \\ A = 272\ 951, a = -13\ 425 \end{array}\right\}$ 根据公式⑧ → 所求为 $\dfrac{16\ 077 - 1\ 742}{272\ 951 + 13\ 425} = \dfrac{14\ 335}{286\ 376} \approx 5.0\%$。

(3)本期总量为 A、增长率为 $a\%$,分量为 B、增长率为 $b\%$,则:

$$基期分量占总量比重 = \frac{B \div (1 + b\%)}{A \div (1 + a\%)} = \frac{B}{A} \times \frac{1 + a\%}{1 + b\%} \qquad ⑨$$

$$本期比重较基期变化 = \frac{B}{A} - \frac{B}{A} \times \frac{1 + a\%}{1 + b\%} = \frac{B}{A} \times \frac{b\% - a\%}{1 + b\%} \qquad ⑩$$

考点三　倍数与翻番

一、核心公式

倍数：表示两个量之间的比例关系，常用于比数>基数的场合。

倍数核心公式：比数 A 是基数 B 的 $\dfrac{A}{B}$ 倍。　　　　①

翻番：其大小是以 2^n 变化的。

翻番核心公式：A 翻 n 番 $= A \times 2^n$。　　　　②

二、倍数与增长

倍数与增长主要包括单个或者两个指标之间倍数与增长关系的考查。

考查方式一：本期数比基期增加 x，增长了 y 倍，则**基期数** $= \dfrac{x}{y}$　　　　③

【示例1】某省城镇就业人员增长明显快于乡村。2011 年全省城镇就业人员比 1978 年增长 2 091.4 万人，增加 3.4 倍。

1978 年，该省城镇就业人员数为多少万人？

点拨：$\left.\begin{array}{l} x = 2\ 091.4 \\ y = 3.4 \end{array}\right\}$ 根据公式③ → 1978 年该省城镇就业人员数为 $\dfrac{2\ 091.4}{3.4} \approx 615.1$ 万人。

考查方式二：a、b 分别比基期增长 $x\%$、$y\%$，则**基期倍数关系**为 $\dfrac{a \div (1 + x\%)}{b \div (1 + y\%)} = \dfrac{a}{b} \times \dfrac{1 + y\%}{1 + x\%}$　　④

【示例2】2012 年 1—2 月，全国规模以上工业企业中，国有及国有控股企业实现利润 1 780.3 亿元，同比增长 213.6%。集体企业实现利润 82.8 亿元，同比增长 45.2%。

2011 年 1—2 月，国有及国有控股企业实现利润是集体企业的多少倍？

点拨：$\left.\begin{array}{l} a = 1\ 780.3,\ x\% = 213.6\% \\ b = 82.8,\ y\% = 45.2\% \end{array}\right\}$ 根据公式④ → 所求为 $\dfrac{1\ 780.3}{82.8} \times \dfrac{1 + 45.2\%}{1 + 213.6\%} \approx 10.0$ 倍。

三、倍数与比重

考查方式一：A、B 的分量 a、b 占比分别为 $x\%$、$y\%$，则 $\dfrac{a}{b} = \dfrac{A \times x\%}{B \times y\%}$　　　　⑤

【示例1】2012 年一季度，我国与俄罗斯水产品双边贸易进出口总量 36.5 万吨，其中进口量占比 72.3%；与美国水产品双边贸易进出口总量 27.4 万吨，其中进口量占比 42.3%。

2012 年一季度，我国从俄罗斯进口的水产品是美国的多少倍？

点拨：$\left.\begin{array}{l} A = 36.5,\ x\% = 72.3\% \\ B = 27.4,\ y\% = 42.3\% \end{array}\right\}$ 根据公式⑤ → 所求为 $\dfrac{36.5 \times 72.3\%}{27.4 \times 42.3\%} \approx 2.3$ 倍。

考查方式二：A、B 分别占总量 M 的比重为 $x\%$、$y\%$，则 $\dfrac{A}{B} = \dfrac{x\%}{y\%}$　　　　⑥

【示例2】2010 年一季度,我国水产品贸易进出口总量 158.7 万吨,其中进口量占比 84.3%,出口量占比 15.7%。2010 年一季度,我国水产品进口量是出口量的多少倍?

点拨:$\left.\begin{array}{l} x\%=84.3\% \\ y\%=15.7\% \end{array}\right\}$ 根据公式⑥→所求为 $\dfrac{84.3\%}{15.7\%}\approx5.4$ 倍。

考点四 平均数

一、核心公式

平均数:总量与总数的比。

基本公式:如果有 n 个数:$x_1,x_2,x_3,\cdots\cdots,x_n$,则 $\overline{x}=\dfrac{1}{n}\times(x_1+x_2+x_3+\cdots+x_n)$。 ①

【示例】2010 年我国铁路完成货物运输量为 26.4 亿吨,公路为 242.5 亿吨,水运为 36.4 亿吨,民航为 557.4 亿吨,求每种运输方式平均完成货物运输量多少亿吨?

点拨:$\left.\begin{array}{l} 总量=26.4+242.5+36.4+557.4 \\ 总数=4 \end{array}\right\}$ 根据公式①→所求为 $(26.4+242.5+36.4+557.4)\div$ $4\approx215.7$ 亿吨。

二、平均数与增长

某指标本期总量为 A、总数为 B,分别增长 $a\%$、$b\%$,则:

基期平均数 $=\dfrac{A\div(1+a\%)}{B\div(1+b\%)}=\dfrac{A}{B}\times\dfrac{1+b\%}{1+a\%}$; ②

本期平均数增长率 $=\left(\dfrac{A}{B}-\dfrac{A}{B}\times\dfrac{1+b\%}{1+a\%}\right)\div\left(\dfrac{A}{B}\times\dfrac{1+b\%}{1+a\%}\right)=\dfrac{a\%-b\%}{1+b\%}$。 ③

结论一:若 $a\%>b\%$,则本期平均数高于基期。
结论二:若 $a\%<b\%$,则本期平均数低于基期。

三、平均数与倍数

A 的总量为 a,总数为 b;B 的总量为 m,总数为 n,则:

A 与 B 的平均数的倍数关系 $\dfrac{A}{B}=\dfrac{a\div b}{m\div n}$。 ④

【示例】2011 年 12 月,某省接待过夜入境旅游人数 10.54 万人次,过夜境内旅游人数 322.96 万人次;接待过夜入境游客的旅游收入为 3.11 亿元,境内客的旅游收入为 30.83 亿元。

2011 年 12 月该省接待过夜游客中,境外客每人次的平均消费约为境内游客的多少倍?

点拨:$\left.\begin{array}{l} a=3.11,b=10.54 \\ m=30.83,n=322.96 \end{array}\right\}$ 根据公式④→所求为 $\dfrac{3.11}{10.54}\div\dfrac{30.83}{322.96}\approx3.1$ 倍。

考点五 | 零计算技巧

一、题干巧析

通过分析题干特点,将题目进行巧妙转化从而直接得到答案。常用方法有下表三种。

表 2-6-1　题干巧析方法及适用题型

方法	适用题型	使用规则
数据定位法	题干涉及数据材料均直接给出,只需直接定位数据分析比较即可	直接定位数据分析作答
反算法	题干要求判断两量之间的"增长""倍数""比重"等关系是否满足一定条件	(1)将除法列式转化为乘法 (2)检验">"或者"<"关系是否成立
特值法	适用于考查增长率、比重等,且要求超过或接近某一数值的题目	(1)假设该数值为特殊值 0、1 等 (2)判断与 0、1 等的大小关系

二、巧用排除法

根据选项特点,利用特殊值排除错误选项直接得到答案,或者是采用跳跃式分析方法减少计算量,快速得到答案。排除法的具体内容见下表。

表 2-6-2　排除法适用题型及使用规则

方法	适用题型	使用规则
排除干扰选项	选项数据差距较大类题目	完成其中一部分分析或计算推出其他三项错误
特殊题型处理	适用于综合判断题,计算量较大选项一般先跳过	选项难简判断标准:①能直接查找确定正误的最为简单;②数据量小的比数据量大的简单;③数据关系简单、计算量小的较为简单
选项分析从简到难	给出了①、②、③……若干个表述,题干要求错误(正确)的表述是具体哪几个	选项分析原则:①选项均包含 X,X 无需分析;②选项均不包含 X,X 无需分析;③根据选项中表述的组合情况,排除一些干扰选项

三、巧用结论

巧妙利用核心概念相关结论,直接得到资料分析题目答案。比较常用的有下表三类相关结论。

表2-6-3　比较常用的三类相关结论

类别	涉及考点	重要结论
本期比重较基期变化	总量为 A、增长率为 $a\%$，分量为 B、增长率为 $b\%$，则： 基期比重 $=\dfrac{B\div(1+b\%)}{A\div(1+a\%)}=\dfrac{B}{A}\times\dfrac{1+a\%}{1+b\%}$	若 $a\%>b\%$，则本期比重较基期下降 若 $a\%<b\%$，则本期比重较基期上升 同理，若总量增长率>总数的，则本期平均数上升，反之下降
加权平均数与增长	某总量的两个分量 A_1、A_2 分别增长 $x\%$、$y\%$，则本期总量比基期的变化幅度如下： $z\%=\dfrac{A_1+A_2}{\dfrac{A_1}{1+x\%}+\dfrac{A_2}{1+y\%}}-1$	（1）若 $x=y$，$x=y=z$ （2）若 $x>y$，$\dfrac{A_1}{1+x\%}>\dfrac{A_2}{1+y\%}$ 时，z 偏向 x，在 $\dfrac{x+y}{2}\sim x$ 之间 　　　　$\dfrac{A_1}{1+x\%}<\dfrac{A_2}{1+y\%}$ 时，z 偏向 y，在 $y\sim\dfrac{x+y}{2}$ 之间 （3）若 $x<y$，$\dfrac{A_1}{1+x\%}>\dfrac{A_2}{1+y\%}$ 时，z 偏向 x，在 $x\sim\dfrac{x+y}{2}$ 之间 　　　　$\dfrac{A_1}{1+x\%}<\dfrac{A_2}{1+y\%}$ 时，z 偏向 y，在 $\dfrac{x+y}{2}\sim y$ 之间
增长量	本期数为 A，增长率为 $m\%$，则： 增长量 $=\dfrac{A}{1+m\%}\times m\%$	当 $m>0$ 时，m 越大，$\dfrac{m\%}{1+m\%}$ 越大

进出口相关核心公式如下：

进出口总额=进口额+出口额；　　　　　　　　　　　　　　　　①

顺差额(出口额>进口额)=净出口额=出口额−进口额；　　　　②

逆差额(进口额>出口额)=进口额−出口额。　　　　　　　　　③

考点六　直算技巧

一、首数法

当选项的首位或前两位数字各不相同时采用该方法。首数法一般运用于除法中,将除法运算进行到可以判断出正确选项为止。

【示例】5 286÷1.43=3 XXX,首数为3。

二、尾数法

通过运算结果的末尾数字来确定选项。尾数法适用于选项尾数各不相同的简单加、减法运算。两个数相减,尾数不够减时,先借位,再相减。

【示例1】2 452+613=X XX5,尾数为5。

【示例2】2 452−613=X XX9,尾数为9。

三、运算拆分法

运算拆分法即将计算式中数据拆分成两个或两个以上便于计算的数的和或差的形式，再分别进行相应计算的方法，类似于分配律，适用于简单的乘、除法运算。

【示例1】$15\ 840×22.5\%=15\ 840×(10\%+12.5\%)=1\ 584+15\ 840×\dfrac{1}{8}=1\ 584+1\ 980=3\ 564$。

【示例2】$175.5÷13=(169+6.5)÷13=169÷13+6.5÷13=13+0.5=13.5$。

考点七　估算技巧

一、有效数字法

在有效数字较多的计算题或者是大小比较类题目中，可根据具体情况对数据进舍位再进行计算或分析。有效数字法的具体应用见下表。

表2-6-4　有效数字法的具体应用

题型	解题技巧	应用原则	示例
计算题	将个位、十位或百位数据进舍位	(1)一般在第3位有效数字上四舍五入 (2)遇到5或接近5时,减/除法取舍同向变化;加/乘法取舍反向变化	(1)$536÷62\ 485≈530÷62\ 000$或$540÷63\ 000$ (2)$536×62\ 485≈540×62\ 000$或$530×63\ 000$
大小比较题	利用有效数字放缩,将数值限定在一定范围内比较大小	(1)加/乘法运算:放大其中一项,结果放大;缩小其中一项,结果缩小 (2)减/除法运算:被减数/被除数变化与结果一致;减数/除数变化与结果相反	(1)$570+4\ 800>568+4\ 795>560+4\ 790$ (2)$3\ 180×1.5>3\ 173×1.43>3\ 170×1.4$ (3)$4\ 795-560>4\ 795-568>4\ 790-570$ (4)$\dfrac{3\ 173}{1.4}>\dfrac{3\ 173}{1.43}>\dfrac{3\ 170}{1.43}$

注:在计算题中有时也可结合范围限定的方式排除错误选项

二、特征数字法

利用一些常用数据的数字特征，将百分数转化为分数，有效减少计算量，在乘、除法运算中常用。

应用原则:列式中涉及的百分数近似下图中的特征分数。百分数与特征分数转换的具体内容见下图。

分母	分子							
1								
2	$50\%=\dfrac{1}{2}$							
3	$33.3\%\approx\dfrac{1}{3}$	$66.7\%\approx\dfrac{2}{3}$						
4	$25\%=\dfrac{1}{4}$	$\dfrac{2}{4}=\dfrac{1}{2}$	$75\%=\dfrac{3}{4}$					
5	$20\%=\dfrac{1}{5}$	$40\%=\dfrac{2}{5}$	$60\%=\dfrac{3}{5}$	$80\%=\dfrac{4}{5}$				
6	$16.7\%\approx\dfrac{1}{6}$	$\dfrac{2}{6}=\dfrac{1}{3}$	$\dfrac{3}{6}=\dfrac{1}{2}$	$\dfrac{4}{6}=\dfrac{2}{3}$	$83.3\%\approx\dfrac{5}{6}$			
7	$14.3\%\approx\dfrac{1}{7}$	$28.6\%\approx\dfrac{2}{7}$	$42.9\%\approx\dfrac{3}{7}$	$57.1\%\approx\dfrac{4}{7}$	$71.4\%\approx\dfrac{5}{7}$	$85.7\%\approx\dfrac{6}{7}$		
8	$12.5\%=\dfrac{1}{8}$	$\dfrac{2}{8}=\dfrac{1}{4}$	$37.5\%=\dfrac{3}{8}$	$\dfrac{4}{8}=\dfrac{1}{2}$	$62.5\%=\dfrac{5}{8}$	$\dfrac{6}{8}=\dfrac{3}{4}$	$87.5\%=\dfrac{7}{8}$	
9	$11.1\%\approx\dfrac{1}{9}$	$22.2\%\approx\dfrac{2}{9}$	$\dfrac{3}{9}=\dfrac{1}{3}$	$44.4\%\approx\dfrac{4}{9}$	$55.6\%\approx\dfrac{5}{9}$	$\dfrac{6}{9}=\dfrac{2}{3}$	$77.8\%\approx\dfrac{7}{9}$	$88.9\%\approx\dfrac{8}{9}$
分母	1	2	3	4	5	6	7	8

图 2-6-1　百分数与特征分数的转换

三、乘除法转化法

已知本期数为 B，增长（下降）$x\%$，则基期量 A：

$$A=\frac{B}{1\pm x\%}\approx B\times(1\mp x\%)$$

应用原则：$0<x\%\leqslant5\%$。当 $x\%>5\%$ 时，由于误差过大，不建议使用该方法。

【示例】$5\,295.42\div(1+1.5\%)\approx5\,300\times(1-1.5\%)=5\,300-5\,300\times1\%-5\,300\times0.5\%=5\,300-53-26.5=5\,220.5$。

四、分数比较法

通过分别比较两个分数的分子、分母的大小，从而判断两个分数大小。分数比较法一般只应用于对若干个数据大小进行比较或者进行排序的题目中。其使用方法见下表。

表 2-6-5　分数比较法使用方法

类别	使用方法	示例
化同比较	分子或分母存在倍数关系： （1）分子或分母化同 （2）分母大的分数小于分母小的分数 （3）分子大的分数大于分子小的分数	比较 $\dfrac{333}{1\,297}$ 和 $\dfrac{110}{435}$ 的大小 解读：$110\times3=330$，接近 333，则 $\dfrac{110\times3}{435\times3}\approx$ $\dfrac{333}{1\,305}$，推出 $\dfrac{333}{1\,297}>\dfrac{333}{1\,305}\approx\dfrac{110}{435}$

表2-6-5(续)

类别	使用方法	示例
差额比较	两个分数$\frac{a}{b}$和$\frac{c}{d}$,如果$a>c,b>d$,$\frac{a}{b}$记为"大分数",$\frac{c}{d}$记为"小分数",$\frac{a-c}{b-d}$记为"差分数" (1)若$\frac{a-c}{b-d}=\frac{c}{d}$,则$\frac{a}{b}=\frac{c}{d}$ (2)若$\frac{a-c}{b-d}>\frac{c}{d}$,则$\frac{a}{b}>\frac{c}{d}$ (3)若$\frac{a-c}{b-d}<\frac{c}{d}$,则$\frac{a}{b}<\frac{c}{d}$	比较$\frac{5.32}{4.25}$和$\frac{4.27}{3.01}$的大小。 解读:差分数为$\frac{5.32-4.27}{4.25-3.01}=\frac{1.05}{1.24}$,$\frac{1.05}{1.24}<1<\frac{4.27}{3.01}$,因此$\frac{5.32}{4.25}<\frac{4.27}{3.01}$

五、错位加减法

通过对分式$\frac{a}{b}$进行处理,以减少计算量,往往在分母较复杂、不适用其他速算方法而选项差距又较小时使用。对分母b加上或减去一个数值d后,为使分式的值保持不变,需对分子a也加上或减去数值d的$\frac{a}{b}$倍,即有$\frac{a}{b}=\frac{a\pm\frac{a}{b}d}{b\pm d}$,也可理解为$\frac{a}{b}=\frac{a\pm ka}{b\pm kb}$。

应用原则:加减的数值不能过大,应远远小于原分数。

【案例】

$\frac{2\ 453}{7\ 984}\approx\frac{2\ 453+16\times0.3}{7\ 984+16}=\frac{2\ 457.8}{8\ 000}\approx0.307$,$2\ 453$约是$7\ 984$的$0.3$倍。

【案例】

$\frac{12\ 456}{1+17\%}-\frac{12\ 217}{1+15.9\%}\approx\frac{12\ 456}{1.17}-\frac{12\ 217+120}{1.159+0.011}=\frac{119}{1.17}\approx101.7$,$0.011$约是$1.159$的$0.01$倍。

习题演练

2018年第一季度,国内生产总值(GDP)增长6.8%,扣除人口总量自然增长因素后的人均GDP增速约为6.3%。全国居民人均可支配收入7 815元,比上年同期名义增长8.8%,比上年同期加快0.3个百分点,扣除价格因素,实际增长6.6%。其中,城镇居民人均可支配收入10 781元,增长(以下如无特别说明,均为同比名义增长)8.0%,比上年同期加快0.1个百分点,扣除价格因素,实际增长5.7%;农村居民人均可支配收入4 226元,增长8.9%,比上年同期加快0.5个百分点,扣除价格因素,实际增长6.8%。农村居民收入增速快于城镇居民0.9个百分点,城乡居民收入比由上年同期的2.57下降至2.55。

2018年第一季度,全国居民人均可支配收入中位数6 580元,增长8.5%。其中,城镇居民人均可支配收入中位数 9 275 元,增长 6.6%;农村居民人均可支配收入中位数 3 363 元,增长 9.9%。

2018 年第一季度,东部地区、中部地区、西部地区和东北地区居民人均可支配收入分别为 10 389 元、6 392 元、5 810 元和 6 996 元,分别增长 8.6%、9.0%、9.4% 和 7.1%,东西部地区居民收入比由上年同期的 1.80 下降至 1.79,东北地区居民收入增速比上年同期加快 0.9 个百分点。

按收入来源分,2018 年第一季度,全国居民人均工资性收入 4 450 元,增长 9.0%,比上年同期加快 0.3 个百分点。分城乡看,城镇居民人均工资性收入 6 605 元,增长 7.7%;农村居民人均工资性收入 1 843 元,增长 10.4%,比上年同期加快 1.5 个百分点。人均经营净收入 1 372 元,增长 7.1%,比上年同期加快 1.0 个百分点;人均财产净收入 643 元,增长 10.3%,比上年同期加快 3.4 个百分点;人均转移净收入 1 351 元,增长 9.2%。

1. 2018 年第一季度,全国居民人均可支配收入实际增速快于人均 GDP 增速(　　)个百分点。

A. 0.3　　　　　　　　　　　　　　　B. 0.5

C. 2　　　　　　　　　　　　　　　　D. 2.5

2. 2017 年第一季度,全国居民人均可支配收入为(　　)元。

A. 6 067

B. 6 580

C. 7 183

D. 9 273

3. 2018 年第一季度,全国居民人均可支配收入中位数是平均数的(　　)。

A. 79.6%

B. 84.2%

C. 86.1%

D. 81.8%

4. 2017 年第一季度,全国居民人均工资性收入占可支配收入的比重为(　　)。

A. 78.3%

B. 67.8%

C. 60.3%

D. 56.8%

5. 根据以上资料,下列说法中错误的是(　　)。

A. 第一季度,全国居民收入总体保持平稳增长,与经济增长基本同步

B. 农村居民收入增长快于城镇居民

C. 第一季度外出务工农村劳动力人数减少,人均收入下降较快

D. 中西部地区居民收入增速快于东部及东北地区

参 考 答 案

1.【答案】A。解析:由材料第一段可知,2018 年第一季度,人均 GDP 增速约为 6.3%,全国居民人均可支配收入实际增长 6.6%,快于人均 GDP 增速 6.6-6.3=0.3(个)百分点。

2.【答案】C。解析:由材料第一段可知,2018 年第一季度,全国居民人均可支配收入 7 815元,比上年同期名义增长 8.8%,因此,2017 年第一季度,全国居民人均可支配收入为 7 815÷(1+8.8%)>7 700÷1.1=7 000,排除 A、B 两项;又由于 7 815÷(1+8.8%)<7 815,排除 D。故本题选 C。

3.【答案】B。解析:2018 年第一季度,全国居民人均可支配收入是 7 815 元,中位数是 6 580 元,中位数是平均数的 6 580÷7 815×100%=84.X%。

4.【答案】D。解析:由前面的题目可知,2017 年第一季度,全国居民人均可支配收入为 7 183 元。由材料第四段可知,2018 年第一季度,全国居民人均工资性收入 4 450 元,增长 9.0%,故 2017 年第一季度,全国居民人均工资性收入为 4 450÷(1+9.0%),占人均可支配收入的比重为 $\dfrac{4\,450}{1+9\%}÷7\,183×100\%=\dfrac{4\,450}{1.09×7\,183}=\dfrac{4\,450}{7\,183+71.83×9}<\dfrac{4\,500}{7\,500}=60\%$,只有 D 项符合。

5.【答案】C。解析:A 项,第一季度,全国 GDP 同比增长 6.8%,居民人均可支配收入实际增长 6.6%,说法正确。

B 项,根据材料第一段最后一句话可知,农村居民收入增速快于城镇居民 0.9 个百分点,说法正确。

C 项,农村各项收入均在增长,说法错误。直接选 C。

验证 D 项,中部地区居民收入增长 9.0%,西部增长 9.4%,均快于东部的 8.6% 和东北的 7.1%,说法正确。

第三篇
专业知识

第一章 经济

第一节 经济学的研究对象

考点详解

考点一 **资源的稀缺性和经济学的产生**

一、资源的稀缺性

资源的稀缺性是关于经济学研究对象的基础性概念。在人类社会中,生产资源以及用它们生产的产品总是既定的,而人类的欲望是无限的,由此便产生了稀缺性问题。这种稀缺性不是指物品或资源绝对数量的多少,而是相对于人类的欲望的无限性来说的。

二、基本的经济问题

经济学是一门研究人类行为及如何将有限或者稀缺资源进行合理配置的社会科学。

生产什么、如何生产、为谁生产、何时生产,这四个问题被认为是人类社会共有的基本经济问题,经济学正是为了解决这些问题而产生的。解决这四大基本经济问题,必须更好地协调人类对经济资源的选择行为:第一,如何利用现有的经济资源;第二,如何利用有限的时间;第三,如何选择满足欲望的方式;第四,在必要时如何牺牲某种欲望来满足另外一些欲望。现代经济学常通过一系列的模型来展开研究经济问题。常见的经济学分析方法有静态分析、比较静态分析和动态分析。

三、经济学的基本假设:理性人假定

理性人的假定是西方经济学在经济分析和由此得出的经济理论关于人类经济行为的一个基本假定。西方经济学的诸多命题都是在一定的假设条件上推演出来的。理性人假定包括经济活动的所有参与者(居民户、厂商和政府),他们都充满智慧,既不会感情用事,也不会轻信盲从,而是精于判断和计算。理性人,也称作经济人,其行为具有自利原则特征,即消费者追求效用最大化,生产要素所有者追求收入最大化,生产者追求利润最大化,政府追求目标决策最优化。

考点二 **微观经济学及其研究对象**

微观经济学以单个经济单位(居民户、厂商及单个产品市场)为考察对象,研究单个经济

单位的经济行为,以及相应的经济变量的单项数值如何决定。它需要解决两个问题:一是消费者对各种产品的需求与生产者对产品的供给怎样决定着每种产品的产销量和价格;二是消费者作为生产要素的供给者与生产者又作为生产要素的需求者怎样决定着生产要素的使用量及价格。这涉及市场经济中价格机制的运行问题,它又称为市场均衡理论或价格理论。微观经济学的核心内容是论证亚当·斯密的"看不见的手"原理。"看不见的手"原理:给定一些理想条件,单个家户和厂商在完全竞争经济中的最优化行为将导致帕累托最优状态。如果对于某种既定的资源配置状态,所有的帕累托改进均不存在,即在该状态上,任意改变都不可能使至少有一个人的状态变好而又不使任何人的状态变坏。

经典例题

经济学是对社会以及人如何使用(　　　)的研究。

A. 资源　　　　　　　　　　　B. 成本

C. 货币　　　　　　　　　　　D. 黄金

【答案】A。解析:经济学是一门研究人类行为及如何将有限或者稀缺资源进行合理配置的社会科学。

第二节　均衡价格理论

考点详解

考点一　需求

一、需求概述

视频讲解

(一)需求的含义

需求是指消费者在一定时期内,在各种可能的价格水平下,<u>愿意而且**能够购买**</u>的某种商品的数量。

由需求的含义可知:

$$\left\{ \begin{array}{l} 购买欲望 \\ 购买能力(消费能力) \end{array} \right. \xrightarrow{\text{同时具备}} 形成需求$$

(二)影响需求量的因素

某种商品的需求量受多种因素影响,主要因素有商品自身的价格、相关商品的价格、消费者的收入水平、消费者的偏好等。这些因素对需求量的影响见下表。

表 3-1-1　影响需求量的因素

影响因素	对需求量的影响
商品自身的价格	某种商品价格越高,该商品的需求量越小;某种商品价格越低,该商品的需求量越大
相关商品的价格	(1)替代商品的价格越高,该商品的需求量越大;替代商品的价格越低,该商品的需求量越小。例如:牛肉和羊肉 (2)互补商品的价格越高,该商品的需求量越小;互补商品的价格越低,该商品的需求量越大。例如:汽车和汽油
消费者的收入水平	消费者收入水平提高,该商品的需求量增加;消费者收入水平下降,该商品的需求量减少
消费者的偏好	消费者对某商品偏好程度增强,该商品的需求量增加;消费者对某商品偏好程度减弱,该商品的需求量减少
消费者对商品价格的预期	消费者预期未来某商品的价格会上升,对该商品现期的需求量就会增加;消费者预期未来某商品的价格会下降,对该商品现期的需求量就会减少
消费者人数的变化	一个商品市场上消费者人数的增减会直接影响该市场上需求量的多少

相关商品包括替代品和互补品。如果两种商品之间可以相互替代以满足消费者的某种需求,就称这两种商品互为替代品。如果两种商品必须同时使用才能满足消费者的某种需求,就称这两种商品为互补品。

经典例题

替代品是指(　　　)。

A. 一种商品的价格升高会导致另一种商品的需求量减少

B. 随着收入增加,消费者愿意购买更少的商品

C. 一种商品的价格升高会导致另一种商品的需求量增加

D. 随着价格增加,消费者愿意购买更多的商品

【答案】C。解析:替代品是指两种商品的属性都能满足人们的需要,一种商品价格上升,那么该种商品需求减少,由于另一种商品也能够满足人们的需要,故其需求会增加。

二、需求曲线概述

(一)需求函数

需求函数表示一种商品的需求数量和影响该需求数量的各种因素之间的相互关系。

假定其他因素保持不变,仅考虑一种商品自身的价格与该商品需求量的关系,即把一种商品的需求量仅仅看成这种商品的价格的函数,则价格与需求量之间的函数如下:

$$Q_d = f(P)$$

其中,P 为商品的价格,Q_d 为商品的需求量。

(二)需求表

商品的需求表是表示某种商品的各种价格水平和与各种价格水平相对应的该商品需求

量之间关系的**数字序列表**。其具体内容见下表。

表3-1-2　某商品的需求表

价格-需求量组合	A	B	C	D	E	F	G
价格（元）	1	2	3	4	5	6	7
需求量（单位数）	700	600	500	400	300	200	100

（三）需求曲线

1. 线性需求曲线

商品的需求曲线是根据需求表中不同的价格-需求量组合，在平面直角坐标系上所绘制的一条曲线。需求曲线可以是直线型的，也可以是曲线型的。线性需求函数的通常形式如下：

$$Q_d = \alpha - \beta P$$

其中，α、β为常数，且α、$\beta > 0$。该函数所对应的需求曲线为一条直线。

图3-1-1为根据表3-1-2绘制的需求曲线。其中，横轴OQ表示商品的数量，纵轴OP表示商品的价格。

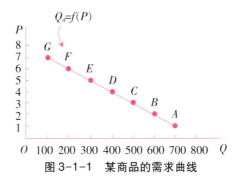

图3-1-1　某商品的需求曲线

2. 需求曲线的移动

影响需求曲线位置移动的因素主要包括以下几项：①消费者收入水平的变化；②相关商品价格的变化；③消费者偏好的变化；④对商品价格预期的变化等。

在某商品价格不变的情况下，当发生对需求有利的变化，比如消费者收入增加、替代品价格上升、互补品价格下降或者消费者对商品偏好增强时，需求曲线将向右上方移动；反之，则向左下方移动。

（四）需求规律

需求规律是指在其他因素保持不变的条件下，商品的**需求量与价格呈反方向变动**，即商品价格越高，商品的需求量越低；商品价格越低，商品的需求量越高。

需求规律并不是对所有商品都是有效的，吉芬商品、炫耀性商品以及投机性商品等并不符合需求规律。

三、需求的变动和需求量的变动的区别

需求的变动和需求量的变动，尽管从字面上来看只是一字之差，但是其本质是不同的，

二者的比较见下表。

表 3-1-3 需求的变动和需求量的变动的区别

区别内容	需求的变动	需求量的变动
概念	在某商品价格不变的条件下,由其他因素变动所引起的该商品的需求数量的变动	在其他条件不变时,由某商品的价格变动所引起的该商品的需求数量的变动
几何图形中的表示	需求曲线位置的移动	商品的价格-需求数量组合点沿着同一条既定的需求曲线的运动

考点二 供给

一、供给概述

(一)供给的含义

供给是指生产者在一定时期内在各种可能的价格下愿意并且能够提供出售的该种商品的数量。

根据供给的定义可知:

$$\left\{\begin{array}{l}出售的愿望\\出售的能力\end{array}\right. \xrightarrow{\text{同时具备}} 形成供给$$

(二)影响供给量的因素

影响某商品的供给量的主要因素有商品自身的价格、生产的成本、生产的技术水平、相关商品的价格、生产者对未来的预期、生产者人数等。这些因素对供给量的影响见下表。

表 3-1-4 影响供给量的因素

影响因素	对供给量的影响
商品自身的价格	某种商品的价格越高,该商品的供给量就越多;某种商品的价格越低,该商品的供给量就越少
生产的成本	某种商品的生产成本下降,该商品的供给量增加;某种商品的生产成本升高,该商品的供给量减少
生产的技术水平	一般情况下,生产某种商品的技术水平的提高可以使生产成本降低,从而增加该种商品的供给量;反之则供给量减少
相关商品的价格	(1)某种商品价格不变,其替代品的价格上升,该商品的供给量减少;反之则供给量增加 (2)某种商品价格不变,其互补品的价格上升,该商品的供给量增加;反之则供给量减少
生产者对未来的预期	生产者对未来的预期乐观,则增加商品供给;生产者对未来的预期悲观,则减少商品供给
生产者人数	一个商品市场上生产者数量增加,会使市场上该商品的供给量增加;反之则供给量减少

二、供给曲线概述

（一）供给函数

供给函数是指一种商品的供给量与影响该供给数量的各种因素之间的相互关系。

假定其他因素均不发生变化，仅考虑一种商品自身的价格变化对其供给量的影响，即把一种商品的供给量只看成这种商品价格的函数，则供给函数可用下式表示：

$$Q_s = f(P)$$

其中，P 为商品的价格；Q_s 为商品的供给量。

（二）供给表

商品的供给表是表示某种商品的各种价格及其相对应的该商品的供给量之间的数字序列表。其具体内容见下表。

表 3-1-5 某商品的供给表

价格-供给量组合	A	B	C	D	E
价格（元）	2	3	4	5	6
供给量（单位数）	0	200	400	600	800

（三）供给曲线

1. 线性供给曲线

商品的供给曲线是根据供给表中的商品的价格-供给量组合，在平面直角坐标系上所绘制的一条曲线。供给曲线可以是直线型，也可以是曲线型，在微观经济学分析中，使用较多的是线性供给函数。线性供给曲线的形式如下：

$$Q_s = -\delta + \gamma P$$

其中，δ、γ 为常数，且 δ、$\gamma > 0$。该函数所对应的供给曲线为一条直线。

图 3-1-2 为根据表 3-1-5 绘制的供给曲线。其中，横轴 OQ 表示商品的数量，纵轴 OP 表示商品的价格。

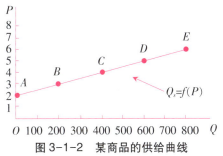

图 3-1-2 某商品的供给曲线

2. 供给曲线的移动

供给曲线位置移动的影响因素主要包括以下几项：①生产成本的变动；②生产技术的变化；③相关商品价格的变动；④生产者对未来预期的变化等。

在某商品价格不变的情况下，当发生对供给有利的变化，比如生产成本降低、生产技术提高、互补品价格上升或者生产者对未来预期乐观时,供给曲线将向右下方移动;反之,则向左上方移动。

(四)供给规律

供给规律是在指其他因素保持不变的条件下,商品的供给量与价格同方向变动,即价格越高,供给量越大;价格越低,供给量越小。

生活中也存在不符合供给规律的情况,例如劳动力的供给、囤积居奇等。

三、供给的变动和供给量的变动的区别

供给的变动不等于供给量的变动,二者无论在概念上还是在几何图形中的表示上都有所不同,其具体比较见下表。

表 3-1-6　供给的变动和供给量的变动的区别

区别内容	供给的变动	供给量的变动
概念	在某商品价格不变的条件下,由其他因素变动所引起的该商品的市场供给数量的变动	在其他条件不变时,由某商品的价格变动所引起的该商品的供给数量的变动
几何图形中的表示	供给曲线位置的移动	商品的价格-供给量组合点沿着同一条既定的供给曲线的运动

考点三　均衡价格

视频讲解

一、市场均衡的含义和相关影响因素

市场均衡是指生产者愿意而且能够提供的商品量恰好等于消费者愿意而且能够购买的商品量的状态。

市场均衡主要受两方面因素的影响:一是需求的变动;二是供给的变动。二者对市场均衡的影响见下表。

表 3-1-7　需求的变动和供给的变动对市场均衡的影响

变动情形	市场均衡的变动
供给不变,需求变动	需求增加,均衡价格和均衡数量增加;需求减少,均衡价格和均衡数量减少
需求不变,供给变动	供给增加,均衡价格下降,均衡数量增加;供给减少,均衡价格上升,均衡数量减少
需求和供给同时发生变动	需求和供给共同作用下的均衡价格及均衡数量,取决于需求和供给增长的幅度

供求定理:在其他条件不变的情况下,需求变动引起均衡价格和均衡数量的同方向变动;供给变动引起均衡价格的反方向变动、均衡数量的同方向变动。

二、均衡价格的决定

供给曲线和需求曲线的交叉点就是市场的均衡点,它表示供给与需求两种力量在市场的特定时间内处于均等的状态。此时商品的价格称为均衡价格。

假设需求曲线和供给曲线均为线性,均衡条件表示如下:

$$需求函数:Q_d = \alpha - \beta P$$
$$供给函数:Q_s = -\delta + \gamma P$$
$$均衡条件:Q_d = Q_s$$

此时可以求出均衡价格和均衡数量。

考点四　价格政策

目前政府常用的价格政策主要有两种:一是支持价格;二是限制价格。这两种价格政策的具体分析见下表。

视频讲解

表 3-1-8　价格政策的具体分析

分析内容	分析对象	
	支持价格	限制价格
定义	政府为了扶持某一行业的生产而规定的该行业产品的最低价格	政府为了防止某些商品的价格上升而规定的此类产品的最高价格
原理	政府施行支持价格政策,规定该产品的最低市场价格为 P_0,且 P_0 高于市场均衡价格,则此时市场需求量小于市场供给量,出现超额供给	政府施行限制价格政策,规定该产品的最高市场价格为 P_0,且 P_0 低于市场均衡价格,则此时市场需求量大于市场供给量,出现超额需求
目的	扶持某些行业的发展	抑制某些产品的价格上涨,应对通货膨胀
弊端	出现产品过剩现象	出现排队抢购、黑市交易、粗制滥造现象
解决方式	政府收购	政府定量配给

考点五　需求弹性

一、需求弹性的含义、分类及计算

需求方面的弹性主要包括需求的价格弹性、需求的交叉价格弹性和需求的收入弹性。这几类需求方面的弹性的具体内容见下表。

表 3-1-9 需求弹性的含义、分类及计算

需求弹性	含义	分类	计算
需求的价格弹性	需求的价格弹性表示在一定时期内一种商品的需求量变动对于该商品的价格变动的反应程度。或者说，表示在一定时期内当一种商品的价格变化1%时所引起的该商品的需求量变化的百分比	需求的价格弹性有以下五种类型： (1)当 $e_d<1$ 时，需求量对价格变动的反应不敏感，称为缺乏弹性 (2)当 $e_d>1$ 时，需求量对价格变动的反应敏感，称为富有弹性 (3)当 $e_d=1$ 时，称为单位弹性或者单一弹性 (4)当 $e_d=\infty$ 时，需求曲线呈水平状态，相对于无穷小的价格变化率，需求量的变化率是无穷大，称为完全弹性 (5)当 $e_d=0$ 时，需求曲线呈垂直状态，即不管价格如何变动，需求量始终不变，称为完全无弹性	需求的价格弹性系数$=-\dfrac{需求量变动率}{价格变动率}$ 需求的价格弧弹性公式如下： $$e_d=-\dfrac{\dfrac{\Delta Q}{Q}}{\dfrac{\Delta P}{P}}=-\dfrac{\Delta Q}{\Delta P}\cdot\dfrac{P}{Q}$$ 需求的价格点弹性公式如下： $$e_d=\lim_{\Delta P\to0}-\dfrac{\dfrac{\Delta Q}{Q}}{\dfrac{\Delta P}{P}}=-\dfrac{\mathrm{d}Q}{\mathrm{d}P}\cdot\dfrac{P}{Q}$$ 需求的价格弧弹性的中点公式如下： $$e_d=-\dfrac{\Delta Q}{\Delta P}\cdot\dfrac{\dfrac{P_1+P_2}{2}}{\dfrac{Q_1+Q_2}{2}}$$
需求的交叉价格弹性	需求的交叉价格弹性表示在一定时期内一种商品的需求量的变动对于它的相关商品的价格变动的反应程度。或者说，表示在一定时期内当一种商品的价格变化1%时所引起的另一种商品的需求量变化的百分比	需求的交叉价格弹性系数的符号取决于所考察的 X、Y 两种商品的相关关系。商品之间的相关关系可以分为三种：替代关系、互补关系、无相关关系 (1)若 e_{XY} 为正值，则这两种商品之间存在替代关系 (2)若 e_{XY} 为负值，则这两种商品之间存在互补关系 (3)若 e_{XY} 为零，则这两种商品之间无相关关系	需求的交叉价格弧弹性的公式如下： $$e_{XY}=\dfrac{\dfrac{\Delta Q_X}{Q_X}}{\dfrac{\Delta P_Y}{P_Y}}=\dfrac{\Delta Q_X}{\Delta P_Y}\cdot\dfrac{P_Y}{Q_X}$$ 其中，ΔQ_X 为商品 X 的需求量的变化量；ΔP_Y 为相关商品 Y 的价格的变化量 需求的交叉价格点弹性的公式如下： $$e_{XY}=\lim_{\Delta P_Y\to0}\dfrac{\dfrac{\Delta Q_X}{Q_X}}{\dfrac{\Delta P_Y}{P_Y}}=\dfrac{\mathrm{d}Q_X}{\mathrm{d}P_Y}\cdot\dfrac{P_Y}{Q_X}$$

表3-1-9(续)

需求弹性	含义	分类	计算
需求的收入弹性	需求的收入弹性表示在一定时期内消费者对某种商品的需求量的变动对于消费者收入量变动的反应程度。或者说,表示在一定时期内当消费者的收入变化1%时所引起的商品需求量变化的百分比	根据商品的需求的收入弹性系数值,可将商品分为以下两类: (1)$e_M>0$ 的商品为正常品,因为,$e_M>0$ 意味着消费者对该商品的需求量与收入水平呈同方向变化。在正常品中,$e_M<1$ 的商品为必需品,$e_M>1$ 的商品为奢侈品 (2)$e_M<0$ 的商品为劣等品,因为,$e_M<0$ 意味着消费者对该商品的需求量与收入水平呈反方向变化	需求的收入弧弹性公式如下: $$e_M=\frac{\dfrac{\Delta Q}{Q}}{\dfrac{\Delta M}{M}}=\frac{\Delta Q}{\Delta M}\cdot\frac{M}{Q}$$ 需求的收入点弹性公式如下: $$e_M=\lim_{\Delta M\to 0}\frac{\dfrac{\Delta Q}{Q}}{\dfrac{\Delta M}{M}}=\frac{dQ}{dM}\cdot\frac{M}{Q}$$

线性需求曲线上的点弹性系数值有一个明显的特征:在线性需求曲线上,点的位置越高,相应的点弹性系数值越大;位置越低,相应的点弹性系数值就越小。

二、需求的价格弹性与总收益的关系

假设在市场均衡的情况下,消费者对某商品的需求量等于厂商对该商品的供应量,则厂商的销售收入等于商品的价格(P)乘以商品的销售量(Q)。根据上述对需求的价格弹性的解释,一种商品价格的变化会导致该商品需求量的变动,可知商品的需求的价格弹性与厂商的销售收入之间存在密切关系,其具体关系见下表。

表 3-1-10　需求的价格弹性与总收益的关系

需求的价格弹性	总收益
$e_d>1$	价格上升,总收益减少;价格下降,总收益增加
$e_d=1$	价格上升或下降,总收益都不变
$e_d<1$	价格上升,总收益增加;价格下降,总收益减少
$e_d=0$	价格上升,总收益同比例于价格的上升而增加;价格下降,总收益同比例于价格的下降而减少
$e_d=\infty$	价格上升,总收益会减少为0。在既定价格下,总收益可以无限增加,因此厂商不会降价

经典例题

下列表述正确的是(　　)。

A. 对于富有弹性(需求价格弹性大于1)的商品,提高价格会增加厂商的销售收入

B. 对于缺乏弹性(需求价格弹性小于1)的商品,降低价格会增加厂商的销售收入

C. 对于单位弹性(需求价格弹性等于1)的商品,降低或提高价格对均衡产出没有影响

D. 对于无弹性(需求价格弹性等于0)的商品,厂商销售收入会同比例于价格的上升而增加

【答案】D。解析:对于富有弹性的商品,厂商收益与价格成反方向变动,提高价格会减少厂商销售收入,A项错误;对于缺乏弹性的商品,厂商收益与价格成同方向变动,降低价格会减少厂商销售收入,B项错误;对于单位弹性的商品,需求量变动幅度与价格变动幅度相同,均衡产出也会发生相应变化,C项错误;对于无弹性的商品,厂商的销售收入同比例于价格的下降而减少,同比例于价格的上升而增加,D项正确;对于完全弹性的商品,既定价格下,收益可以无限增加,因此,厂商不会降价,相反,提高价格会使收益减少为零。

三、需求价格弹性的应用——“谷贱伤农”

在农业生产活动中,存在着这么一种经济现象:在丰收的年份,农民的收入反而减少了。这种现象在我国民间被形象地称为“谷贱伤农”。造成“谷贱伤农”现象的根本原因在于:农产品的需求价格弹性往往是小于1的,即当农产品的价格发生变化时,其需求往往是缺乏弹性的。

在图3-1-3中,农产品的需求曲线 D 是缺乏弹性的。农产品的丰收使供给曲线由 S 的位置向右平移至 S' 的位置,在缺乏弹性的需求曲线的作用下,农产品的均衡价格由原先的 P_1 大幅度地下降到 P_2。由于农产品均衡价格的下降幅度大于农产品均衡数量的增加幅度,农民总收入量减少。总收入的减少量相当于图中矩形 $OP_1E_1Q_1$ 和 $OP_2E_2Q_2$ 的面积之差。类似地,在歉收年份,同样由于缺乏弹性的需求曲线的作用,农产品均衡数量减少的幅度将小于由它所引起的均衡价格的上升幅度,最后使农民的总收入量增加。在下图中,只需先假定农产品的歉收使供给曲线由 S' 的位置向左平移至 S 的位置,便可以具体地说明这种与丰收年份相反的情况了。

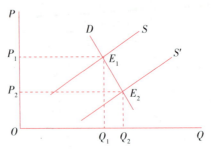

图3-1-3 “谷贱伤农”的经济学分析图

基于以上的经济事实及其经验,一些国家为了保护农场主和农民的利益,也为了保护和支持农业的发展,纷纷采取了支持农产品价格的一些做法:在一定的条件下,通过适当减少某些农产品的种植面积,来减少这些农产品的供给,从而将这些农产品的价格维持在一定的

水平,以保证农场主和农民的收入。

考点六　供给弹性

供给方面的弹性包括供给的价格弹性、供给的交叉价格弹性和供给的预期价格弹性等。考试中常考的是供给的价格弹性,其具体内容见下表。

视频讲解

表 3-1-11　供给弹性的含义、分类及计算

供给弹性	含义	分类	计算
供给的价格弹性	供给的价格弹性表示在一定时期内一种商品的供给量变动对于该商品的价格变动的反应程度。或者说,表示在一定时期内当一种商品的价格变化1%时所引起的该商品的供给量变化的百分比	供给的价格弹性分为五个类型: (1) $e_s>1$ 表示富有弹性 (2) $e_s<1$ 表示缺乏弹性 (3) $e_s=1$ 表示单一弹性或单位弹性 (4) $e_s=\infty$ 表示完全弹性 (5) $e_s=0$ 表示完全无弹性	供给的价格弧弹性公式如下: $$e_s=\frac{\dfrac{\Delta Q}{Q}}{\dfrac{\Delta P}{P}}=\frac{\Delta Q}{\Delta P}\cdot\frac{P}{Q}$$ 供给的价格点弹性公式如下: $$e_s=\lim_{\Delta P\to 0}\frac{\dfrac{\Delta Q}{Q}}{\dfrac{\Delta P}{P}}=\frac{\mathrm{d}Q}{\mathrm{d}P}\cdot\frac{P}{Q}$$

考点七　影响需求的价格弹性和供给的价格弹性的因素

需求的价格弹性、供给的价格弹性受多种因素影响,其主要影响因素见下表。

视频讲解

表 3-1-12　影响需求的价格弹性和供给的价格弹性的主要因素

价格弹性	影响因素
需求的价格弹性	(1)商品的可替代性。一般来说,某商品的可替代品越多,相近程度越高,则该商品的需求的价格弹性往往就越大;相反,该商品的需求的价格弹性就越小 (2)商品本身用途的广泛性。一般来说,一种商品的用途越是广泛,它的需求的价格弹性就可能越大;相反,用途越是狭窄,它的需求的价格弹性就可能越小 (3)商品对消费者生活的重要程度。一般来说,生活必需品的需求的价格弹性较小,非必需品的需求的价格弹性较大 (4)商品的消费支出在消费者预算总支出中所占的比重。消费者在某商品上的消费支出在预算总支出中所占的比重越大,该商品的需求的价格弹性可能越大;反之则越小 (5)所考察的消费者调节需求量的时间。一般来说,所考察的调节时间越长,则需求的价格弹性就可能越大

表3-1-12(续)

价格弹性	影响因素
供给的价格弹性	(1)生产期限的长短。在短期生产内,供给的价格弹性较小;在长期生产内,供给的价格弹性较大 (2)生产成本。如果产量增加只引起边际成本轻微的提高,则意味着厂商的供给曲线比较平坦,供给的价格弹性可能是比较大的;相反,如果产量增加引起边际成本较大的提高,则意味着厂商的供给曲线比较陡峭,供给的价格弹性可能是比较小的 (3)生产周期的长短。在一定时期内,生产周期较短的产品,供给的价格弹性较大;生产周期较长的产品,供给的价格弹性较小 (4)生产要素的供给弹性。生产要素的供给弹性大,商品的供给弹性大;生产要素的供给弹性小,商品的供给弹性也较小 (5)生产产品的难易程度。较难生产的商品的供给价格弹性较小;反之,较易生产的商品的供给的价格弹性较大

第三节　效用理论

考点一　基数效用论

效用是指商品满足人的欲望的能力评价,或者说,效用是指消费者在消费商品时所感受到的满足程度。

一、基数效用论的基本观点

基数效用论的基本观点:效用是可以计量并加总求和的,因此,效用的大小可以用基数(1,2,3,…)来表示。效用可以计量,就是指消费者消费某一物品所得到的满足程度可以用效用单位来进行衡量。效用可加总求和,就是指消费者消费几种物品所得到的满足程度可以加总而得出总效用。基数效用论采用的是边际效用分析法。

二、总效用与边际效用

总效用(TU)是指消费者在一定时间内从一定数量商品的消费中所得到的效用量的总和。

边际效用(MU)是指消费者在一定时间内增加一单位商品的消费所得到的效用量的增量。

(一)效用函数

设效用函数如下:

$$TU = U(X_1, X_2, X_3, \cdots, X_m)$$

其中，TU 表示总效用；U 表示效用函数符号；$X_1, X_2, X_3, \cdots, X_m$ 表示消费者购买 m 种商品各自的数量。

若消费者消费其他物品的数量不变，只考虑消费一种物品的变化所引起的效用变化，则上面的效用函数可简化成以下形式：

$$TU = U(X)$$

此时，边际效用计算公式如下：

$$MU = \lim_{\Delta X \to 0} \frac{\Delta TU}{\Delta X} = \frac{\mathrm{d}TU}{\mathrm{d}X}$$

（二）效用曲线

在直角坐标系中，以横轴表示商品的数量，纵轴表示效用量，可作出某商品的效用曲线，该商品的总效用曲线和边际效用曲线见下图。

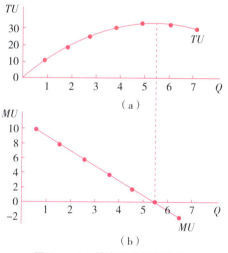

图 3-1-4　某商品的效用曲线

数学分析：如果效用曲线是连续的，则每一消费量所对应的边际效用值就是相对应的总效用曲线的在该点处的斜率。

图像分析：根据图 3-1-4，MU 曲线是向右下方倾斜的，相应地，TU 曲线以递减的速率先上升后下降。当边际效用为正值时，总效用曲线呈上升趋势；当边际效用递减为零时，总效用曲线达到最高点；当边际效用继续递减为负值时，总效用曲线呈下降趋势。

三、边际效用递减规律

在其他商品消费数量保持不变的情况下，随着消费者在一定时间内对某种商品消费量的增加，其从每增加一单位商品的消费中所获得的效用增量呈逐渐递减的趋势，即消费者消费后一单位商品所获得的效用增量小于其消费前一单位商品所获得的效用增量。总效用有可能达到一个极大值，此时边际效用为零；若继续增加该商品的消费量，会使边际效用为负值，从而减少总效用。这种在人们日常生活中普遍存在的现象，被称为边际效用递减规律。

考点二 序数效用论

一、序数效用论的基本观点

序数效用论的基本观点:效用作为一种心理现象无法计量,也不能加总求和,只能表示出满足程度的高低与顺序,因此,效用只能用序数(第一、第二、第三,……)来表示。序数效用论采用的是无差异曲线分析法。

二、无差异曲线

(一)消费者偏好的三个基本假定

偏好是消费者对任意两个商品组合所做的一个排序。序数效用论者对消费者偏好的三个基本假定见下表。

表 3-1-13 消费者偏好的三个基本假定

基本假定	假定内容
偏好的完全性	消费者总是可以比较和排列所给出的两个不同商品组合
偏好的可传递性	对于任何三个商品组合 A、B 和 C,如果消费者对 A 的偏好大于对 B 的偏好,对 B 的偏好大于对 C 的偏好,那么,在 A、C 这两个组合中,消费者对 A 的偏好必定大于对 C 的偏好
偏好的非饱和性	如果两个商品组合的区别仅在于其中一种商品的数量不相同,那么,消费者总是偏好于含有这种商品数量较多的那个商品组合,即消费者对每一种商品的消费都没有达到饱和点。或者说,对于任何一种商品,消费者总是认为数量多比数量少好

经典例题

序数效用论关于消费者偏好的基本假定不包括( )。

A. 偏好的完全性　　　　　　　　　　B. 偏好的可传递性

C. 偏好的非饱和性　　　　　　　　　　D. 偏好的独立性

【答案】D。解析:序数效用论关于消费者偏好的基本假定包括偏好的完全性、偏好的可传递性和偏好的非饱和性。

(二)无差异曲线的含义

无差异曲线是用来表示消费者偏好相同的两种商品的所有组合的。或者说,它是表示能够给消费者带来相同的效用水平或满足程度的两种商品的所有组合的。

(三)无差异曲线的图形及特征

用无差异曲线来表示消费者偏好,下图为某一消费者的无差异曲线图。

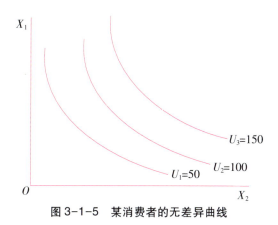

图 3-1-5　某消费者的无差异曲线

在任何一条无差异曲线上,消费者的任何一点的效用都相同,且偏离原点越远的曲线,其效用水平或满足程度越高。

无差异曲线的特征:

(1)同一坐标平面上的任何两条无差异曲线之间,可以有无数条无差异曲线。

(2)同一坐标平面图上的任何两条无差异曲线均不会相交。

(3)无差异曲线是凸向原点的。

(4)离原点越远的无差异曲线代表的效用水平越高。

(四)边际替代率

在维持满足程度不变的前提下,为增加一单位某种商品而需要相应减少的另一种商品的数量称为边际替代率。

如果用 X 商品代替 Y 商品,ΔX 表示 X 商品的增加量,ΔY 表示 Y 商品的减少量,则 X 商品对 Y 商品的边际替代率可用下式表示:

$$MRS_{XY} = -\frac{\Delta Y}{\Delta X}$$

由于 ΔX 是增加量,ΔY 是减少量,两者的符号肯定是相反的,所以,为了使 MRS_{XY} 的计算结果是正值,以便于比较,需要在公式中加一个负号。

(五)无差异曲线的特殊形状

无差异曲线的形状表明在维持效用水平不变的前提下,一种商品对另一种商品的替代程度。由边际替代率递减规律决定的无差异曲线的形状是凸向原点的,这是无差异曲线的一般形状。下面,考虑两种极端的情况,相应的无差异曲线有着特殊的形状。

1. 完全替代品的情况

完全替代品指两种商品之间的替代比例是固定不变的情况。因此,在完全替代的情况下,两商品之间的边际替代率 MRS_{XY} 就是一个常数,相应的无差异曲线是一条斜率不变的直线。

2. 完全互补品的情况

完全互补品指两种商品必须按固定不变的比例同时被使用的情况。因此,在完全互补的情况下,相应的无差异曲线为直角形状。

三、预算线

(一)预算线的公式、图形及意义

预算线是指在消费者的收入和商品价格既定的条件下,消费者的全部收入所能购买到的两种商品不同组合点的轨迹。假定以 I 表示消费者的既定收入,以 P_1 和 P_2 分别表示商品 1 和商品 2 的既定价格,以 X_1 和 X_2 分别表示商品 1 和商品 2 的数量,那么,相应的预算等式如下:

$$P_1X_1+P_2X_2=I$$

上式表示:消费者的全部收入等于其购买商品 1 和商品 2 的总支出。而且,可以用 $\dfrac{I}{P_1}$ 和 $\dfrac{I}{P_2}$ 来分别表示全部收入仅购买商品 1 或商品 2 的数量,它们分别表示预算线的横截距和纵截距。此外,上式可以改写成如下形式:

$$X_2=-\frac{P_1}{P_2}X_1+\frac{I}{P_2}$$

预算线方程告诉我们,预算线的斜率为 $-\dfrac{P_1}{P_2}$,纵截距为 $\dfrac{I}{P_2}$,预算线的图形见下图。

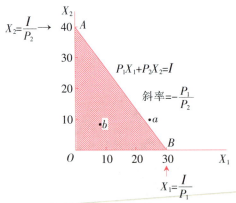

图 3-1-6 预算线

上图中,预算线 AB 把平面坐标图划分为三个区域:预算线 AB 以外区域中的任何一点,如 a 点,是消费者利用全部收入都不可能实现的商品购买的组合点。预算线 AB 以内区域中的任何一点,如 b 点,表示消费者的全部收入在购买该点的商品组合以后还有剩余。唯有预算线 AB 上的任何一点,才是消费者的全部收入刚好花完时所能购买到的商品组合点。图中阴影部分的区域(包括直角三角形的三条边),被称为消费者的预算可行集或预算空间。

(二)预算线的变动

预算线的变动可以归纳为五种情况,具体内容见下表。

表 3-1-14　预算线的变动

类型	变动情况	图形
P_1 和 P_2 不变，I 发生变化	(1) I 增加，预算线向右平移，表示消费者的全部收入用来购买任何一种商品的数量都因收入的增加而增加 (2) I 减少，预算线向左平移，表示消费者的全部收入用来购买任何一种商品的数量都因收入的减少而减少	
I 不变，P_1 和 P_2 同比例发生变化	(1) P_1 和 P_2 同比例上升，预算线向左平移，表示消费者的全部收入用来购买其中任何一种商品的数量都同比例于价格的上升而减少 (2) P_1 和 P_2 同比例下降，预算线向右平移，表示消费者的全部收入用来购买其中任何一种商品的数量都同比例于价格的下降而增加	
I 和 P_2 不变，P_1 发生变化	(1) P_1 下降，预算线由 AB 移至 AB'，表示消费者的全部收入用来购买商品 1 的数量因 P_1 的下降而增加，但全部收入用来购买商品 2 的数量并未受到影响 (2) P_1 上升，预算线由 AB 移至 AB''，表示消费者的全部收入用来购买商品 1 的数量因 P_1 的上升而减少，但全部收入用来购买商品 2 的数量并未受到影响	
I 和 P_1 不变，P_2 发生变化	(1) P_2 下降，预算线由 AB 移至 $A'B$，表示消费者的全部收入用来购买商品 2 的数量因 P_2 的下降而增加，但全部收入用来购买商品 1 的数量并未受到影响 (2) P_2 上升，预算线由 AB 移至 $A''B$，表示消费者的全部收入用来购买商品 2 的数量因 P_2 的上升而减少，但全部收入用来购买商品 1 的数量并未受到影响	
I 与 P_1 和 P_2 都同比例发生变化	此时预算线不发生变化，表示消费者的全部收入用来购买任何一种商品的数量都未发生变化	——

视频讲解

考点三　消费者均衡的条件

消费者均衡是指消费者实现最大效用时，既不想再增加、也不想再减少任何商品购买数量的一种相对静止的状态。

一、基数效用论下的消费者均衡

基数效用论者认为，消费者实现效用最大化的均衡条件：如果消费者的货币收入水平是固定的,市场上各种商品的价格是已知的,那么,消费者应该使自己所购买的各种商品的边际效用与价格之比相等。或者说,消费者应使自己花费在各种商品购买上的最后一元钱所带来的边际效用相等。该均衡条件用公式表示如下:

$$P_1X_1 + P_2X_2 + \cdots + P_nX_n = I$$

$$\frac{MU_1}{P_1} = \frac{MU_2}{P_2} = \cdots = \frac{MU_n}{P_n} = \lambda$$

其中,P_1,P_2,$\cdots$,P_n 分别为 n 种商品的既定价格;λ 为不变的货币的边际效用;X_1,X_2,$\cdots$,X_n 表示 n 种商品的数量;MU_1,MU_2,$\cdots$,MU_n 表示 n 种商品的边际效用。

二、序数效用论下的消费者均衡

将消费者的无差异曲线和预算线结合在一起,就可以分析消费者追求效用最大化的购买选择行为。消费者的最优购买选择行为必须满足两个条件:

(1)最优的商品购买组合必须是消费者最偏好的商品组合。也就是说,最优的商品购买组合必须是能够给消费者带来最大效用的商品组合。

(2)最优的商品购买组合必须位于给定的预算线上。

如图 3-1-7 所示,只有预算线 AB 和无差异曲线 U_2 的切点 E,才是消费者在给定的预算约束下能够获得最大效用的均衡点。在均衡点 E 处,相应的最优购买组合为 $(X_1^{\bullet}, X_2^{\bullet})$。

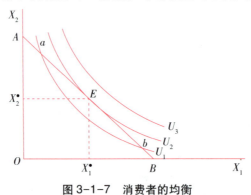

图 3-1-7   消费者的均衡

在切点 E 处,无差异曲线和预算线两者的斜率是相等的。我们已经知道,无差异曲线的斜率的绝对值就是两商品的边际替代率 MRS_{12},预算线的斜率的绝对值可以用两商品的价格之比,即 $\frac{P_1}{P_2}$ 来表示。由此,均衡点 E 的边际替代率:

$$MRS_{12} = \frac{P_1}{P_2}$$

上式就是消费者效用最大化的均衡条件。它表示在一定的预算约束下,为了实现最大的效用,消费者应该选择最优的商品组合,使两商品的边际替代率等于两商品的价格之比。

由于在保持效用水平不变的前提下,消费者增加一种商品数量所带来的效用增加量和相应减少的另一种商品数量所带来的效用减少量必定相等,用公式表示如下:

$$|MU_1 \cdot \Delta X_1| = |MU_2 \cdot \Delta X_2|$$

上式可以写为如下形式：

$$MRS_{12} = -\frac{\Delta X_2}{\Delta X_1} = \frac{MU_1}{MU_2}$$

序数效用论关于消费者的均衡条件也可以改写成如下形式：

$$MRS_{12} = \frac{MU_1}{MU_2} = \frac{P_1}{P_2}$$

或

$$\frac{MU_1}{P_1} = \frac{MU_2}{P_2} = \lambda$$

其中，λ 为货币的边际效用。

经典例题

消费者的最优消费组合选择必须满足（　　）。

A. 边际替代率等于价格之比

B. 边际替代率高于价格之比

C. 边际替代率小于价格之比

D. 与边际替代率和价格之比无关

【答案】A。解析：在一定的预算约束下，为了实现效用最大化，消费者应该选择最优的商品组合，使两种商品边际替代率等于两种商品的价格比。

考点四　价格变化和收入变化对消费者均衡的影响

视频讲解

一、价格变化对消费者均衡的影响

在其他条件均保持不变时，一种商品价格的变化会使消费者效用最大化的均衡点的位置发生移动，并由此可以得到价格–消费曲线。价格–消费曲线是在消费者的偏好、收入以及其他商品价格不变的条件下，与某一种商品的不同价格水平相联系的消费者效用最大化的均衡点的轨迹。

二、收入变化对消费者均衡的影响

（一）收入–消费曲线

收入–消费曲线是在消费者偏好和商品价格不变的条件下，与消费者的不同收入水平相联系的消费者效用最大化的均衡点的轨迹。

收入–消费曲线的图形推导见下图。

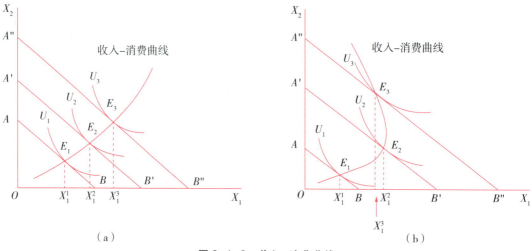

图 3-1-8　收入-消费曲线

在图 3-1-8 中,图(a)和图(b)是两种不同的收入-消费曲线。

图(a)中的收入-消费曲线是向右上方倾斜的,它表示:随着收入水平的增加,消费者对商品 1 和商品 2 的需求量都是上升的,所以,图(a)中的两种商品都是正常品。

随着收入水平的连续增加,图(b)中的收入-消费曲线是向后弯曲的,它表示:随着收入水平的增加,消费者对商品 1 的需求量开始是增加的,但当收入上升到一定水平之后,消费者对商品 1 的需求量反而减少了。这说明,在一定的收入水平下,对于消费者来说,商品 1 由正常品变成了劣等品。

(二)恩格尔曲线

恩格尔曲线表示消费者在每一收入水平下对某商品的需求量。由消费者的收入-消费曲线可以推导出消费者的恩格尔曲线。恩格尔曲线表明,随着人们收入的增加,用于食品的支出部分在人们生活支出中所占的比例将下降,用于住宅和穿着方面的支出比例将基本不变,用于其他方面的支出比例会上升,这种分析的结果被称为恩格尔定律。

考点五　替代效应和收入效应

一种商品价格的变化会引起该商品的需求量的变化,这种变化可以被分解为替代效应和收入效应两个部分。

视频讲解

替代效应:由商品的价格变动所引起的 <u>商品相对价格的变动</u>,进而由商品的相对价格变动所引起的商品需求量的变动。

收入效应:由商品的价格变动所引起的 <u>实际收入水平的变动</u>,进而由实际收入水平变动所引起的商品需求量的变动。

总效应等于替代效应与收入效应之和,不同物品的收入效应和替代效应相互作用的结果不同。

一、正常品的替代效应和收入效应

对于正常物品来说,替代效应与价格成反方向的变动,收入效应也与价格成反方向的变动,在它们的共同作用下,总效应必定与价格成反方向的变动。正因为如此,正常物品的需求曲线是向右下方倾斜的。

二、劣等物品的替代效应和收入效应

对于劣等物品来说,替代效应与价格成反方向的变动,收入效应与价格成同方向的变动,而且,在大多数场合,收入效应的作用小于替代效应的作用,所以,总效应与价格成反方向的变动,相应的需求曲线是向右下方倾斜的。

三、吉芬物品的替代效应和收入效应

在少数的场合下,某些低档物品的收入效应的作用会大于替代效应的作用,于是会出现违反需求曲线向右下方倾斜的现象。这类物品就是吉芬物品。

很显然,吉芬物品是一种特殊的低档物品。作为低档物品,吉芬物品的替代效应与价格成反方向的变动,收入效应则与价格成同方向的变动。吉芬物品的特殊性在于:它的收入效应的作用很大,以至于超过了替代效应的作用,从而使总效应与价格成同方向的变动。这也就是吉芬物品的需求曲线呈现出向右上方倾斜的特殊形状的原因。

经典例题

以下表述不正确的是(　　　)。

A. 正常品的收入效应与价格成反方向变动

B. 劣等品的替代效应与价格成反方向变动

C. 吉芬商品是收入效应大于替代效应的商品

D. 所有劣等品的需求曲线均向右上方倾斜

【答案】D。解析:正常品的替代效应与价格成反方向变动,收入效应也与价格成反方向变动。A项正确。劣等品的替代效应与价格成反方向变动,收入效应与价格成同方向变动,但在大多数场合下,替代效应的作用大于收入效应的作用,总效应与价格成反方向变动,其需求曲线向右下方倾斜。B项正确,D项错误。吉芬商品是一种特殊的劣等品。吉芬商品的替代效应与价格成反方向变动,收入效应与价格成同方向变动,但是吉芬商品的收入效应大于替代效应,所以总效应与价格成同方向变动,故其需求曲线向右上方倾斜。C项正确。

第四节　生产理论

考点详解

考点一　生产概述

厂商进行生产的过程就是从投入生产要素到生产出产品的过程。生产要素一般被划分为劳动、土地、资本和企业家才能四种类型。生产过程中生产要素的投入量和产品的产出量之间的关系，可以用生产函数来表示。生产函数表示在一定时期内，在一定的技术条件下，生产中所使用的各种生产要素的数量与所能生产的最大量之间的关系。

微观经济学的生产理论可以分为短期生产理论和长期生产理论。短期是指生产者来不及调整全部生产要素的数量，至少有一种生产要素的数量是固定不变的时间周期。长期是指生产者可以调整全部生产要素的数量的时间周期。

考点二　短期生产理论

一、短期生产函数

视频讲解

在经济学的分析中，为了简化分析，通常假设生产中只使用劳动和资本两种生产要素。在短期内，假定资本投入量是固定的，以 $\overline{K}$ 表示，只有劳动投入量（L）可随产量变化，则短期生产函数如下：

$$Q = f(L, \overline{K})$$

二、总产量、平均产量和边际产量

总产量（TP）是指投入一定量的可变生产要素以后所得到的产出量总和。

平均产量（AP）是指平均每单位可变生产要素投入的产出量。如果用 X 表示某生产要素投入量，那么 $AP = TP/X$。

边际产量（MP）是指增加或减少一单位可变生产要素投入量所带来的产出量的变化。如果用 ΔTP 表示总产量的改变量，ΔX 表示可变生产要素的改变量，那么 $MP = \Delta TP/\Delta X$。

三、边际报酬递减规律

边际报酬递减规律成立的两个基本条件：一是生产技术是给定的；二是其他要素投入量是固定不变的。

对短期生产函数来说，边际产量表现出的先上升而最终下降的特征，被称为边际报酬递减规律，有时也被称为边际产量递减规律或边际收益递减规律。

在技术水平不变的条件下,在连续等量地把某一种可变生产要素增加到其他一种或几种数量不变的生产要素上去的过程中,当这种可变生产要素的投入量小于某一特定值时,增加该要素投入所带来的边际产量是递增的;当这种可变要素的投入量连续增加并超过这个特定值时,增加该要素投入所带来的边际产量是递减的。这就是边际报酬递减规律。边际报酬递减规律是短期生产的一条基本规律。

经典例题

边际报酬递减规律发生作用的前提有( )。

A. 生产技术水平不变   B. 存在技术进步

C. 具有两种以上的可变要素的生产   D. 只有一种可变要素的生产

【答案】AD。解析:边际报酬递减规律成立有两个基本条件:①生产技术是给定的;②其他要素投入量是固定不变的,也就是说只有一种要素可变时的生产。A、D两项说法正确。

四、短期生产的三个阶段

第一阶段:平均产量递增,边际产量大于平均产量。这一特征表明,和可变投入劳动相比,不变投入资本太多,因而增加劳动量是有利的,劳动量的增加可以使资本的作用得到充分发挥。任何有理性的厂商通常不会把可变投入的使用量限制在这一阶段内。

第二阶段:总产量继续以递减的幅度增加,一直达到最大值。相应地,边际产量继续递减,直至等于零。平均产量在最大值处与边际产量相等并转而递减。这一阶段的显著特点是平均产量递减,边际产量小于平均产量。

第三阶段:总产量递减,边际产量为负值。这一特征表明,和不变投入资本相比,可变投入劳动太多,这时即使劳动要素是免费的,厂商也不愿意增加劳动投入量在第三阶段经营,而是通过减少劳动投入量来增加总产量。

考点三 长期生产理论

一、长期生产函数

视频讲解

在长期内,所有的生产要素的投入量都是可变的,多种可变生产要素的长期生产函数可以写成如下形式:

$$Q = f(X_1, X_2, \cdots, X_n)$$

其中,Q 为产量;$X_i(i=1,2,\cdots,n)$ 为第 i 种可变生产要素的投入数量。该生产函数表示:在长期内、在技术水平不变的条件下,由 n 种可变生产要素投入量的一定组合所能生产的最大产量。

在生产理论中,为了简化分析,通常以两种可变生产要素的生产函数来考察长期生产问题。假定生产者使用劳动和资本两种可变生产要素来生产一种产品,则两种可变生产要素的长期生产函数可以写成如下形式:

$$Q = f(L, K)$$

其中,L 为可变要素劳动的投入量;K 为可变要素资本的投入量;Q 为产量。

二、等产量曲线

等产量曲线是指在技术水平不变的条件下,生产同一产量的两种生产要素投入量的所有不同组合点的轨迹。

等产量曲线包含以下四个特点:①同一曲线表示相同产量;②等产量曲线越高,产量越大;③任意两条曲线不相交;④凸向原点。

等产量曲线凸向原点的特征是由边际技术替代率递减规律决定的。

三、边际技术替代率及其递减规律

边际技术替代率是指在产量不变的情况下,当某种生产要素增加一单位时,与另一单位生产要素所减少的数量的比率。

在两种生产要素相互替代的过程中,存在一种普遍现象:在维持产量不变的前提下,当一种生产要素的投入量不断增加时,每一单位的这种生产要素所能替代的另一种生产要素的数量是递减的。这一现象被称为边际技术替代率递减规律。

四、规模报酬

规模报酬分析涉及的是企业的生产规模变化与所引起的产量变化之间的关系。企业只有在长期内才可能变动全部生产要素,进而变动生产规模,因此,企业的规模报酬分析属于长期生产理论问题。企业的规模报酬变化可以分为规模报酬递增、规模报酬不变和规模报酬递减三种情况。

规模报酬递增、规模报酬递减和规模报酬不变的具体内容见下表。

表 3-1-15 企业的规模报酬变化

类型	规模报酬递增	规模报酬递减	规模报酬不变
概念	产量增加的比例大于各种生产要素增加的比例,被称为规模报酬递增	产量增加的比例小于各种生产要素增加的比例,被称为规模报酬递减	产量增加的比例等于各种生产要素增加的比例,被称为规模报酬不变
举例	当全部的生产要素劳动和资本都增加 100%时,产量的增加大于 100%	当全部的生产要素劳动和资本都增加 100%时,产量的增加小于 100%	当全部的生产要素劳动和资本都增加 100%时,产量也增加 100%
产生原因	由企业生产规模扩大所带来的生产效率的提高	由于企业生产规模过大,生产的各个方面难以得到协调,从而降低了生产效率	企业生产规模维持现有水平
公式定义	令生产函数 $Q=f(L,K)$,如果 $f(\lambda L,\lambda K)>\lambda f(L,K)$ 且常数 $\lambda>1$,则生产函数 $Q=f(L,K)$ 具有规模报酬递增的性质	令生产函数 $Q=f(L,K)$,如果 $f(\lambda L,\lambda K)<\lambda f(L,K)$ 且常数 $\lambda>1$,则生产函数 $Q=f(L,K)$ 具有规模报酬递减的性质	令生产函数 $Q=f(L,K)$,如果 $f(\lambda L,\lambda K)=\lambda f(L,K)$ 且常数 $\lambda>1$,则生产函数 $Q=f(L,K)$ 具有规模报酬不变的性质

一般说来,在长期生产过程中,企业规模报酬的变化呈现出如下规律:当企业从最初生产规模很小到开始逐步扩大时,企业面临的是规模报酬递增的阶段。在企业得到了由生产规模扩大所带来的产量递增的全部好处以后,一般会继续扩大生产规模,将生产保持在规模报酬不变的阶段,这个阶段有可能比较长。在这之后,企业若继续扩大生产规模,就会进入规模报酬递减的阶段。

第五节　厂商理论

考点详解

考点一　成本的基本概念

视频讲解

一、机会成本

机会成本是指生产者所放弃的使用相同的生产要素在其他生产用途中所能获得的最高收入。

二、显性成本和隐性成本

企业的生产成本可以分为显性成本和隐性成本两个部分。

显性成本即会计成本,指厂商在生产要素市场上购买或租用其所需的生产要素的实际支出。

隐性成本是指应支付给厂商自有的且被用于自己企业生产过程中的那些生产要素的总价格。

三、经济利润和正常利润

经济利润不等于正常利润,二者的区别和联系见下表。

表 3-1-16　经济利润和正常利润的区别和联系

项目	经济利润	正常利润
区别	企业的经济利润指企业的总收益和总成本之间的差额,简称企业的利润,也被称为超额利润	正常利润通常指厂商对自己所提供的企业家才能的报酬支付
联系	从机会成本的角度来看,正常利润属于成本,并且属于隐性成本,因此,经济利润中不包含正常利润	

考点二　成本最小化

一、等成本线

等成本线是在既定的成本和既定的生产要素价格条件下,生产者可以购买到的两种生产要素的各种不同数量组合的轨迹。假定要素市场上既定的工资率(劳动的价格)为 w ,既定的利息率(资本的价格)为 r，厂商既定的成本支出为 C，则成本方程如下：

$$C = wL + rK$$

根据上式可以得到等成本线，具体内容见下图。

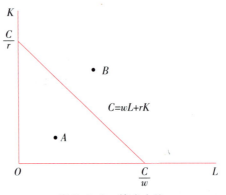

图 3-1-9　等成本线

等成本线以内区域中的任何一点，如 A 点，表示既定的全部成本都用来购买该点的劳动和资本的组合后还有剩余。等成本线以外的区域中的任何一点，如 B 点，表示用既定的全部成本购买该点的劳动和资本的组合是不够的。只有在等成本线上的任何一点，才表示用既定的全部成本能刚好买到的劳动和资本的组合。

二、成本最小化的条件

假定在一定的技术条件下，厂商使用两种可变生产要素劳动和资本生产一种产品，劳动的价格 w 和资本的价格 r 是给定的。如果企业要以最小的成本来生产既定的产量 Q，就要选择最优的劳动投入量和资本投入量的组合。把厂商的等产量曲线和等成本曲线置于同一坐标系中，就可以在确定厂商在既定产量条件下实现最小成本的最优要素组合，即生产的均衡点。其具体内容见下图。

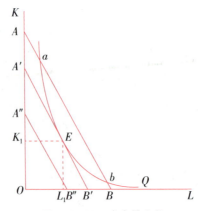

图 3-1-10　成本最小化

图中有一条等产量曲线 Q 和三条等成本线 AB、$A'B'$ 和 $A''B''$。唯一的等产量曲线 Q 代表给定的产量。三条等成本线具有相同的斜率(即两要素的价格是给定的)，但代表三个不同的成本量，其中，等成本线 AB 代表的成本大于等成本线 $A'B'$ 代表的，等成本线 $A'B'$ 代表的

成本大于等成本线 $A''B''$ 代表的。唯一的等产量曲线 Q 与等成本线 $A'B'$ 相切于 E 点,这就是生产的均衡点或最优要素组合点。它表示:在既定的产量条件下,生产者应该选择 E 点的要素组合 (L_1,K_1) 才能实现最小的成本。

这是因为,虽然等成本线 $A''B''$ 代表的成本较低,但它与既定的等产量曲线 Q 既无交点又无切点,它无法实现等产量曲线 Q 所代表的产量。等成本曲线 AB 虽然与既定的等产量曲线 Q 相交于 a、b 两点,但它代表的成本过高,通过沿着等产量曲线 Q 由 a 点向 E 点或者由 b 点向 E 点的移动,都可以获得相同的产量而使成本下降。所以只有在切点 E 的要素组合,才是在既定产量条件下实现最小成本的要素组合。

总之,在均衡点 E,等产量曲线 Q 与等成本线 $A'B'$ 相切。由于等产量曲线的斜率可用边际技术替代率 $MRTS_{LK}$ 表示,等成本线的斜率可用生产要素的相对价格的负值 $-\dfrac{w}{r}$ 来表示,因此,生产均衡点的公式如下:

$$MRTS_{LK} = \frac{w}{r}$$

上式表示厂商应该选择最优的生产要素组合,使得两要素的边际技术替代率等于两要素的价格之比,从而实现既定产量条件下的最小成本。

由于边际技术替代率可以表示为两要素的边际产量之比,所以上式可以写成如下形式:

$$MRTS_{LK} = \frac{MP_L}{MP_K} = \frac{w}{r}$$

或

$$\frac{MP_L}{w} = \frac{MP_K}{r}$$

上式表示为了实现既定产量条件下的最小成本,厂商应该通过对两要素投入量的不断调整,使得花费在每一种要素上的最后一单位的成本支出所带来的边际产量相等。

考点三　短期成本

一、短期成本的基本概念

短期成本的概念、公式及图像见下表。

表 3-1-17　短期成本的概念、公式及图像

类型	概念	公式	图像
总成本 (TC)	厂商在短期内为生产一定数量的产品对全部生产要素所付出的总成本	$TC = TFC + TVC$	

表3-1-17（续）

类型	概念	公式	图像
总不变成本（TFC）	厂商在短期内为生产一定数量的产品,对不变生产要素支付的总成本,如机器、厂房等	—	
总可变成本（TVC）	厂商在短期内为生产一定数量的产品,对可变生产要素所付出的总成本,如厂商对原材料、燃料、辅助材料等	—	
平均总成本（AC）	厂商在短期内平均生产一单位产品所消耗的全部成本	$AC=\dfrac{TC}{Q}=AFC+AVC$	
平均不变成本（AFC）	厂商在短期内平均生产一单位产品所消耗的不变成本	$AFC=\dfrac{TFC}{Q}$	
平均可变成本（AVC）	厂商在短期内平均生产一单位产品所消耗的可变成本	$AVC=\dfrac{TVC}{Q}$	

表3-1-17(续)

类型	概念	公式	图像
边际成本（MC）	厂商在短期内增加一单位产品所引起的总成本的增加量	$MC = \dfrac{\Delta TC}{\Delta Q} = \dfrac{\mathrm{d}TC}{\mathrm{d}Q}$	

二、短期成本变动的决定因素:边际报酬递减规律

边际报酬递减规律是短期生产的一条基本规律,也决定了短期成本曲线的特征。

在边际报酬递减规律作用下的短期边际产量和短期边际成本之间存在着一定的对应关系。这种对应关系可以表述如下:在短期生产中,边际产量的递增阶段对应的是边际成本的递减阶段,边际产量的递减阶段对应的是边际成本的递增阶段,与边际产量的最大值相对应的是边际成本的最小值。因此,在边际报酬递减规律作用下的 MC 曲线表现出先降后升的 U 形特征。

三、短期成本曲线间的关系

为了分析短期成本曲线间的关系,将这些短期成本曲线置于下图中进行分析。

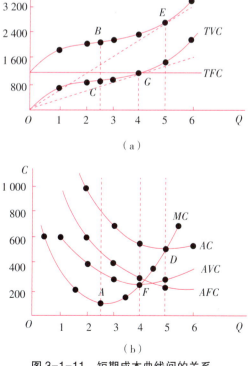

图 3-1-11　短期成本曲线间的关系

1. *TC* 曲线和 *TVC* 曲线的关系

TC 曲线和 *TVC* 曲线的斜率都是相同的,并且,*TC* 曲线和 *TVC* 曲线之间的垂直距离都等于固定的总不变成本 *TFC*。

2. *TC* 曲线、*TVC* 曲线和 *MC* 曲线之间的关系

在每一产量点上的 *MC* 值就是相应的 *TC* 曲线和 *TVC* 曲线的斜率。在边际报酬递减规律的作用下,当 *MC* 曲线逐渐由下降变为上升时,相应地,*TC* 曲线和 *TVC* 曲线的斜率也由递减转为递增。当 *MC* 曲线达到最低点时,*TC* 曲线和 *TVC* 曲线各自存在一个拐点,即 *B* 点和 *C* 点。

3. *AC* 曲线、*AVC* 曲线和 *MC* 曲线之间的关系

第一,*AVC* 曲线、*AC* 曲线与 *MC* 曲线都是先下降而后上升的 U 形曲线,表明了这三种成本随产量的增加而变动的趋势。第二,*MC* 曲线与 *AC* 曲线一定相交,且相交于 *AC* 曲线的最低点。在相交之前,平均成本一直在减少,边际成本小于平均成本;在相交之后,平均成本一直在增加,边际成本大于平均成本;在相交时,平均成本达到最低点,边际成本等于平均成本。第三,*MC* 曲线与 *AVC* 曲线也一定相交于 *AVC* 曲线的最低点。在相交之前,*AVC* 一直在下降,*MC* 小于 *AVC*;在相交之后,平均变动成本一直在增加,边际成本大于平均变动成本;在相交时,平均变动成本达到最低,边际成本等于平均变动成本。

考点四 | 长期成本

一、长期成本的概念

在长期内,厂商的长期成本可以分为长期总成本(*LTC*)、长期平均成本(*LAC*)和长期边际成本(*LMC*)。上述三类长期成本的具体内容见下表。

表 3-1-18　长期成本的概念及公式

类型	概念	公式	图形
长期总成本（*LTC*）	厂商在长期中在每一个产量水平上通过选择最优的生产规模所能达到的最低总成本	$LTC = LTC(Q)$	 长期总成本曲线是无数条短期总成本曲线的包络线。 它表示:当产量为零时,长期总成本为零,之后随着产量的增加,长期总成本是增加的。而且,*LTC* 曲线的斜率先递减,经拐点之后,又变为递增

表3-1-18(续)

类型	概念	公式	图形
长期平均成本（LAC）	厂商在长期内按产量平均计算的最低总成本	$LAC = \dfrac{LTC(Q)}{Q}$	在长期中，厂商可以根据其所要达到的产量来调整生产规模，从而始终处于最低平均成本状态。LAC 曲线又称"包络曲线"，它也是一条先下降后上升的线
长期边际成本（LMC）	厂商在长期内每增加一单位产量所增加的最低总成本	$LMC = \dfrac{\Delta LTC(Q)}{\Delta Q}$	长期边际成本曲线呈 U 形，它与长期平均成本曲线相交于长期平均成本曲线的最低点

长期平均成本曲线呈先降后升的 U 形，长期平均成本曲线的 U 形特征是由长期生产中的规模经济和规模不经济决定的。在企业生产扩张的开始阶段，厂商由于扩大生产规模而使经济效益得到提高，称为规模经济；当生产扩张到一定规模后，厂商继续扩大生产规模会使经济效益下降，称为规模不经济。当产量越多时，其长期平均成本 LAC 会越少；反之，当产量越多时，其 LAC 也越大。一般来说，在企业的生产规模由小到大的扩张过程中，会先后出现规模经济和规模不经济。正是在规模经济和规模不经济的作用下，长期平均成本 LAC 曲线表现出先下降后上升的 U 形特征。

二、导致长期成本降低的主要原因

导致长期成本降低的主要原因如下：

(1)厂商在长期可以选择最优的生产规模进行生产，而在短期会受到既定生产规模的限制。所以，长期生产成本通常低于短期生产成本。

(2)厂商利用规模经济，降低长期生产成本。

(3)如果厂商能幸运地得到外在经济的好处，也能降低长期生产成本。

(4)干中学。干中学是指工人、工程技术人员和生产管理者等从经验中获得生产技能和知识，从而降低长期生产成本。干中学能降低长期的生产成本，被称为学习效应。干中学可以用学习曲线来表示。

经典例题

下列表述不正确的是(　　)。

A. 平均总成本总是大于或等于平均可变成本

B. 平均不变成本不会随产量提高而增加

C. 边际成本下降,平均成本一定下降

D. 长期平均成本总是大于或等于短期平均成本

【答案】D。解析:长期平均成本曲线是无数条短期平均成本曲线的包络线,每条短期平均成本曲线只与长期平均成本曲线相切于一点,在切点以外,短期平均成本曲线都在长期平均成本曲线上方,因而确切地说,除了切点以外,短期平均成本总是大于长期平均成本。

第六节　市场结构

考点详解

考点一　市场类型的划分和特征

市场是物品买卖双方相互作用并得以决定其交易价格和交易数量的一种组织形式或制度安排。

决定市场类型划分的主要因素有以下四个:第一,市场上厂商的数目;第二,厂商所生产的产品的差别程度;第三,单个厂商对市场价格的控制程度;第四,厂商进入或退出一个行业的难易程度。市场类型的划分和特征见下表。

表3-1-19　市场类型的划分和特征

市场类型	厂商数目	产品差异程度	对价格的控制程度	进出一个行业的难易程度	接近哪种商品市场
完全竞争	很多	完全无差别	没有	很容易	一些农产品
垄断竞争	很多	有差别	有一些	比较容易	一些轻工业产品、零售业
寡头	几个	有差别或者无差别	相当程度	比较困难	钢、汽车、石油
垄断	唯一	唯一的产品,且无相近的替代品	很大程度,但经常受到管制	很困难,几乎不可能	公用事业,如水、电

与完全竞争市场相对的是不完全竞争市场。不完全竞争市场是除完全竞争市场以外的所有或多或少带有一定垄断因素的市场,其包括垄断市场、寡头市场和垄断竞争市场。

不完全竞争市场垄断程度比较:垄断市场的垄断程度最高,寡头市场居中,垄断竞争市场最低。

考点二 **完全竞争市场**

一、完全竞争市场的含义及条件

（一）完全竞争市场的含义

完全竞争又称"纯粹竞争"，是指不存在任何阻碍和垄断因素，且完全非个性化的市场结构。

（二）完全竞争市场的条件

完全竞争市场必须具备以下四个条件：

第一，市场上有大量的买者和卖者。

第二，市场上每一个厂商提供的商品都是完全同质的。

第三，所有的资源具有完全的流动性。

第四，信息是完全的。

二、完全竞争厂商的需求曲线和收益曲线

（一）完全竞争市场上的价格

在完全竞争市场上，每一个厂商和每一个消费者都是既定市场价格的接受者，而不是控制者，所以完全竞争市场上的价格是在市场供给和市场需求两种力量的共同作用下形成的。

（二）完全竞争厂商的需求曲线

市场上对某一个厂商的产品的需求状况，可以用该厂商所面临的需求曲线来表示。

在完全竞争市场上，由于厂商是既定市场价格的接受者，所以，完全竞争厂商的需求曲线是一条由既定市场价格水平出发的水平线，见下图。

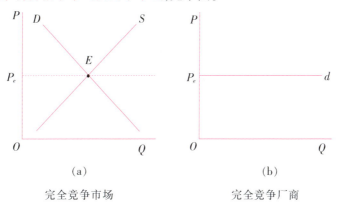

（a）
完全竞争市场　　　　　完全竞争厂商

图 3-1-12　完全竞争市场及完全竞争厂商的需求曲线

图（a）中，市场的需求曲线 D 和供给曲线 S 相交的均衡点 E 所决定的市场的均衡价格为 P_e；相应地，在图（b）中，由给定的价格水平 P_e 出发的水平线 d 就是厂商的需求曲线。水

平的需求曲线意味着<mark>厂商只能被动地接受给定的市场价格,且厂商既不会也没有必要去改变这一价格水平。</mark>

(三)完全竞争市场价格的变动和厂商的需求曲线变动

在完全竞争市场中,完全竞争市场的价格并不是固定不变的。在其他一些因素的影响下,如经济中消费者收入水平的普遍提高,经济中先进技术的推广的作用,使得众多消费者的需求和众多生产者的供给发生变化时,供求曲线的位置就有可能发生移动,从而形成市场的新的均衡价格。厂商的需求曲线可以出自各个不同的市场的均衡价格水平,但它们总是呈水平线的形状,具体见下图。

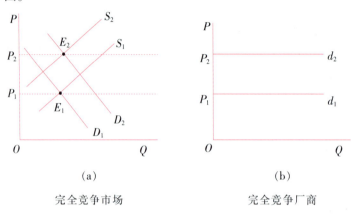

(a)　　　　　　　　　　　(b)

完全竞争市场　　　　　　　完全竞争厂商

图 3-1-13　完全竞争市场及完全竞争厂商的需求曲线的变动

厂商的收益取决于市场上对其产品的需求状况,或者说,厂商的收益取决于厂商的需求曲线的特征。在以后的分析中,我们均假定厂商的销售量等于厂商所面临的需求量。这样,完全竞争厂商的需求曲线又可以表示如下:在每一个销售量上,厂商的销售价格都是固定不变的,因此必有 $AR=MR=P$。

(四)完全竞争厂商的收益曲线

厂商的收益就是厂商的销售收入,可以分为总收益(TR)、平均收益(AR)和边际收益(MR)。具体内容见下表。

表 3-1-20　厂商收益的具体内容

类型	概念	函数形式
总收益	厂商按一定价格出售一定量产品时所获得的全部收入	$TR(Q)=P \cdot Q$
平均收益	厂商在平均每一单位产品销售上所获得的收入	$AR(Q)=\dfrac{TR(Q)}{Q}$
边际收益	厂商增加一单位产品销售所获得的总收入的增量	$MR(Q)=\dfrac{\Delta TR(Q)}{\Delta Q}$

完全竞争厂商的收益曲线见下图。

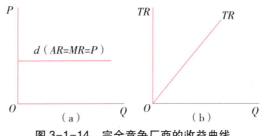

图 3-1-14　完全竞争厂商的收益曲线

厂商面临的需求曲线 d、价格水平线 P、边际收益曲线 MR 以及平均收益曲线 AR 重合。这是因为在厂商的每一个销售量水平都有 $AR=MR=P$，且厂商的需求曲线本身就是一条由既定价格水平出发的水平线。此外，完全竞争厂商的总收益 TR 曲线是一条由原点出发的斜率不变的上升的直线。这是因为在每一个销售量水平，MR 值是 TR 曲线的斜率，且 MR 值等于固定不变的价格水平。

（五）厂商实现利润最大化的均衡条件

完全竞争厂商在短期生产中，可能出现以下几种情况，具体内容见下表。

表 3-1-21　完全竞争厂商短期生产的具体内容

类型	内容
$MR>SMC$	厂商增加一单位产量所带来的总收益的增加量大于所付出的总成本的增加量，厂商增加产量是有利的，可以增加利润，因此厂商会增加产量直至 $MR=SMC$
$MR<SMC$	厂商增加一单位产量所带来的总收益的增加量小于所付出的总成本的增加量，厂商增加产量是不利的，会减少利润，因此厂商会减少产量直至 $MR=SMC$
$MR=SMC$	厂商增加一单位产量所带来的总收益的增加量等于所付出的总成本的增加量，此时厂商的利润水平达到最高水平

在完全竞争厂商的短期生产中，市场的价格和生产规模都是给定的。因此，在短期内，厂商在给定的生产规模下，通过对产量的调整来实现 $MR=SMC$ 的利润最大化的均衡条件。

考点三　完全垄断市场

一、完全垄断市场的含义及条件

视频讲解

（一）完全垄断市场的含义

垄断市场是指整个行业中只有唯一的一个厂商的市场组织。

（二）完全垄断市场的条件

垄断市场的条件主要有以下三点：第一，市场上只有唯一的一个厂商生产和销售商品；第二，该厂商生产和销售的商品没有任何相近的替代品；第三，其他任何厂商进入该行业都极为困难或不可能。在这样的市场中，排除了任何的竞争因素，独家垄断厂商控制了整个行业的生产和市场的销售，所以，垄断厂商可以控制和操纵市场价格。

（三）垄断形成的原因

形成垄断的原因主要有以下几个：

第一，独家厂商控制了生产某种商品的全部资源或基本资源的供给。

第二，自然垄断。某些产品的生产必须在一个很大规模上才能有效益，以至于只需一家这样的厂商生产就可以满足整个市场的需求。

第三，政府特许。

第四，发明和创新。厂商独家拥有生产某项商品的专利权或专有技术。

二、完全垄断市场的需求曲线和收益曲线

（一）完全垄断市场的需求曲线

垄断市场中只有一个厂商，所以市场的需求曲线就是垄断厂商所面临的需求曲线，它是一条向右下方倾斜的曲线，见下图。

图 3-1-15　完全垄断市场的需求曲线

假定厂商的销售量等于市场的需求量，则向右下方倾斜的垄断厂商的需求曲线表示：垄断厂商可以通过改变销售量来控制市场价格，而且，垄断厂商的销售量与市场价格呈反方向变动。

（二）完全垄断市场的收益曲线

完全垄断市场的收益曲线即价格递减时的收益曲线。

厂商面临的需求状况直接影响厂商的收益，这便意味着厂商的需求曲线的特征将决定厂商的收益曲线的特征。垄断厂商的需求曲线是向右下方倾斜的，其相应的平均收益曲线 AR、边际收益曲线 MR 和总收益曲线 TR 的一般特征见右图。

第一，由于厂商的平均收益总是等于商品的价格，所以，在图（a）中，垄断厂商的 AR 曲线和垄断厂商的需求曲线 d 重叠，是同一条向右下方倾斜的曲线。

第二，由于 AR 曲线是向右下方倾斜的，则根据平均量和边际量之间的相互关系

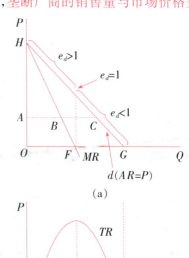

图 3-1-16　完全垄断市场的需求曲线和收益曲线

可以推知,垄断厂商的边际收益总是小于平均收益。因此,图(a)中 MR 曲线位于 AR 曲线的左下方,且 MR 曲线也向右下方倾斜。

第三,每一销售量上的边际收益值就是相应的总收益曲线的斜率。

第四,垄断厂商的需求曲线 d 可以是直线型的,也可以是曲线型的。当垄断厂商的需求曲线 d 为直线型时,d 曲线和 MR 曲线的纵截距是相等的,且 MR 曲线的横截距是 d 曲线横截距的一半,即 MR 曲线平分由纵轴到需求曲线 d 的任何一条水平线〔如图(a)中有 $AB = BC$,$OF = FG$,等等〕。

考点四　垄断竞争市场

一、垄断竞争市场的含义及条件

(一)垄断竞争市场的含义

垄断竞争市场是一个市场中有许多厂商生产和销售有差别的同种产品的市场组织。

(二)垄断竞争市场的条件

垄断竞争市场的条件主要有以下三个:

第一,产品差异性。产品差异性包括产品在原料、包装、服务、厂商的信誉等因素上的不同或者消费者偏爱心理的不同。

第二,一个生产集团中的企业数量非常多,以至于每个厂商都认为自己的行为影响很小,不会引起竞争对手的注意和反应,因而自己也不会受到竞争对手任何报复措施的影响。

第三,厂商的生产规模比较小,因此,进入和退出一个生产集团比较容易。

二、垄断竞争厂商的需求曲线

垄断竞争厂商向右下方倾斜的需求曲线是比较平坦的,比较接近完全竞争厂商的水平形状需求曲线。

垄断竞争厂商所面临的需求曲线有两种,它们通常被区分为 D 需求曲线和 d 需求曲线。垄断竞争厂商的需求曲线见下图。

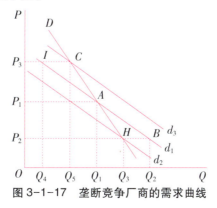

图 3-1-17　垄断竞争厂商的需求曲线

d 需求曲线表示:当垄断竞争生产集团内的某个厂商改变产品价格,而其他厂商的产品价格都保持不变时,该厂商的产品价格和销售量之间的关系。d 需求曲线可视为垄断竞争厂商的主观需求曲线或预期需求曲线。

D 需求曲线表示:在垄断竞争生产集团内的某个厂商改变产品价格,而且集团内的其他所有厂商也使产品价格发生相同变化时,该厂商的产品价格和销售量之间的关系。D 需求曲线可视为垄断竞争厂商的份额需求曲线,或实际需求曲线。

综上所述,关于 d 需求曲线和 D 需求曲线的一般关系如下:①当垄断竞争生产集团内的所有厂商都以相同方式改变产品价格时,整个市场价格的变化会使得单个垄断竞争厂商的 d 需求曲线的位置沿着 D 需求曲线发生平移;②由于 d 需求曲线表示单个垄断竞争厂商单独改变价格时所预期的产品销售量,D 需求曲线表示每个垄断竞争厂商在每一市场价格水平实际所面临的市场需求量,所以,d 需求曲线和 D 需求曲线相交意味着垄断竞争市场的供求相等状态;③d 需求曲线的弹性大于 D 需求曲线,即前者较后者更平坦一些。

考点五 | 寡头垄断市场

一、寡头垄断市场的含义

寡头市场又称"寡头垄断市场",它是指少数几家厂商控制整个市场产品的生产和销售的一种市场组织。

二、寡头垄断市场的条件

寡头垄断市场的条件主要有以下四点:
第一,在行业中,只有很少几个企业进行生产。
第二,它们所生产的产品有一定的差别或者完全无差别。
第三,寡头垄断厂商对价格有很大程度的控制。
第四,厂商进出市场困难。

三、形成寡头垄断市场的主要原因

形成寡头垄断市场的主要原因有以下几点:①某些产品的生产必须在相当大的生产规模上运行才能达到最好的经济效益;②行业中少数几家企业对生产所需的基本生产资源的供给的控制;③政府的扶植和支持等。

第七节 市场失灵

在现实资本主义经济中,"看不见的手"的原理一般来说并不成立,帕累托最优状态通常不能实现。或者说,现实的资本主义市场机制在很多场合不能进行资源的有效配置。这种情况即"市场失灵"。市场失灵主要包括不完全竞争、外部影响、公共产品、不完全信息等情况。

考点一 不完全竞争

使资源配置达到帕累托最优状态的必要条件之一是完全竞争,因此,在如垄断、寡头和垄断竞争等不完全竞争的情况下,市场就会失灵。

视频讲解

一、垄断与低效率

在实际中,只要市场不是完全竞争的,只要厂商的需求曲线不是一条水平线,而是向右下方倾斜,那么厂商的利润最大化原则就是边际收益等于边际成本,而不是价格等于边际成本。当价格大于边际成本时,就出现了低效率的资源配置状态。而由于协议的各种困难,潜在的帕累托改进难以实现,于是整个经济便偏离了帕累托最优状态,均衡处于低效率之中。

二、政府对垄断的干预

垄断常常导致资源配置缺乏效率。此外,垄断利润通常也被看成是不公平的。这就有必要对垄断进行政府干预。

考点二 外部影响

一、外部影响的概念

外部影响是指某一个经济主体的经济行为对社会上其他人的福利造成了影响,但其并没有为此而承担后果。

二、外部影响的分类

外部影响分为"外部经济"和"外部不经济"。

(1)"外部经济"是指某个人的一项经济活动会给社会上其他成员带来好处,但他自己却不能因此得到补偿,即个人从其经济活动中得到的利益(即"私人利益")小于该活动带来的全部利益(即"社会利益",包括这个人和其他所有人得到的利益)。

(2)"外部不经济"是指某个人的一项经济活动会给社会上其他成员带来危害,但他自己却并不为此而支付足够抵偿这种危害的成本。

三、外部影响造成的后果

各种形式的外部影响的存在造成了一个严重后果:完全竞争条件下的资源配置将偏离帕累托最优状态。换句话说,即使假定整个经济仍然是完全竞争的,但由于存在外部影响,整个经济的资源配置也不可能达到帕累托最优状态。"看不见的手"在外部影响面前失去了作用。

四、外部影响的对策

为了纠正外部影响所造成的资源配置不当,西方微观经济学理论提出如下政策建议:①使用税收和津贴对造成外部影响的企业进行征税和补贴;②使用企业合并的方法,使外部影响"内部化";③规定财产权,使私人成本与社会成本相当。

考点三 私人物品、公共物品和公共资源

视频讲解

一、私人物品

私人物品是指在普通的市场上常见的物品。例如用于吃的水果、用于穿的衣服以及火车上的座位等。

私人物品具有两个鲜明的特点:

(1)排他性:只有支付商品价格的人才能够使用该商品。

(2)竞争性:如果某人已经使用了某个商品,那么其他人就不能同时使用该商品。

市场机制只有在具备排他性和竞争性两个特点的私人物品的场合才能真正起作用,才有效率。

二、公共物品和公共资源

公共物品是指国防这一类既不具有排他性也不具有竞争性的物品。公共资源是指不具有排他性但具有竞争性的物品,如海鱼。公共物品的特点是非竞争性和非排他性。

考点四 信息的不完全和不对称

信息不对称是指市场上买卖双方掌握的信息量不一样的一种情况。信息不对称的存在会导致逆向选择和道德风险等问题。

视频讲解

一、逆向选择

由于买方和卖方之间信息不对称,市场机制会导致某些商品或服务的需求曲线向左下方弯曲,最终结果是劣质商品或服务驱逐优质商品或服务,以致市场萎缩甚至消失。

二、道德风险

由于信息不对称,市场一方不能观察另一方的行动,另一方就可能采取不利于对方的行动。

信息不完全和不对称在不同的市场上会导致不同的市场失灵问题。在商品市场上,信息不完全和不对称会导致"逆向选择"问题,在保险市场上,则表现为"道德风险"。道德风险问题出现的原因在于隐藏行为或隐藏知识。

经典例题

道德风险问题出现的原因在于( )。

A. 隐藏形态(参与者的形态无法观测)　　B. 隐藏行为(参与者的行为无法观测)

C. 完全信息　　　　　　　　　　　　　D. 以上都不对

【答案】B。解析:道德风险问题出现的原因在于隐藏行为或隐藏知识。

第八节　国民收入核算理论

考 点 详 解

考 点 一　国内生产总值及核算方法

国民收入核算研究的是计量整个社会经济活动的一套方法。核算国民经济活动的核心指标是国内生产总值。

一、国内生产总值概述

(一)国内生产总值的概念

国内生产总值(Gross Domestic Product,简称 GDP)是指经济社会(即一国或一地区)在一定时期内运用生产要素所生产的全部最终产品(物品和劳务)的市场价值。

GDP 的概念可以从以下几个方面进行理解:

(1)GDP 是一国范围内生产的最终产品的市场价值,这里它是一个地域概念。

(2)GDP 是一个市场价值的概念。各种最终产品的价值都是用货币衡量的。

(3)GDP 测度的是最终产品的价值,中间产品价值不计入 GDP。

(4)GDP 是一定时期内所生产而不是所售卖掉的最终产品的价值。

(5)GDP 是计算期内生产的最终产品价值,因而是流量,不是存量。

(6)GDP 一般指市场活动导致的价值,只有进入市场流通活动的产品与劳务才能计入 GDP。

(二)国内生产总值的缺陷

以 GDP 作为核算国民经济活动的核心指标也是有局限性的。GDP 指标的缺陷有以下几点:

(1)不能反映社会成本。

(2)不能反映经济增长方式付出的代价。

(3)不能反映经济增长的效率和效益。

(4)不能反映人们的生活质量。

(5)不能反映社会收入和财富分配的状况。

最终产品是指在计算期间生产的但不重复出售而是最终使用的产品。例如,企业购置的用来生产的机器设备、企业年终时的产品库存。计算最终产品的价值是为了避免重复计算。

流量是一定时期内发生的变量;存量是一定时点上存在的变量。

非市场的生产活动理论上虽然也创造了价值或增加了福利,但实际上没有也不可能计入 GDP。

二、核算 GDP 的两种常用方法

视频讲解

GDP 的核算方法主要有支出法和收入法两种。

(一)支出法核算 GDP

用支出法核算 GDP,就是通过核算在一定时期内整个社会购买最终产品的总支出,即最终产品的总卖价来计量 GDP。用支出法核算 GDP,就是核算经济社会(指一个国家或一个地区)在一定时期内消费、投资、政府购买以及净出口这几方面支出的总和。

1. 消费

消费(Consume,用 C 表示),主要有以下内容:

(1)耐用消费品(使用期限在 1 年以上):如家具、汽车等不易消耗掉的商品。

(2)非耐用消费品:如卫生纸、笔墨等非常容易消耗掉的商品。

(3)劳务:如医疗、旅游等。

2. 投资

投资(Investment,用 I 表示),具体内容如下:

(1)固定资产投资。固定资产投资主要包括以下两个方面:企业固定资产投资,如厂房、设备;住宅投资,如居民购买新建住房。

(2)存货投资。本期存货投资=本期期末存货−上期期末存货,所以存货投资可为正也可为负。

(3)净投资与重置投资。净投资即新增加的投资。重置投资是指由于厂房、机器的磨损,需用折旧费重新购置被磨损掉的机器设备等,即用折旧费进行的投资。重置投资的多少取决于原有资本存量的数量、构成与寿命等情况,它不会导致原有资本存量的增加。

根据以上表述,可以得到以下公式:

总投资=净投资+重置投资=固定资产投资+存货投资

3. 政府支出

政府支出的第一项就是政府购买支出(Goverment Purchase,用 G 表示)。政府购买支出是指对各级政府购买物品和劳务的支出。政府购买支出主要指政府兴办公共工程的开支,比如架桥、修路、建机场、修水坝等。另外,政府机构的建立、维持和运营的费用也进入这一项。所以政府支出的大头就是政府购买支出。

政府支出的第二项是转移支付(Transfer Payment,简称 TR),转移支付中的一个项目是政府救济金,不需要提供任何劳务,因而就要被排除在 GDP 的计算之外。

根据以上表述,可以得到以下公式:

政府支出＝政府购买支出＋转移支付

4. 净出口

净出口是指进出口的差额。出口用 X 表示，进口用 M 表示。净出口（Net Export，用 NX 表示），表示为 $X-M$。净出口可能是正值，也可能是负值。

综上所述，支出法计算公式如下：

国内生产总值＝消费支出＋投资支出＋政府购买支出＋净出口

简要表示如下：

$$GDP = C+I+G+(X-M)$$

(二)收入法核算 GDP

总产出是由生产过程中投入的生产要素所创造的，需要向这些生产要素支付报酬，这些报酬就成为生产要素所有者的收入。把利润看成产品卖价扣除工资、利息、地租等成本支出后的余额，即利润是收入的一部分，因此，产出＝收入。此外，产出等于支出，则总产出＝总收入＝总支出。收入法是把生产要素在生产中所得到的各种收入加总来计量 GDP。由于要素的收入从企业角度看即产品的成本（包括企业利润），所以这种方法又称成本法。

收入法核算 GDP 需要核算以下几个方面的内容：

（1）工资、利息、租金等生产要素的报酬。

（2）非公司企业收入。

（3）公司税前利润。

（4）企业转移支付和企业间接税。

（5）资本折旧。

综上所述，GDP＝工资＋利息＋利润＋租金＋间接税和企业转移支付＋折旧。

考点二　国民收入的其他衡量指标

一、衡量国民收入的经济指标

国民生产总值、国民生产净值、国民收入、个人收入和个人可支配收入是国民收入的衡量指标，其概念和相互关系见下表。

表 3-1-22　衡量国民收入的经济指标

国民收入的衡量指标	概念和相互关系
国民生产总值（GNP）	国民生产总值，简称 GNP，是指一个国家（地区）所有常住机构单位在一定时期内（年或季）收入初次分配的最终成果，是一定时期内本国的生产要素所有者所占有的最终产品和服务的总价值。GNP 等于国内生产总值加上来自国外的净要素收入
国民生产净值（NNP）	国民生产净值一般以市场价格计算，它等于国民生产总值减去固定资产折旧后的余额，用公式表示如下： NNP＝GNP－资本折旧

表3-1-22（续）

国民收入的衡量指标	概念和相互关系
国内生产净值 （NDP）	国内生产净值是一个国家（地区）所有常住单位在一定时期内运用生产要素净生产的全部最终产品（包括物品和劳务）的市场价值，用公式表示如下： NDP＝GDP－资本折旧
国民收入 （NI）	国民收入指按生产要素报酬计算的国民收入，用公式表示如下： NI＝NDP－间接税－转移支付＋政府补助金
个人收入 （PI）	生产要素报酬意义上的国民收入并不会全部成为个人的收入，用公式表示如下： PI＝NI－公司未分配利润－公司所得税及社会保险税（费）＋政府给个人的转移支付
个人可支配收入 （DPI）	税后的个人收入才是个人可支配收入，用公式表示如下： DPI＝PI－个人所得税

二、国内生产总值与国民生产总值的关系

GDP 和 GNP 是两个不同的概念，二者的联系和区别见下表。

表3-1-23　国内生产总值与国民生产总值的关系

GDP 和 GNP 的区别	（1）GDP 和 GNP 统计标准不同。GDP 以地理上的国境为统计标准，其人口包括居住在本国的本国公民，居住在本国的外国公民，不包括居住在外国的本国居民。GDP 是指本国与外国居民在国内或本国领土上生产的最终产品的市场价值。GNP 以本国公民为统计标准。本国居民包括居住在本国的本国公民、暂居外国的本国公民，不包括居住在本国的外国公民。GNP 的一部分可以来自国外 （2）如果某国的 GNP>GDP，表明该国公民从外国获得的收入>外国公民从该国获得的收入
GDP 和 GNP 的联系	GNP＝GDP＋（本国公民在国外的资本和劳务收入－外国公民在本国的资本和劳务收入）＝GDP＋本国国外要素收入净额

经典例题

一国的国内生产总值大于国民生产总值,则该国公民从国外取得的收入（　　）外国公民从该国取得的收入。

A. 大于　　　　　　　　　　　　　　B. 小于

C. 等于　　　　　　　　　　　　　　D. 不能确定

【答案】B。解析：国民生产总值（GNP）＝国内生产总值（GDP）＋国外要素支付净额，即 GDP－GNP＝外国居民在本国创造的市场价值－本国居民在外国创造的市场价值。如果一国的国内生产总值大于国民生产总值，则说明该国公民从外国获得的收入小于外国公民从该国获得的收入。

考点三　国民收入的基本公式

由上述国民收入构成的基本公式，可以得到对分析宏观经济行为十分重要的一个命题，即储蓄－投资恒等式。国民收入核算恒等式的具体内容见下表。

表3-1-24　国民收入核算恒等式

部门	核算恒等式
两部门	两部门指一个假设的经济社会,其中只有消费者(家户)和企业(即厂商) 支出法: $$Y = C + I$$ 收入法: $$Y = C + S$$ 则两部门经济中,国民收入构成的基本公式可写成: $$C + I = C + S$$ 公式两边消去 C,得: $$I = S$$ 这就是储蓄-投资恒等式,即两部门经济的国民收入核算恒等式 这种恒等关系就是两部门经济中的总供给 $(C+S)$ 和总需求 $(C+I)$ 的恒等关系
三部门	在居民户和企业之外,再加上政府部门的经济活动就构成了三部门经济 支出法: $$Y = C + I + G$$ 收入法: $$Y = C + S + T$$ 三部门经济中,国民收入构成的基本公式可写成: $$C + I + G = C + S + T$$ 公式两边消去 C,得: $$I + G = S + T \text{ 或 } I = S + (T - G)$$ 上式就是储蓄-投资恒等式,即三部门经济的国民收入核算恒等式 $(T-G)$ 可看作政府储蓄,因为 T 是政府净收入,G 是政府购买性支出,二者差额即政府储蓄。政府储蓄可能是正值,也可能是负值
四部门	上述三部门经济加上一个国外部门就构成了四部门经济 支出法: $$Y = C + I + G + (X - M)$$ 收入法: $$Y = C + S + T + K_r$$ 其中,K_r 代表本国居民对外国人的转移支付 四部门经济中,国民收入构成的基本公式可写成: $$C + I + G + (X - M) = C + S + T + K_r$$ 公式两边消去 C,得: $$I + G + (X - M) = S + T + K_r \text{ 或 } I = S + (T - G) + (M - X + K_r)$$ 上式就是储蓄-投资恒等式,即四部门经济的国民收入核算恒等式。其中,S 代表居民私人储蓄,$(T-G)$ 代表政府储蓄,而 $(M-X+K_r)$ 则可代表外国对本国的储蓄。当 $(M+K_r) > X$ 时,外国对本国的收入大于支出,于是就有了储蓄;反之,则有负储蓄

考点四　失业和物价水平的衡量

一、失业的衡量

失业率是衡量宏观经济运行状况的另一个重要指标,失业是指有劳动能力的人想工作而找不到工作的社会现象。就业者和失业者的总和就是劳动力。失业者占劳动力的百分比称为失业率,用公式表示如下:

$$劳动力 = 就业人数 + 失业人数$$

$$失业率 = \frac{失业人数}{劳动力数量} \times 100\%$$

二、物价水平的衡量

通货膨胀是衡量宏观经济运行状况的又一大重要指标,它是指物价总水平的上升。物价总水平是指所有商品和劳务交易价格总额的加权平均数值,这个加权平均数值就是价格指数。

衡量通货膨胀的价格指数一般有三种:

(1)消费者价格指数(CPI),又称生活费用价格指数,指通过计算城市居民日常消费的生活用品和劳务的价格水平变动而得到的指数,其计算公式如下:

$$CPI = \frac{现期价格指数}{基期价格指数} \times 100\%$$

(2)生产者价格指数(PPI),指通过计算生产者在生产过程中所有阶段所获得的产品的价格水平变动而得到的指数。

(3)国内生产总值的价格指数,即国内生产总值折算指数(GDP折算指数)。该指数用来修正名义GDP数值,从中去掉通货膨胀,其统计计算对象包括所有计入GDP的最终产品和劳务,因此能够全面反映一般物价水平的变动。

CPI和GDP折算指数的区别如下:

(1)GDP折算指数衡量生产的全部最终产品与劳务的价格,而CPI衡量的是消费品价格水平,因而生产性物品(原材料等)价格上升会影响GDP折算指数,但不直接影响CPI。

(2)GDP折算指数只包括国内产品价格,进口产品价格不反映在其中,但进口产品价格的变动会影响CPI,因为居民也会购买进口消费品。

(3)CPI给各种价格分配固定权重,以便不同时期的对比分析,但GDP折算指数为各种产品价格分配的权重是变动的。

经典例题

【2019·单选】关于CPI和GDP折算指数,以下说法正确的是(　　)。

A. 投资品价格变化反映在CPI指数上

B. 进口品价格下降会直接导致GDP折算指数下降

C. 当不同商品的价格的变化幅度不同时,CPI会高估生活成本的变化

D. GDP折算指数是由固定基期商品篮子计算出来的

【答案】C。解析:CPI指数是通过计算居民日常消费的生活用品和劳务用品的价格变动而得到的指数,与投资品价格无关,故A项错误。进口品价格下降,不会影响GDP折算指数的变化,故B项错误。GDP折算指数是名义GDP和实际GDP的比率,故D项错误。

第九节　简单国民收入决定理论

| 考点一 | 均衡产出 |

仅包括产品市场的国民收入决定理论被称为简单的国民收入决定理论,即国民收入决定的收入-支出模型。

一、相关假设

说明一个国家的生产或收入如何决定,要从分析最简单的经济关系开始。先作以下假设:

(1)所分析的经济中只有居民和厂商,即二部门经济。

(2)不论需求量多少,经济社会总能以不变的价格提供相应的供给量。

二、均衡产出的概念

在二部门经济中,总需求由居民消费和企业投资构成,则均衡产出公式如下:

$$y = c + i$$

其中,y、c、i分别指剔除了价格变动的实际产出或收入、实际消费和实际投资。

均衡产出是和总需求相一致的产出,也就是经济社会的收入正好等于全体居民和企业想要有的支出。经济社会如要处于均衡发展水平上,必须使总实际收入水平引起一个相等的计划支出量。当产出大于需求时,非意愿存货投资(非计划存货投资)就会存在。

以E代表支出,y代表收入,则经济均衡的条件是$E = y$。

三、投资等于储蓄

均衡产出或收入的条件是$E = y$,也可用$i = s$表示,因为这里的计划支出等于计划消费加投资,即$E = c + i$,而生产创造的收入等于计划消费加计划储蓄,即$y = c + s$,因此$E = y$也就是$c + i = c + s$,等式两边消去c,表示如下:

$$i = s$$

这里的投资等于储蓄,是指经济要达到均衡,计划投资必须等于计划储蓄。而国民收入核算中的 $i=s$,则指实际发生的投资始终等于储蓄。前者为均衡的条件,即计划投资不一定等于计划储蓄,只有二者相等时,收入才处于均衡状态;而后者所指的实际投资和实际储蓄是根据定义而得到的实际数字,从而必然相等。

考点二 凯恩斯的消费理论

一、消费函数

(一)消费函数概述

关于收入和消费的关系,凯恩斯认为,存在一条基本心理规律:随着收入的增加,消费也会增加,但是消费的增加不及收入增加多,消费和收入的这种关系被称作消费函数或消费倾向,用公式表示如下:

$$c=c(y)$$

(二)边际消费倾向与平均消费倾向

增加的消费与增加的收入比例,即增加 1 单位收入中用于增加消费部分的比率,称为边际消费倾向(MPC),用公式表示如下:

$$MPC=\frac{\Delta c}{\Delta y}或\beta=\frac{\Delta c}{\Delta y}$$

任一收入水平上消费支出在收入中的比率,称为平均消费倾向(APC),用公式表示如下:

$$APC=\frac{c}{y}$$

边际消费倾向总是大于 0 而小于 1,但平均消费倾向则可能大于、等于或小于 1,因为消费可能大于、等于或小于收入。

如果消费和收入之间存在线性关系,则边际消费倾向为一常数,这时消费函数可用下列方程表示:

$$c=\alpha+\beta y$$

其中,α 为必不可少的自发消费部分,β 为边际消费倾向,$0<\beta<1$;βy 表示收入引致的消费。

二、储蓄函数

(一)储蓄函数概述

储蓄是收入中未被消费的部分,因为消费随收入增加而增加的比率是递减的,可知储蓄随收入增加而增加的比率递增。储蓄与收入的这种关系就是储蓄函数,用公式表示如下:

$$s=s(y)$$

(二)边际储蓄倾向与平均储蓄倾向

储蓄曲线上任一点的斜率是边际储蓄倾向(MPS),它是该点上的储蓄增量对收入增量

的比率,用公式表示如下:

$$MPS = \frac{\Delta s}{\Delta y}$$

储蓄曲线上任一点与原点相连而成射线的斜率,即平均储蓄倾向(APS),它是任一收入水平上储蓄在收入中所占的比率,用公式表示如下:

$$APS = \frac{s}{y}$$

如果储蓄和收入之间存在线性关系,由于$s=y-c$,且$c=\alpha+\beta y$,那么有以下公式:

$$s=y-c=y-(\alpha+\beta y)=-\alpha+(1-\beta)y$$

三、消费函数和储蓄函数的关系

由于储蓄被定义为收入和消费之差,因此二者存在如下关系:

(1)消费函数和储蓄函数互为补数。

(2)若APC和MPC都随收入增加而递减,但$APC>MPC$,则APS和MPS都随收入增加而递增,但$APS<MPS$。

(3)APS和APC之和恒等于1,MPS和MPC之和也恒等于1。

考点三 不同部门经济中国民收入的决定

不同部门的经济中,均衡收入有所不同,具体内容见下表。

表3-1-25 不同部门经济中国民收入的决定

部门	推导过程		均衡收入
两部门	使用总支出等于总收入(总供给)的方法决定均衡收入: $$\begin{cases}y=c+i\\c=\alpha+\beta y\end{cases}$$	使用计划投资等于计划储蓄的方法求得均衡收入: $$\begin{cases}i=s=y-c\\s=-\alpha+(1-\beta)y\end{cases}$$	$$y=\frac{\alpha+i}{1-\beta}$$
三部门	$y=c+i+g=\alpha+\beta(y-t)+i+g$ 其中,g表示政府购买支出,t表示税收		$$y=\frac{\alpha+i+g-\beta t}{1-\beta}$$
四部门	$y=c+i+g+x-m$ $c=\alpha+\beta y_d$ $y_d=y-t+t_r$ $t=\bar{t}$ $i=\bar{i}$ $g=\bar{g}$ $t_r=\bar{t}_r$ $x=\bar{x}$ $m=m_0+\gamma y$ 其中,x表示出口,m表示进口,y_d表示可支配收入,t_r表示政府转移支付,m_0表示自发性进口,γ表示边际进口倾向		$$y=\frac{\alpha+\bar{i}+\bar{g}-\beta\bar{t}+\beta\bar{t}_r+\bar{x}-m_0}{1-\beta+\gamma}$$

考点四／**乘数理论**

乘数又称倍数,是指支出的自发变化(自变量)所引起的国民收入变化的倍数,用 k 表示。

视频讲解

$$支出乘数(k) = \frac{国民收入的变化}{支出的变化} = \frac{\Delta y}{\Delta x}$$

不同部门的经济中,乘数也有所不同,各乘数的概念及公式见下表。

表 3-1-26　各乘数的概念及公式

部门	乘数	概念	公式
两部门	投资乘数	投资乘数指收入的变化与带来这种变化的投资支出的变化的比率	Δi 表示投资变动,Δy 表示收入变动,k_i 表示投资乘数,则: $$k_i = \frac{\Delta y}{\Delta i} = \frac{1}{1 - \beta}$$ 或　$$k_i = \frac{1}{1 - MPC} = \frac{1}{MPS}$$ 其中,MPC 代表边际消费倾向;MPS 代表边际储蓄倾向
三部门	政府购买支出乘数	政府购买支出乘数,是指收入变动与引起这种变动的政府购买支出变动的比率	Δg 表示政府购买支出变动,Δy 表示收入变动,k_g 表示政府(购买)支出乘数,则: $$k_g = \frac{\Delta y}{\Delta g} = \frac{1}{1 - \beta}$$
	税收乘数	税收乘数指收入变动与引起这种变动的税收变动的比率。这里仅说明税收绝对量变动对总收入的影响,即定量税对总收入的影响	Δt 表示税收变动,Δy 表示收入变动,k_t 表示税收乘数,则: $$k_t = \frac{\Delta y}{\Delta t} = \frac{-\beta}{1 - \beta}$$
	政府转移支付乘数	政府转移支付乘数指收入变动与引起这种变动的政府转移支付变动的比率	Δt_r 表示政府转移支付变动,Δy 表示收入变动,k_{t_r} 表示政府转移支付乘数,则: $$k_{t_r} = \frac{\Delta y}{\Delta t_r} = \frac{\beta}{1 - \beta}$$
	平衡预算乘数	平衡预算乘数指政府收入和支出同时以相等数量增加或减少时国民收入变动与政府收支变动的比率	k_b 表示平衡预算乘数,则: $$k_b = \frac{\Delta y}{\Delta g} = \frac{\Delta y}{\Delta t} = \frac{1 - \beta}{1 - \beta} = 1$$
四部门	对外贸易乘数	对外贸易乘数表示出口增加 1 单位引起国民收入变动多少	对外贸易乘数如下: $$\frac{\mathrm{d}y}{\mathrm{d}\bar{x}} = \frac{1}{1 - \beta + \gamma}$$

经典例题

如果边际储蓄倾向为0.4,投资支出增加60亿元,均衡收入GDP增加(　　)亿元。

A. 24　　　　　　　　　　　　B. 60

C. 150　　　　　　　　　　　　D. 200

【答案】C。解析:产出变化＝投资乘数×投资变化,投资乘数＝1÷(1−边际消费倾向)＝1÷边际储蓄倾向,所以,均衡收入GDP增加＝1÷0.4×60＝150(亿元)。

第十节　产品市场与货币市场的一般均衡

考点详解

考点一　产品市场的一般均衡

一、投资理论

(一)投资概述

1. 投资的概念

视频讲解

投资是建设新企业,购买设备、厂房等各种生产要素的支出以及存货的增加,其中主要指厂房和设备,投资就是资本的形成。

在西方国家,人们购买证券、土地和其他财产,都被说成投资,但在经济学中,这些都不能算是投资,而只是资产权的转移。

经典例题

在宏观经济学中,购买股票和债券不算投资。　　　　　　　　　　　　　　(　　)

【答案】√。解析:在宏观经济学中,投资是指一个国家或地区一定时期内社会资本的形成和增加。社会资本是指一个国家或地区某一时期以厂房、机器、设备和存货形式存在的那部分资产的价值,它们是生产新产品、创造新价值的物质条件。在宏观经济学中,股票和债券不算作投资。

2. 影响投资的因素

影响投资的因素有很多,主要的因素有实际利率水平、预期收益率和投资风险等。

(二)投资函数和投资需求曲线

凯恩斯认为,决定投资的首要因素是实际利率。实际利率等于名义利率减通货膨胀率。投资与利率之间的这种关系就称为投资函数,记作 $i=i(r)$。

投资函数一般可写成以下公式:

$$i=i(r)=e-dr$$

其中,e 为自主投资;d 为利率对投资需求的影响系数,或投资需求对利率变动的反应程度;r 为实际利率,即名义利率与通货膨胀率的差额;$-dr$ 是投资需求中与利率有关的部分,又称为引致投资。

二、IS 曲线

(一)IS 曲线及其推导

两部门经济中的均衡条件是总需求等于总供给,即 $i=s$。

假定消费函数为 $c=\alpha+\beta y$,则两部门经济中均衡收入决定的公式如下:

$$y=\frac{\alpha+i}{1-\beta}$$

在这里,投资(i)作为外生变量参与均衡收入决定。现在把投资作为利率的函数,即 $i=e-dr$,则均衡收入的公式表示如下:

$$y=\frac{\alpha+e-dr}{1-\beta}$$

经变形,可得 IS 曲线的代数表达式:

$$r=\frac{\alpha+e}{d}-\frac{1-\beta}{d}y$$

同理,三部门经济中的 IS 曲线方程如下:

$$r=\frac{\alpha+e+g-\beta t}{d}-\frac{1-\beta}{d}y$$

IS 曲线推导见下图。

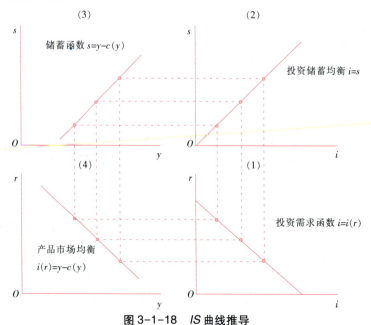

图 3-1-18　IS 曲线推导

将满足产品市场均衡条件的利率和收入的各个组合点连接起来,就得到了 IS 曲线。可见,IS 曲线是产品市场均衡状态的一幅简单图像,它表示与任一给定的利率相对应的国民收入水平,在这一水平上,投资恰好等于储蓄。

(二)IS 曲线的斜率

1. 两部门经济中 IS 曲线的斜率

IS 曲线方程如下:

$$r = \frac{\alpha+e}{d} - \frac{1-\beta}{d}y$$

因为 IS 曲线图形上的纵轴代表利率,而横轴代表收入,上式中,y 前面的 $\frac{1-\beta}{d}$ 就是 IS 曲线斜率的绝对值,显然,它既取决于 β,也取决于 d。

d 是投资需求对于利率变动的反应程度,它表示利率变动一定幅度时投资变动的程度,如果 d 的值较大,即投资对利率变化比较敏感,IS 曲线斜率的绝对值就较小,即 IS 曲线较平缓。这是因为,投资对利率较敏感时,利率的较小变动就会引起投资较大的变化,进而引起收入较大的变化,反映在 IS 曲线上的表现:利率较小变动就要求有收入较大的变动与之相配合,才能使产品市场均衡。

β 是边际消费倾向,如果 β 较大,IS 曲线斜率的绝对值也会较小,这是因为,β 较大,意味着支出乘数较大,从而当利率变动引起投资变动时,收入会以较大幅度变动,因而 IS 曲线就较平缓。从上式中也可看出,当边际消费倾向 β 较大时,IS 曲线斜率的绝对值较小,因而 IS 曲线较平缓。

2. 三部门经济中 IS 曲线的斜率

在三部门经济中,由于存在税收和政府支出,消费成为可支配收入的函数,但在定量税情况下,IS 曲线斜率的绝对值仍是 $\frac{1-\beta}{d}$,与两部门经济中的 IS 曲线的斜率分析一致。

(三)IS 曲线的移动

1. 两部门经济中 IS 曲线的移动

从下图中可以看到,投资函数或储蓄函数变动,IS 曲线就会变动。

(1)投资需求变动使 IS 曲线移动。如果在同样利率水平上,投资需求增加了,即投资需求曲线向右上方移动,IS 曲线就会向右上方移动,其向右的移动量等于投资需求曲线的移动量乘以乘数。反之,若投资需求下降,则 IS 曲线向左下方移动。

下图中,投资需求曲线从 i_1 提高到 i_2,IS_1 则相应右移到 IS_2,IS 曲线左移的情况可以同样画出。

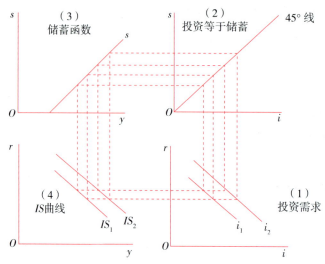

图 3-1-19　投资需求变动使 IS 曲线移动

（2）储蓄函数变动使 IS 曲线移动。假定人们的储蓄意愿增加了,储蓄曲线向左移动,如果投资需求不变,则同样的投资水平现在要求有的均衡收入水平就要下降,下图描述了这一情况。当储蓄意愿增加,s_1 左移到 s_2 时,IS_1 则相应左移到 IS_2,其移动量等于储蓄增量乘以乘数。

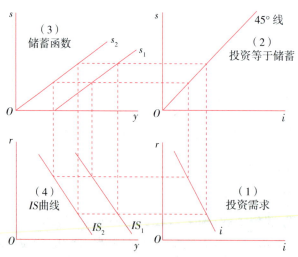

图 3-1-20　储蓄变动使 IS 曲线移动

2. 三部门经济中 IS 曲线的移动

在三部门经济中,IS 曲线则是根据国民收入均衡的条件从 $i+g=s+t$ 的等式推导出来的,i、g、s、t 中任何一条曲线的移动或几条曲线同时移动,都会引起曲线移动,如果考虑开放经济情况,则引起曲线移动的因素还包括进出口的变动。总之,一切自发支出量变动,都会使 IS 曲线移动,下面分析一下税收和政府支出变动如何使 IS 曲线移动。

（1）税收变动使 IS 曲线移动。政府增加一笔税收,如果增加了企业的负担,则会使投资相应减少,从而使 IS 曲线向左移动;同样,一笔税收的增加,如果增加了居民个人的负担,则会使他们可支配收入减少,从而使他们的消费支出相应减少,也会使 *IS* 曲线向左移动。相反,如果政府减税,则会使 *IS* 曲线右移,移动幅度为 $\Delta y = - k_t \Delta t$。

(2)政府支出变动使 *IS* 曲线移动。增加政府购买性支出,在自发支出量变动的作用中等于增加投资支出,因此会使 *IS* 曲线向右平行移动。

IS 曲线移动的幅度取决于两个因素:政府支出增量和支出乘数的大小,即均衡收入增加量 $\Delta y = k_g \Delta g$,当政府支出(g)增加或减少时,国民收入增加量或减少量为 $\Delta y = \dfrac{1}{1-\beta}\Delta g$,即 *IS* 曲线右移或左移 $\dfrac{1}{1-\beta}\Delta g$。

增加政府支出和减税,都属于增加总需求的扩张性财政政策,而减少政府支出和增税,都属于降低总需求的紧缩性财政政策。因此,政府实行扩张性财政政策,表现为 *IS* 曲线向右上方移动;实行紧缩性财政政策,表现为 *IS* 曲线向左下方移动。

考点二 货币市场的一般均衡

一、利率的决定

视频讲解

(一)利率决定于货币的供给和需求

利率是由货币市场上的供给和需求的均衡决定的,而货币的供给量是由货币当局所控制,即由代表政府的中央银行所控制,因而假定它是一个外生变量。在货币供给量既定的情况下,货币市场的均衡只能通过调节对货币的需求来实现。

(二)"流动性偏好"的概念

对货币的需求,又称"流动性偏好"(也译为"灵活偏好"或"流动偏好")。"流动性偏好"是指由于货币具有使用上的灵活性,人们宁肯以牺牲利息收入而储存不生息的货币来保持财富的心理倾向。

(三)货币需求的动机

凯恩斯认为,利率不是由储蓄和投资决定的,而是由货币的供应量和需求量所决定的。由于货币的实际供给量(m)一般由国家加以控制,是一个外生变量。因此,分析的重点是货币的需求。

凯恩斯认为,因为货币具有"流动性偏好",因此随时可满足以下三类不同的动机:

(1)交易动机。交易动机是指个人和企业需要货币是为了进行正常的交易活动。按凯恩斯的说法,出于交易动机的货币需求量主要取决于收入,收入越高,交易数量越大。交易数量越大,所交换的商品和劳务的价格越高,从而为应付日常开支所需的货币量就越大。

(2)谨慎动机或预防性动机。谨慎动机或预防性动机,是指为预防意外支出而持有一部分货币的动机,如个人或企业为应付事故、失业、疾病等意外事件而需要事先持有一定数量货币。从全社会来看,这一货币需求量大体上也和收入成正比,是收入的函数。

如果用 L_1 表示交易动机和谨慎动机产生的全部实际货币需求量,这种货币量和收入的关系可表示如下:

$$L_1 = L_1(y) = ky$$

其中,k 为出于上述两项动机所需货币量同实际收入的比例关系;y 为具有不变购买力的实际收入。

(3)投机动机。投机动机是指人们为了抓住有利的购买有价证券的机会而持有一部分货币的动机。经济学中投机不等于投资,投机是某种意义上的储蓄。

对货币的投机性需求取决于利率,如果用 L_2 表示货币的投机需求,用 r 表示利率,则这一货币需求量和利率的关系可表示如下:

$$L_2 = L_2(r) = -hr$$

其中,h 是货币投机需求的利率系数,负号表示货币投机需求与利率变动有负向关系。

(四)货币需求函数与货币需求曲线

1. 货币需求函数

对货币的总需求是人们对货币的交易需求、预防需求和投机需求的总和。货币的交易需求和预防需求取决于收入,而货币的投机需求取决于利率,因此,对货币的总需求函数可写成以下形式:

$$L = L_1 + L_2 = ky - hr$$

其中,L、L_1、L_2 都是代表对货币的实际需求,即具有不变购买力的实际货币需求量。

名义货币量和实际货币量是有区别的。名义货币量是不管货币购买力如何而仅计算其票面值的货币量。把名义货币量折算成具有不变购买力的实际货币量,必须用价格指数加以调整。如用 M、m 和 P 依次代表名义货币量、实际货币量和价格指数,则:

$$m = \frac{M}{P},\ 或者\ M = Pm$$

2. 货币需求曲线

货币需求函数可用图 3-1-21,即货币需求曲线来表示。

图(a)中垂线 L_1 表示为满足交易动机和谨慎动机的货币需求曲线,它和利率无关,因而垂直于横轴。L_2 线表示满足投机动机的货币需求曲线,它起初向右下方倾斜,表示货币的投机需求量随利率下降而增加,最后为水平状,表示"流动性偏好陷阱"。

图(b)中的 L 线则是包括 L_1 和 L_2 在内的全部货币需求曲线,其纵轴表示利率,横轴表示货币需求量,由于

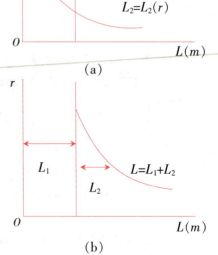

图 3-1-21　货币需求曲线

具有不变购买力的实际货币一般用 m 表示,因此横轴也可用 m 表示。这条货币需求曲线表示在一定收入水平上货币需求量和利率的关系,利率上升时,货币需求量减少;利率下降时,货币需求量增加。

(五)流动性陷阱

"流动性陷阱"是指当利率极低时,人们认为利率不大可能再降低,或者说证券价格不再上升而只会跌落,因而会将所有证券全部换成货币。不管有多少货币,人们都愿意持有在手中,以免证券价格下跌遭受损失。

(六)货币供求均衡和利率的决定

货币供给有狭义的货币供给和广义的货币供给之分。狭义的货币供给是指流通中的硬币、纸币和银行活期存款的总和(一般用 M_1 表示)。狭义的货币供给加上定期存款即为广义的货币供给(一般用 M_2 表示)。M_2 再加上个人和企业所持有的政府债券等流动资产或"货币近似物",便是意义更广泛的货币供给(一般用 M_3 表示)。以下所讲的货币供给是指 M_1。

西方经济学家认为,货币供给量是由国家用货币政策来调节的,因而是一个外生变量,其大小与利率高低无关,因此货币供给曲线是一条垂直于横轴的直线。如图 3-1-22 中的 m 直线,这条货币供给曲线和货币需求曲线 L 相交的点 E 决定了利率的均衡水平 r_0,表示只有当货币供给等于货币需求时,货币市场才达到均衡状态。如果市场利率低于均衡利率 r_0,则说明货币需求超过供给,这时人们感到手中持有的货币太少,就会卖出有价证券,证券价格就要下降,利率要上升。对货币需求的减少,一直要持续到货币供求相等时为止。相反,当利率高于均衡利率 r_0 时,说明货币供给超过货币需求,这时人们感到手中持有的货币太多,就会用多余的货币买进有价证券。于是,证券价格要上升,利率要下降。这种情况也一直要持续到货币供求相等时为止。只有当货币供求相等时,利率才不再变动。

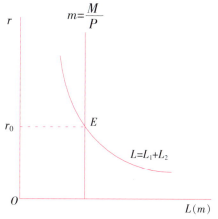

图 3-1-22　货币供给和需求的均衡

货币需求曲线和供给曲线会变动。例如,当人们对货币的交易需求或投机需求增加时,货币需求曲线就会向右上方移动;当政府增加货币供给量时,则货币供给曲线会向右移动。具体内容见下图。

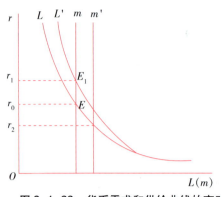

图 3-1-23　货币需求和供给曲线的变动

在上图中,若货币供给不变,货币需求曲线从 L 移到 L' 时,均衡利率就会从 r_0 上升到 r_1,相反,若货币需求不变,货币供给曲线从 m 右移到 m' 时,均衡利率则会从 r_0 下降到 r_2。

如果货币需求和供给同时变动,利率就会受到二者的共同影响,在移动后的需求曲线和供给曲线的交点上达到均衡。

从上图中可以看到,当利率降低到一定程度时,货币需求曲线接近于水平,这就是凯恩斯所说的"流动偏好陷阱"。这时候,不管货币供给曲线向右移动多少,即不管政府增加多少货币供给,都不可能使利率再下降。

二、LM 曲线

(一)LM 曲线及其推导

假定 m 代表实际货币供给量,则货币市场的均衡就是 $m=L=L_1+L_2=ky-hr$。从这个等式中可知,当 m 为一定量时,L_1 增加,L_2 必须减少,否则不能保持货币市场的均衡。L_1 是货币的交易需求(由交易动机和谨慎动机引起),它随收入增加而增加。L_2 是货币的投机需求,它随利率上升而减少。因此,国民收入增加使货币交易需求增加时,利率必须相应提高,从而使货币投机需求减少,才能维持货币市场的均衡。反之,收入减少时,利率必须相应下降,否则,货币市场就不能保持均衡。

当 m 给定时,$m=ky-hr$ 的公式可表示为满足货币市场的均衡条件下的收入 y 与利率 r 的关系,这一关系的图形就被称为 LM 曲线。由于货币市场均衡时,$m=ky-hr$,因此 LM 曲线的代数表达式如下:

$$y=\frac{hr}{k}+\frac{m}{k}\text{或者}r=\frac{ky}{h}-\frac{m}{h}$$

下图即 LM 曲线,该曲线图形的纵坐标表示的是利率,横坐标表示的是收入。图中这条向右上方倾斜的曲线(在这里,此曲线代表的是一线性方程,故为直线)就是 LM 曲线,此线上任一点都代表一定利率和收入的组合,在这样的组合下,货币需求与供给都是相等的,即货币市场是均衡的。

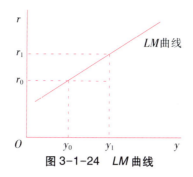

图 3-1-24　LM 曲线

LM 曲线实际上是从货币的投机需求与利率的关系、货币的交易需求与收入的关系以及货币需求与供给相等的关系中推导出来的,具体推导过程见下图。

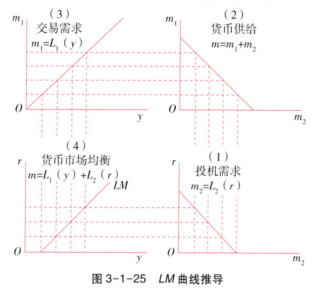

图 3-1-25　LM 曲线推导

(二)LM 曲线的斜率

LM 曲线的斜率取决于货币的投机需求曲线和交易需求曲线的斜率,实际上也就是取决于 $r=\left(\dfrac{k}{h}\right)y-\dfrac{m}{h}$ 式中的 k 和 h 之值。这一公式是 LM 曲线的代数表达式,而 $\dfrac{k}{h}$ 是 LM 曲线的斜率,当 k 为定值时,h 越大,即货币需求对利率的敏感度越高,则 $\dfrac{k}{h}$ 就越小,于是 LM 曲线越平缓。另一方面,当 h 为定值时,k 越大,即货币需求对收入变动的敏感度越高,则 $\dfrac{k}{h}$ 就越大,于是 LM 曲线越陡峭。

(三)LM 曲线的三个区域

我们利用下图来分析 LM 曲线的三个区域。

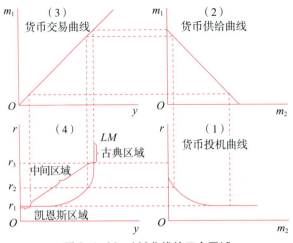

图 3-1-26　LM 曲线的三个区域

1. 凯恩斯区域

在图 3-1-26 中,当利率降到 r_1 时,象限(1)中货币投机需求曲线呈一条水平线,因而 LM 曲线上也相应有一段水平状态的区域,这一区域称为"凯恩斯区域",也称"萧条区域"。

若根据 LM 曲线的代数表达式 $r=\left(\dfrac{k}{h}\right)y-\dfrac{m}{h}$,而 $\dfrac{k}{h}$ 是 LM 曲线的斜率,h 是货币需求关于利率变动的系数,当 h 为无穷大时,$\dfrac{k}{h}$ 为 0。因此,LM 曲线在凯恩斯区域是一条水平线。

在凯恩斯区域,扩张性财政政策有效,扩张性货币政策无效。

经典例题

在一个 IS-LM 模型中,如果发生流动性偏好,则(　　)。
A. 货币政策更有效
B. 财政政策更有效
C. 两种政策都有效
D. 两种政策都没有效

【答案】B。解析:在发生流动性偏好陷阱的条件下,应该实施扩张性的财政政策而不是货币政策。因为货币政策失效,而财政政策则不会,而且在货币供给很充足的情况下,大规模的财政支出不会产生挤出效应,财政政策的效果非常明显,可以有效地促进经济增长。

2. 古典区域

如果利率上升到很高水平,货币的投机需求量将等于 0,这时候人们除了为完成交易必须持有一部分货币(即交易需求)外,不会为投机而持有货币。由于货币的投机需求等于 0,因此,图 3-1-26 的象限中的货币投机需求曲线表现为,从利率为 r_3 以上是一条与纵轴相平行的垂直线,不管利率再上升到 r_3 以上多高,货币投机需求量都是 0,人们手持货币量都是交易需求量。这样,象限(4)中 LM 曲线从利率为 r_3 开始,就成为一段垂直线。因而 LM 曲线呈垂直状态的这一区域被称为"古典区域"。

若根据 LM 曲线的代数表达式 $r=\left(\dfrac{k}{h}\right)y-\dfrac{m}{h}$，当 $h=0$ 时，$\dfrac{k}{h}$ 为无穷大。因此，LM 曲线在古典区域是一条垂直线。

在古典区域，扩张性财政政策无效，扩张性货币政策有效。

3. 中间区域

古典区域和凯恩斯区域之间这段 LM 曲线是中间区域，LM 曲线的斜率在古典区域为无穷大，在凯恩斯区域为 0，在中间区域则为正值。

若根据 LM 曲线的代数表达式 $r=\left(\dfrac{k}{h}\right)y-\dfrac{m}{h}$，当 h 介于 0 和无穷大之间的任何值时，由于 k 一般都为正值，因此 $\dfrac{k}{h}$ 为正。

在中间区域，扩张性财政政策和扩张性货币政策均有效。

（四）LM 曲线的移动

在 LM 曲线的代数表达式 $r=\left(\dfrac{k}{h}\right)y-\dfrac{m}{h}$ 中，$\dfrac{k}{h}$ 是 LM 曲线的斜率，而 $\dfrac{m}{h}$ 是 LM 曲线的截距的绝对值，因此，只有 $\dfrac{m}{h}$ 的数值发生变动，LM 曲线才会移动。而由于这里讨论的是 LM 曲线的移动，而不是 LM 曲线的转动，因此假定 LM 曲线的斜率不变，也就是假定 k 和 h 都不变。这样，LM 曲线移动就只能是由实际货币供给量 m 变动引起的。实际货币供给是由名义货币供给 M 和价格水平 P 决定的，即 $m=\dfrac{M}{P}$。因此，造成 LM 曲线移动的因素只能是名义货币供给量 M 和价格水平 P。

（1）名义货币供给量 M 变动。在价格水平不变时，M 增加，LM 曲线向右下方移动；反之，LM 曲线向左上方移动。实际上，央行实行变动货币供给量的货币政策，在 IS-LM 模型中就表现为 LM 曲线的移动。这种情况可用图 3-1-27 来表示。

在图中，当货币供给量从 m 增加到 m' 时，LM 曲线从 LM 右移到 LM'。

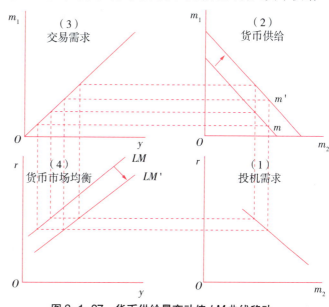

图 3-1-27　货币供给量变动使 LM 曲线移动

（2）价格水平的变动。价格水平 P 上升，实际货币供给量 m 就变小，LM 曲线就向左上方移动；反之，LM 曲线就向右下方移动，利率就下降，收入就增加。

考点三 IS-LM 模型

一、IS 模型、LM 模型中国民收入与利率的关系

IS 模型中,国民收入与利率关系可以用 IS 曲线来表示。在产品市场上利率与国民收入呈反方向变动是因为利率与投资呈反方向变动。

LM 模型中,国民收入与利率关系可以用 LM 曲线来表示。当货币市场实现均衡时,国民收入与利率之间必然是同方向变动的关系。

二、两个市场同时均衡的利率和收入

一般来说,

$$i(r)=s(y) \quad IS \text{ 曲线}$$
$$M=L(y)+L(r) \quad LM \text{ 曲线}$$

由于货币供给量 M 被假定为既定,因此,在这个二元方程组中,变量只有利率 r 和收入 y,解出这个方程组,就可得到 r 和 y 的一般解。

上述的一般解可以在图 3-1-28 中 IS 曲线和 LM 曲线的交点 E 上获得。

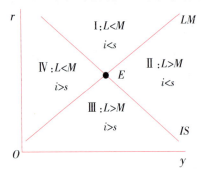

图 3-1-28 产品市场和货币市场的一般均衡

在图 3-1-28 中,由 E 点代表的收入和利率是能使产品市场和货币市场同时实现均衡的收入和利率。只要投资、储蓄、货币需求和供给的关系不变,任何失衡情况的出现也都是不稳定的,最终会趋向均衡。

在图 3-1-28 中,坐标平面分为四个区域,Ⅰ、Ⅱ、Ⅲ、Ⅳ,在这四个区域中都存在产品市场和货币市场的非均衡状态。

区域Ⅰ:在产品市场上,$i<s$ 有超额产品供给;在货币市场上,$L<M$ 有超额货币供给。

区域Ⅱ:在产品市场上,$i<s$ 有超额产品供给;在货币市场上,$L>M$ 有超额货币需求。

区域Ⅲ:在产品市场上,$i>s$ 有超额产品需求;在货币市场上,$L>M$ 有超额货币需求。

区域Ⅳ:在产品市场上,$i>s$ 有超额产品需求;在货币市场上,$L<M$ 有超额货币供给。

各个区域中存在的各种不同的组合的 IS 和 LM 非均衡状态,会得到调整,IS 不均衡会导致收入变动:投资大于储蓄会导致收入上升,投资小于储蓄会导致收入下降;LM 不均衡会导致利率变动:货币需求大于货币供给会导致利率上升,货币需求小于货币供给会导致利率下

降。这种调整最终都会趋向均衡利率和均衡收入。

> **经典例题**
>
> 利率和收入的组合点出现在 IS 曲线右上方、LM 曲线左上方，表示（　　）。
>
> A. 货币需求小于货币供给且投资小于储蓄
>
> B. 货币需求大于货币供给且投资小于储蓄
>
> C. 货币需求小于货币供给且投资大于储蓄
>
> D. 货币需求大于货币供给且投资大于储蓄
>
> 【答案】A。解析：根据 IS-LM 模型可知，IS 曲线右上方 $i<s$，有超额产品供给；LM 曲线左上方 $L<M$，有超额货币供给。

三、均衡收入和利率的变动

（一）均衡收入与充分就业收入

在 IS 曲线和 LM 曲线的交点上同时实现了产品市场和货币市场的均衡。然而，这一均衡不一定是充分就业的均衡。例如在图 3-1-29 中，IS 曲线和 LM 曲线交点 E 所决定的均衡收入和利率是 $\bar{y}$ 和 $\bar{r}$，但充分就业的收入则是 y^*，均衡收入低于充分就业收入。

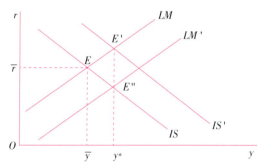

图 3-1-29　均衡收入和均衡利率的变动

在这种情况下就需要国家用财政政策或货币政策进行调节。

（1）财政政策是政府变动支出和税收来调节国民收入，如果政府增加支出，或降低税收，或双管齐下，IS 曲线就会向右上方移动。当 IS 曲线上移到 IS′ 曲线和 LM 曲线相交于 E′ 点时，就会达到充分就业的收入水平。

（2）货币政策是货币当局（中央银行）用变动货币供应量的办法来改变利率和收入，当中央银行增加货币供给时，LM 曲线向右下方移动。如果移动到 LM′ 曲线和 IS 曲线相交于 E″ 点时，也会达到充分就业的收入水平。

当然，国家也可以同时改变税收（t）、政府支出（g）和货币供给量（M）来同时改变 IS 曲线和 LM 曲线的位置，使二者相交于 y^* 垂直线上，以实现充分就业。

（二）IS 曲线和 LM 曲线的移动

从图 3-1-29 中可以看到，IS 曲线和 LM 曲线移动时，不仅收入会变动，利率也会变动。扩张性的财政政策和货币政策相结合可能出现的情况如下：

（1）当 *LM* 曲线不变而 *IS* 曲线向右上方移动时,则收入提高,利率也上升。

（2）当 *LM* 曲线不变而 *IS* 曲线向左下方移动时,则收入和利率都会下降。

（3）当 *IS* 曲线不变而 *LM* 曲线向右下方移动时,则收入提高,利率下降。

（4）当 *IS* 曲线不变而 *LM* 曲线向左上方移动时,则利率上升,收入下降。

（5）如果 *IS* 曲线和 *LM* 曲线同时移动,收入和利率的变动情况则视 *IS* 曲线和 *LM* 曲线如何同时移动而定。

（6）如果 *IS* 曲线向右上方移动,*LM* 曲线同时向右下方移动,则可能出现收入增加而利率不变的情况。

第十一节　总需求-总供给模型

考点一　总需求曲线

视频讲解

一、社会总需求的构成

总需求是经济社会对产品和劳务的需求总量,通常以产出水平来表示。总需求由消费需求、投资需求、政府需求和国外需求构成。在不考虑国外需求的情况下,经济社会的总需求是指价格、收入和其他经济变量在既定条件下,家庭部门、企业部门和政府部门将要支出的数额。

二、总需求函数的定义及内涵

总需求函数是以产量（国民收入）所表示的需求总量和价格水平之间的关系。

在价格水平为纵坐标、总需求量为横坐标的坐标系中,总需求函数的几何表示被称为总需求曲线,用 *AD* 表示。总需求曲线见下图。

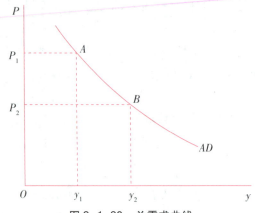

图 3-1-30　总需求曲线

总需求曲线通常向右下方倾斜,在图3-1-30中,价格从P_1下降到P_2,会增加物品与劳务的需求量,总需求量从y_1增加为y_2;反之,价格水平上升会减少物品与劳务的总需求量。向右下方倾斜的总需求曲线表示,价格水平越高,需求总量越小;价格水平越低,需求总量越大。

财政政策(货币政策)与总需求曲线的关系:扩张性的财政政策(货币政策)会使总需求曲线向右移动,紧缩性的财政政策(货币政策)会使总需求曲线向左移动。

考点二　总供给曲线

视频讲解

一、总供给曲线的三种类型

总供给曲线是指总产量与一般价格水平之间的关系。在以价格水平为纵坐标,总产量为横坐标的坐标系中,总供给函数的几何表示即为总供给曲线。

按照货币工资(W)和价格水平(P)进行调整所要求的时间的长短,宏观经济学将总产出与价格水平之间的关系分为三种,即古典总供给曲线、凯恩斯总供给曲线与常规总供给曲线。

(一)古典总供给曲线

1. 古典总供给曲线概述

西方古典学派认为,在长期中,价格和货币工资具有伸缩性,经济的就业水平会处在充分就业的状态上。在不同的价格水平下,当劳动市场存在超额劳动需求或超额劳动供给时,货币工资会进行调整,进而实际工资发生调整,使得劳动市场达到均衡的水平,即在长期中,经济的就业水平或产量不随着价格水平的变动而变动,而始终处在充分就业的状态上。因此,古典学派认为,总供给曲线是一条位于经济的潜在产量或充分就业产量水平上的垂直线。下图即为古典总供给曲线。

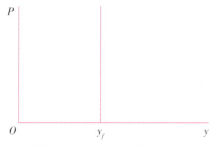

图3-1-31　古典总供给曲线

2. 古典总供给曲线的政策含义

古典总供给曲线的政策含义的具体内容见下图。

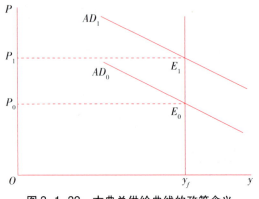

图 3-1-32　古典总供给曲线的政策含义

在图 3-1-32 中，代表总需求曲线的 AD_0 与古典总供给曲线 y_f 垂直线相交于 E_0 点，此时的价格水平为 P_0，产量是充分就业时的产量 y_f。处于 E_0 状态下，即使国家通过增加需求的政策来使 AD_0 向右移动到 AD_1 的位置，其与 y_f 垂直线的新交点为 E_1，在 E_1 点，价格水平为 P_1，可是产量仍为 y_f，即增加需求的政策并不能改变产量，而只能造成物价上涨，甚至是通货膨胀。

（二）凯恩斯总供给曲线

1. 凯恩斯总供给曲线概述

1936 年，整个西方世界都处于严重的大萧条时期，经济社会存在大量的失业人口和生产能力。凯恩斯的重要著作《就业、利息和货币通论》正是于此时出版的。他认为，货币工资具有"刚性"，即假设由于种种原因，货币工资不会轻易变动。在这种假设条件下，产量增加时，价格和货币工资均不会发生变化。因此，凯恩斯的总供给曲线是一条水平线，如下图所示。

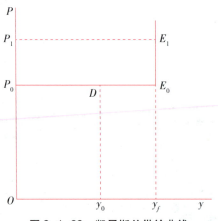

图 3-1-33　凯恩斯总供给曲线

图中的 y_f 代表充分就业的产量或国民收入，水平线 P_0E_0 表示在产量小于 y_f 的条件下，货币工资（W）和价格水平（P）都不会变动，所以在既有的价格（P_0）下，经济社会能提供任何数量的 y，即在达到充分就业之前，经济社会能按照既定的价格提供任何数量的产量或国民收入（如 y_0）。此外，该图也表明，在达到充分就业（y_f）之后，社会已经没有多余的生产能力，因此不可能生产更多的产品,增加的需求不但不会增加产量(y),反而会引起价格的上升,如图中E_0点以上的垂直线所示。

2. 凯恩斯总供给曲线的政策含义

凯恩斯总供给曲线的政策含义的具体内容见下图。

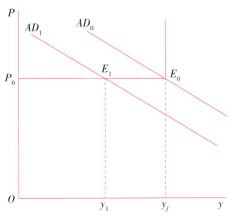

图3-1-34　凯恩斯总供给曲线的政策含义

在上图中,代表总需求曲线的AD_1与凯恩斯供给曲线(P_0E_0)相交于E_1点。在E_1点,价格水平为P_0,产量(y_1)处于小于充分就业的产量水平。为了改善这一状态,国家可以通过增加需求的政策来使总需求曲线(AD_1)向右移动到AD_0的位置。这样,P_0E_0与AD_0相交于E_0点。该点表明,此时的价格水平仍为P_0,但国民收入已经达到充分就业的数量(y_f)。

因此,凯恩斯总供给曲线的政策含义是,只要国民收入或产量处在小于充分就业的水平,那么国家就可以使用增加需求的政策来使经济达到充分就业状态。

(三)常规总供给曲线

古典总供给曲线与凯恩斯总供给曲线分别代表总供给曲线的两种极端状态。西方学者认为,在通常或常规情况下,经济的短期总供给曲线位于两个极端之间,如下图所示。

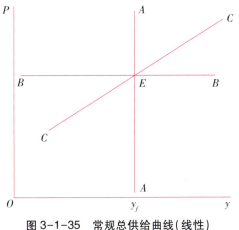

图3-1-35　常规总供给曲线(线性)

向右上方延伸的CC线表示,价格水平越高,经济中的企业提供的总产出就越多。从微观经济学的角度看,在短期,当经济中的工资和其他资源的价格相对固定,或不太易变时,随着企业产品价格的提高,企业增加产量通常能够盈利。因此,更高的价格水平将导致更高的总产量。这意味着,**在短期内,总供给曲线是向右上方延伸的。**

经典例题

【2020·单选】总供给曲线在短期、中期、长期可分为三种形态。下列不属于总供给曲线类型的是( )。

A. 古典型　　　　　　　　　　B. 凯恩斯型

C. 新古典型　　　　　　　　　D. 常规型

【答案】C。解析:总供给曲线包括古典总供给曲线(长期总供给曲线)、凯恩斯总供给曲线(短期总供给曲线)和常规总供给曲线。

二、短期总供给曲线的移动

导致短期总供给曲线移动的因素有很多,具体内容见下表。

表 3-1-27　导致短期总供给曲线移动的因素

因素及其变化	总供给曲线的移动
可得到的劳动供给量增加(劳动市场相对宽松)	向右移动
资本增加	向右移动
自然资源可获得性增加	向右移动
技术进步	向右移动
预期价格水平下降	向右移动
投入品价格下降	向右移动
名义工资下降	向右移动

第十二节　失业、通货膨胀与通货紧缩

考点详解

考点一　失业

一、失业的分类

失业的主要类型见下表。

视频讲解

表 3-1-28　失业的主要类型

类型	概念
摩擦性失业	摩擦性失业是指在生产过程中由于难以避免的摩擦而造成的短期、局部性失业，如劳动力流动性不足、工种转换的困难等所引起的失业
结构性失业	结构性失业指由经济结构变化等原因造成的失业。其特点是既有失业，又有职位空缺，失业者或没有适当技术，或居住地点不当，因此无法填补现有的职位空缺，因而也可看作是摩擦性失业的较极端的形式
周期性失业	周期性失业又称需求不足的失业，也就是凯恩斯所说的非自愿失业。它是由于整体经济的支出和产出水平下降，即经济需求下降而造成的失业
自愿失业	自愿失业是指工人不愿意接受现行工资水平而形成的失业

二、自然失业率

(一)自然失业率的定义

自然失业率是指经济社会在正常情况下的失业率，是劳动市场处于供求稳定状态时的失业率。这里的稳定状态被认为既不会造成通货膨胀也不会导致通货紧缩的状态。自然失业通常包括摩擦性失业和结构性失业。

(二)自然失业率的影响因素

自然失业率主要受以下因素影响：

(1)一般来说，自然失业率与部门转移正相关。

(2)失业保障是指当工人失业时为工人提供部分收入保护的政府计划。失业保障减轻了失业的痛苦，但也增加了摩擦性失业量。

(3)自然失业率取决于离职率 l 和就职率 f。离职率越高，自然失业率越高；就职率越高，自然失业率越低。

经典例题

下列关于自然失业率的说法，错误的是(　　)。

A. 经济波动会导致自然失业率的变动

B. 失业津贴延长会降低自然失业率

C. 就职率升高会降低自然失业率

D. 自然失业率与部门转移正相关

【答案】B。解析：失业津贴延长，自愿失业增加，不会降低自然失业率。

三、奥肯定律

奥肯定律用来描述 GDP 变化和失业率变化之间存在的一种相当稳定的关系。奥肯定律是指失业率每高于自然失业率 1 个百分点，实际 GDP 将低于潜在 GDP 2 个百分点。

(1)它表明了失业率与实际国民收入增长率之间是反方向变动的关系。

（2）失业率与实际国民收入增长率之间1：2的关系只是一个平均数，是根据经验统计资料得出来的，在不同的时期并不是完全相同的。

（3）奥肯定律主要适用于没有实现充分就业的情况，即周期性失业的失业率。

奥肯定律的一个重要结论是，实际GDP必须保持与潜在GDP同样快的增长，以防止失业率的上升。如果政府想让失业率下降，那么，该经济社会的实际GDP的增长必须快于潜在GDP的增长。

考点二　通货膨胀

一、通货膨胀的概念与原因

视频讲解

（一）通货膨胀的概念

通货膨胀指在一定时期，经济社会的价格水平持续和显著地上涨。通货膨胀的程度通常用通货膨胀率来衡量。通货膨胀率被定义为从一个时期到另一个时期价格水平变动的百分比，用公式表示如下：

$$\pi_t = \frac{P_t - P_{t-1}}{P_{t-1}}$$

其中，π_t 为 t 时期的通货膨胀率；P_t 和 P_{t-1} 分别为 t 时期和（$t-1$）时期的价格水平。

（二）通货膨胀的分类

对于通货膨胀，西方学者从不同角度进行了分类。

1. 按照价格上升的速度进行分类

按照价格上升的速度，西方学者认为经济社会存在着三种类型的通货膨胀：①温和的通货膨胀，指每年物价上升的比例在10%以内；②奔腾的通货膨胀，指年通货膨胀率在10%至100%之间；③超级通货膨胀，指通货膨胀率在100%以上。

2. 按照对价格影响的差别分类

按照对不同商品的价格影响的大小加以区分，存在着两种通货膨胀的类型：①平衡的通货膨胀，即每种商品的价格都按相同比例上升；②非平衡的通货膨胀，即各种商品价格上升的比例并不完全相同。

3. 按照人们的预期程度加以区分

按照人们的预期程度，通货膨胀分为以下两种：①未预期到的通货膨胀，即价格上升的速度超出人们的预料，或者人们根本没有想到价格会上涨。②预期到的通货膨胀。预料之中的通货膨胀具有自我维持的特点。因此，预期到的通货膨胀有时又被称为惯性的通货膨胀。

（三）通货膨胀的原因

1. 需求拉动型通货膨胀

总需求超过总供给所引起的一般价格水平的持续显著地上涨，又称"超额需求通货膨胀"，解释为"以过多货币追求过少的商品"。

消费需求、投资需求或来自政府的需求、国外需求，都会导致需求拉动型通货膨胀。引起需求扩大的因素有两大类：一类是消费需求、投资需求的扩大，政府支出的增加、减税，净出口增加；另一类是货币因素，即货币供给量的增加或实际货币需求量的减少，导致总需求增加。

2. 成本推动型通货膨胀

在没有超额需求的情况下，由供给方面成本的提高所引起的一般价格水平持续和显著地上涨，又称"成本通货膨胀或供给通货膨胀"。根据推动成本不同又可以分为工资推动通货膨胀及利润推动通货膨胀（这里的利润通常为垄断利润）。

3. 结构型通货膨胀

在没有需求拉动和成本推动的情况下，只是由于经济结构因素的变动，也会出现一般价格水平的持续上涨，称为结构型通货膨胀。

经典例题

以下通货膨胀类型中，不属于按照成因分类的是（　　）。

A. 需求拉动型通货膨胀　　　　　　　　B. 成本推动型通货膨胀

C. 结构型通货膨胀　　　　　　　　　　D. 抑制型通货膨胀

【答案】D。解析：通货膨胀按照其成因，可以划分为以下几类：①需求拉动型通货膨胀；②成本推动型通货膨胀；③供求混合推动型通货膨胀；④结构型通货膨胀。抑制型通货膨胀属于按照通货膨胀表现形式分类的类型。

二、通货膨胀的治理措施

综合国内外的一般经验，常见的通货膨胀的治理措施见下表。

表 3-1-29　通货膨胀的治理措施

对策		具体内容
紧缩的需求政策	紧缩性的财政政策	(1)减少政府支出：①削减购买性支出；②削减转移性支出 (2)增加税收 (3)减少政府转移支付
	紧缩性的货币政策	(1)提高法定存款准备金率 (2)提高再贷款、再贴现率 (3)公开市场卖出业务 (4)直接提高利率
积极的供给政策		(1)减税 (2)削减社会福利开支 (3)适当增加货币供给，发展生产 (4)精简规章制度

表3-1-29（续）

对策		具体内容
紧缩性收入政策	工资-物价指导线	政府根据长期劳动生产率的平均增长率来确定工资和物价的增长标准，并要求各部门将工资-物价的增长控制在这一标准之内
	以税收为基础的收入政策	政府规定一个恰当的物价和工资增长率，然后运用税收的方式来处罚物价和工资超过恰当增长度的企业和个人
	工资-价格管制及冻结	政府强行规定工资、物价的上涨幅度，有时候甚至暂时将物价和工资进行冻结
其他治理措施	收入指数化	收入指数化将工资、利息等各种名义收入部分地或全部地与物价指数联系，随物价指数升降
	币制改革	币制改革是指政府下令废除旧币、发行新币，变更钞票面值等。它一般是针对恶性通货膨胀而采取的

三、失业与通货膨胀的关系——菲利普斯曲线

菲利普斯曲线最初反映的是失业率与工资上涨率之间的关系。该曲线表明：当失业率较低时，货币工资增长率较高；反之，当失业率较高时，货币工资增长率较低，甚至为负数。

现代的菲利普斯曲线主要反映失业率与通货膨胀率之间的关系，即失业率高，通货膨胀率低；失业率低，通货膨胀率高。

考点三　通货紧缩

视频讲解

一、通货紧缩的概念

通货紧缩是指经济中货币供应量少于客观需要量，社会总需求小于总供给，导致单位货币升值、价格水平普遍和持续下降的经济现象。与通货膨胀一样，通货紧缩也是货币供求失衡、物价不稳定的一种表现，对整个经济增长也同样有着不利的影响。

二、通货紧缩的原因

通货紧缩主要有以下四点原因：

（1）货币供给减少。由于存在政策时滞，在通货膨胀时期的紧缩的货币政策和财政政策没有及时调整，导致投资和需求的下降，进而影响社会有效供给。

（2）有效需求不足。当实际利率较高时，消费和投资就会出现大幅下降而导致有效需求不足，进而物价持续下跌；金融机构贷款意愿下降和提高利率，会减少社会总需求，导致物价下跌；制度变迁和转型等体制因素，导致居民消费行为发生变化，储蓄倾向上升，消费倾向下降，即期支出大量地转化为远期支出，也会引起有效需求不足，导致物价下降。

(3) **供需结构不合理**。由于经济中存在不合理的扩张和投资,造成了不合理的供给结构和过多的无效供给,当积累到一定程度时必然加剧供给之间的矛盾,导致供过于求,产品价格下跌。

(4) **国际市场的冲击**。对于开放度较高的国家,在国际经济不景气的情况下,国内市场也会受到很大的影响。国内市场主要表现为出口下降,外资流入减少,导致国内供给增加、需求减少,产品价格下降。

三、通货紧缩的治理措施

判断某个时期的物价下降是否是通货紧缩,一要看通货膨胀率是否由正变负;二要看这种下降是否持续了一定的时期。通货紧缩的治理措施见下表。

表3-1-30　通货紧缩的治理措施

措施	内容
扩张性的财政政策	包括减税和增加财政支出两种方法
扩张性的货币政策	如扩大中央银行基础货币的投放、增加对中小金融机构的再贷款、加大公开市场操作的力度、适当下调利率和存款准备金等
加快产业结构的调整	要治理通货紧缩,必须对产业结构进行调整,主要是推进产业结构的升级,培育新的经济增长点,同时形成新的消费热点
其他措施	对工资和物价的管制政策也是治理通货紧缩的手段之一,通过对股票市场的干预也可以起到一定的作用。此外,要完善社会保障体系,提高中下层居民的收入水平和消费水平,适当改善国民收入的分配格局,增加消费需求

第十三节　宏观经济政策

考点一　宏观经济政策的目标

宏观经济政策目标是指宏观经济政策最终要达到的目的。宏观经济政策的目标主要包括充分就业、物价稳定、经济增长和国际收支平衡。各目标的具体分析见下表。

视频讲解

表3-1-31　宏观经济政策的目标

宏观经济政策目标	概念
充分就业	充分就业是宏观经济政策的第一目标,一般意义上是指一切生产要素都有机会以自己愿意的报酬参加生产的状态

表3-1-31(续)

宏观经济政策目标	概念
物价稳定	物价稳定是指保持物价总水平的基本稳定,使一般物价水平在短期内不发生显著或急剧的波动,避免出现通货膨胀和通货紧缩。物价稳定的宏观经济衡量指标:通货膨胀率
经济增长	经济增长是指在一个特定时期内经济社会所生产的人均产量和人均收入的持续增长。经济增长通常用一定时期内实际国内生产总值年均增长率来衡量
国际收支平衡	国际收支平衡是指既无巨额国际收支赤字又无巨额国际收支盈余的状况。从长期看,一国的国际收支状况无论是赤字还是盈余对一国经济的稳定发展都会产生不利的影响,会阻碍其他宏观经济目标的实现

考点二 / 财政政策

一、财政政策的一般定义

视频讲解

财政政策是指政府变动税收和支出以便影响总需求,进而影响就业和国民收入的政策。

二、财政政策的主要工具

国家财政由政府收入和支出两个方面构成,其中政府支出包括政府购买和政府转移支付,而政府收入则包含税收和公债两个部分。其相关概念见下表。

表3-1-32 财政政策的主要工具

财政政策工具	概念
政府购买	购买性支出又称"消耗性支出",这类公共支出形成的货币流,直接对市场提出购买要求,形成相应的购买商品或劳务的活动 政府购买包括购买进行日常政务活动所需商品与劳务的支出
政府转移支付	政府转移支付是指政府在社会福利保险、贫困救济和补助等方面的支出。转移支付只是一种货币性支出,没有发生直接商品交易行为
税收	税收是政府收入中最主要的部分,它是国家为了实现其职能按照法律预先规定的标准,强制、无偿地取得财政收入的一种手段。税收具有强制性、无偿性、固定性三个基本特征
公债	公债是政府运用信用形式筹集财政资金的特殊形式,包括中央政府的债券和地方政府的债券。公债属于"临时挪用、影响供求",主要分为长期债、中期债和短期债

视频讲解

考点三　货币政策

一、货币政策的概念

货币政策是中央银行通过控制货币供应量以及通过货币供应量来调节利率进而影响投资和整个经济以达到一定经济目标的行为。

货币政策作用发生的途径见下图。

图 3-1-36　货币政策作用发生的途径

货币政策的直接目标是利率，调节货币量是手段，最终目标是总需求和总供给达到平衡。

二、货币政策工具

中央银行调节经济时所使用的货币政策工具包括一般性货币政策工具、选择性货币政策工具、直接性货币政策工具、间接性货币政策工具等。

一般性货币政策工具是中央银行调节经济时最常用的货币政策工具，也被称为经常性、常规性货币政策工具。一般性货币政策工具主要包括法定存款准备金政策、再贴现政策及公开市场业务，即中央银行的"三大传统法宝"。

一般性货币政策工具的具体分析见下表。

表 3-1-33　一般性货币政策工具

货币政策工具	概念	对货币供应量的作用
再贴现率政策	再贴现率是中央银行对商业银行及其他金融机构的贷款或放款利率	贴现率提高，商业银行向中央银行借款就会减少，准备金减少，货币供给量就会减少；贴现率降低，商业银行向中央银行借款就会增加，准备金增加，货币供给量就会增加
公开市场业务	公开市场业务是指中央银行在金融市场上公开买卖政府债券以控制货币供给和利率的政策行为	中央银行买入政府债券，商业银行准备金增加，货币供应量增加；中央银行卖出政府债券，商业银行准备金减少，货币供应量减少
法定准备金率	法定准备金率是法定准备金在存款中占的比率	中央银行提高法定准备金率，商业银行可贷款减少，商业银行准备金减少，货币供应量减少；中央银行降低法定准备金率，商业银行可贷款增加，商业银行准备金增加，货币供应量增加

考 点 四 | **财政政策和货币政策的混合使用**

财政政策和货币政策可有多种结合,这种结合的政策效应,有的是事先可预计的,有的则必须根据财政政策和货币政策何者更强有力而定,因而是不确定的。例如,图 3-1-37 中 IS 曲线和 LM 曲线移动幅度相同,因而产出增加时利率也不变,若财政政策影响大于货币政策,IS 曲线右移距离超过 LM 曲线右移距离,则利率就会上升;反之,则会下降。

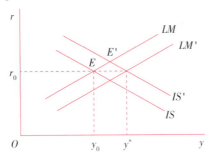

图 3-1-37　货币政策和财政政策的混合使用

由上例可见,这两种政策结合使用时对利率的影响是不确定的。表 3-1-34 给出了各种政策结合使用的效应。

表 3-1-34　两种政策混合使用的效应

政策混合	产出	利率
扩张性财政政策和紧缩性货币政策	不确定	上升
紧缩性财政政策和紧缩性货币政策	减少	不确定
紧缩性财政政策和扩张性货币政策	不确定	下降
扩张性财政政策和扩张性货币政策	增加	不确定

政府和中央银行可以根据具体情况和不同目标,选择不同的政策组合。

当经济萧条但又不太严重时,可采用第一种组合,用扩张性财政政策刺激总需求,用紧缩性货币政策控制通货膨胀;当经济发生严重通货膨胀时,可采用第二种组合,用紧缩性货币政策来提高利率,降低总需求,用紧缩性财政政策防止利率过分提高;当经济中出现通货膨胀又不太严重时,可采用第三种组合,用紧缩性财政政策压缩总需求,用扩张性货币政策降低利率,以免财政过度紧缩而引起衰退;当经济严重萧条时,可用第四种组合,用扩张性财政政策增加总需求,用扩张性货币政策降低利率以克服"挤出效应"。

第十四节　新古典宏观经济学和新凯恩斯主义经济学

目前,参与宏观经济学争论的观点和主张大体上被区分为新古典宏观经济学和新凯恩

斯主义经济学两大派别。大致说来,二者的争论和分歧主要在于对短期经济波动的解释和对政策干预的主张。

新古典宏观经济学的理论渊源是货币主义。货币主义的理论基础包括新货币数量论和自然率假说。新古典宏观经济学的基本假设包括经济当事人的利益最大化、理性预期和市场出清。新古典宏观经济学的经济周期理论包括货币经济周期模型和实际经济周期理论,其中后者影响较大。新凯恩斯主义者以工资黏性和价格黏性代替原凯恩斯主义工资刚性和价格刚性的概念。以工资黏性、价格黏性和非市场出清的假设取代新古典宏观经济学的工资、价格伸缩性和市场出清的假设,并将其与宏观层次上的产量和就业量等问题相结合,建立起有微观基础的新凯恩斯主义宏观经济学。

具体说来,垂直的长期总供给曲线代表着传统的宏观经济思想,总需求曲线代表了凯恩斯体系中的大部分说法,新古典经济学派对传统思想的发展可以由该学派的附加预期变量的短期总供给曲线所表示,而在原有的凯恩斯的框架之上,新凯恩斯主义者推演出了他们的短期总供给曲线。

第十五节　马克思主义政治经济学

马克思主义政治经济学阐明了人类社会各个发展阶段上支配物质资料生产、交换以及与之相适应的产品分配的规律。马克思主义政治经济学理论的相关要点如下:

(1)商品的二因素与生产商品劳动的二重性。商品具有使用价值和价值两个因素,生产商品的劳动具有自然属性和社会属性两种性质。商品的二因素由生产商品的劳动二重性决定。

(2)商品的价值量是凝结在商品中抽象劳动量,商品的价值量取决于生产商品的社会必要劳动时间。社会必要劳动时间是指在现有社会正常的生产条件下,在社会平均的劳动熟练程度和劳动强度下,制造某种使用价值所需要的劳动时间。

(3)货币的本质是固定地充当一般等价物的特殊商品,体现商品生产者之间的社会经济关系。货币具有价值尺度、流通手段、贮藏手段、支付手段和世界货币五种职能。其中价值尺度和流通手段是最基本的职能。

(4)商品价格围绕价值上下波动。

(5)价格、竞争、供求等市场因素的相互作用构成市场经济的运行机制。市场机制是价值规律的外在表现,是实现资源配置的有效机制,其核心是价格机制。

(6)剩余价值是由雇佣工人在剩余劳动时间内创造的、被资本家所占用的超过劳动力价值的那部分价值。

(7)利息是剩余价值的一种特殊转化形式,本质是借贷资本家通过借贷关系从职能资本家那里瓜分到的一部分剩余价值。

习题演练

1. 内在稳定器的功能是(　　)。

A. 旨在减少周期性的波动

B. 旨在稳定收入,刺激价格波动

C. 能够保持经济的充分稳定

D. 能够推迟经济的衰退

2. 下列各项财政支出中,属于购买性支出的是(　　)。

A. 行政经费支出　　　　　　　　　B. 社会保障支出

C. 救济支出　　　　　　　　　　　D. 补贴支出

3. GDP 是各国核算国民经济活动的重要指标,下列各项含在 GDP 内的是(　　)。

A. 出售旧车的收入

B. 支付 200 元给股票经纪商

C. 购买股票 200 元

D. 以 1 000 元卖出上个月 9 000 元购进的债券

4. 资源的相对稀缺性是指(　　)

A. 世界上的资源最终会因为人们生产更多的物品而消耗光

B. 相对人们无穷的欲望而言,资源总是不足的

C. 生产某种物品所需要的资源的绝对数量较少

D. 世界上大多数人生活在贫困中

5. 经济学学科是(　　)

A. 研究政府如何对市场机制进行干预的科学

B. 消费者如何获得收入并进行消费的学说

C. 研究如何合理的配置和利用稀缺资源的科学

D. 生产者怎样取得利润

6. 某商品价格下降 10%,销售量上升 25%,则该商品的需求价格弹性系数为(　　)。

A. 0. 4　　　　　　　　　　　　　B. 0. 8

C. 1. 5　　　　　　　　　　　　　D. 2. 5

7. 使用一种资源或将其投入某一特定用途,而放弃的其在其他用途中所获得的最大利益的成本是(　　)。

A. 机会成本　　　　　　　　　　　B. 可变成本

C. 固定成本　　　　　　　　　　　D. 长期成本

8. 下列行为中最接近完全竞争市场模式的一项是(　　)。

A. 飞机制造业　　　　　　　　　　B. 烟草业

C. 日用小商品制造业　　　　　　　D. 汽车制造业

9. 假设消费者收入增加 25%,会导致某种商品的需求量增加 10%,则该商品的类型为(　　)。

A. 低档品

B. 高档品

C. 劣等品

D. 必需品

10. 决定需求的首要因素是(　　)。

A. 消费者的偏好

B. 商品的价格

C. 消费者的实际需要

D. 家庭收入多少

参 考 答 案

1.【答案】A。

2.【答案】A。解析:购买性支出是指直接表现为政府购买商品和服务的活动的支出,包括购买进行日常政务活动所需的或用于国家投资所需的商品或服务的支出。

3.【答案】B。解析:支付给股票经纪商的 200 元是从收入角度核算的生产要素的报酬,计入 GDP。旧车不是新生产出来的最终产品和劳务,是不计入 GDP 的;股票和债券的买卖只是所有权的变更,不计入 GDP。

4.【答案】B。解析:人们的欲望和需求是无穷无尽的,而满足这些需要的经济资源(包括它们生产的产品)在一定时期内总是有限的。故本题选 B。

5.【答案】C。解析:经济学是一门研究人类行为及如何将有限或者稀缺资源进行合理配置的社会科学。

6.【答案】D。解析:需求价格弹性系数=−需求量变动率/价格变动率=25%/10%=2.5。

7.【答案】A。解析:B 项,可变成本是指随产出水平变化而变化的成本,如原料、劳动、燃料成本。C 项,固定成本(又称固定费用)相对于可变成本,是指成本总额在一定时期和一定业务量范围内,不受业务量增减变动影响而能保持不变的成本。D 项长期成本是指在长期内,厂商全部的生产要素投入量而存在的成本。

8.【答案】C。解析:完全竞争市场具有如下一些特点:第一,产业集中度低;第二,产品同一性很高;第三,不存在任何人进入与退出的壁垒;第四,完备的市场信息。显然,只有 C 项是接近完全竞争市场的模式。

9.【答案】D。解析:收入弹性的大小,可以作为划分"高档品""必需品""低档品"的标准。需求收入弹性大于 1 的商品,需求数量的相应增加大于收入的增加,称为"高档品";需求收入弹性小于 1 的商品,需求数量的相应增加小于收入的增加,称为"必需品";需求收入弹性小于 0 的商品,收入增加时买得少,收入降低时买得多,称为"低档品"。

10.【答案】B。解析:价格是影响需求的最重要的因素。一般来说,价格和需求的变动成反方向变化。

第二章　金融

第一节　货币与货币制度

考点详解

考点一　货币

视频讲解

一、货币的本质

货币的根源在于商品本身,货币是固定地充当一般等价物的特殊商品,并体现一定的社会生产关系。

二、货币的职能

货币的本质是通过货币的职能表现出来的。货币职能的具体内容见下表。

表 3-2-1　货币的职能

职能	表现
价值尺度	价值尺度是货币衡量和表现商品价值大小的职能。价值尺度是货币最重要、最基本的职能 货币执行价值尺度职能时具有观念性的特点
流通手段	流通手段是货币在商品流通中充当交换媒介的职能 执行流通手段职能的货币必须是现实的货币,作为流通手段的货币可以是不足值的,也可以是无内在价值的价值符号
贮藏手段	贮藏手段是指当货币暂时退出流通而处于静止状态时被当作独立的价值形态和社会财富而保存起来的职能。发挥贮藏作用的货币必须具有价值、足值,必须是现实的货币,主要是金属货币,必须退出流通领域而处于静止状态
支付手段	当货币作为价值运动的独立形式进行单方面转移时,就执行支付手段的职能 "流通中的货币"就是发挥支付手段职能的货币和发挥流通手段职能的货币的总和
世界货币	世界货币的作用:作为国际支付手段,平衡国际贸易差额;作为国际购买手段,用于购买外国商品;作为国际资本和一般财富转移的手段,用于投资、对外援助和战争赔款等

价值尺度和流通手段是货币的两个最基本的职能。

考点二　货币制度

一、货币制度的概念

视频讲解

货币制度又称"币制""货币本位制",是一个国家在历史上形成的并由国家以法律形式规定的货币流通的组织和管理形式,它是一国经济制度和市场经济体制的重要构成部分。

二、货币制度的演变

(一)银本位制

银本位制是以白银为本位币材的一种货币制度。在银本位制下,银铸币为本位货币,具有无限法偿能力。银本位币可以自由铸造、自由熔毁、自由输出入国境。银本位制是与封建社会经济发展相适应的货币制度。

(二)金银复本位制

1. 内容

以金、银两种金属为币材,同时铸造金、银两种本位币,并在同一市场共同流通。在金银复本位制下,金、银两种本位币可以自由铸造、熔毁、兑换和输出入国境,均为无限法偿。

2. 类型

按照金币与银币之间比价的确定方式不同,金银复本位制主要有以下类型:

(1)平行本位制:金铸币和银铸币各按其所含金、银重量的市场比价进行流通,国家不规定两种铸币的兑换比率。

(2)双本位制:典型的金银复本位制。国家和法律规定金、银两种铸币的固定比价,两种铸币按国家比价流通,不随金、银市场比价的变动而变动。

(3)跛行本位制:金币与银币在法律上拥有同样的地位,但是银币事实上被禁止自由铸造。跛行本位制是金银复本位制向金本位制过渡的一种货币制度。

3. 优点

金银复本位制的优点如下:

(1)币材充足,能够满足流通需要。

(2)复本位制下,金银比价由政府规定,能够反过来影响金银的市场价格,有利于金银币值的稳定。

(3)便于交易,人们可以根据交易额的大小选择金币或者银币进行支付。

格雷欣法则:在金银复本位制中,采用双本位制时,当两种面值相同而实际价值不同的货币同时流通时,实际价值较高的"良币"必然被收藏、熔化或输出而退出流通,实际价值较低的"劣币"则会充斥市场,出现"劣币驱逐良币"的现象。

(三) 金本位制

1. 金本位制的内容

金本位制的主要内容包括以下几项：

(1) 用黄金来规定货币所代表的价值，每一货币都有法定的含金量，各国货币按其所含黄金的重量而有一定的比价。

(2) 金币可以自由铸造，任何人都可按法定的含金量，自由地将金块交给国家造币厂铸造成金币，或以金币同造币厂换回相当的金块。

(3) 金币是无限法偿的货币，具有无限制支付手段的权利。

(4) 各国的货币储备是黄金，国际上结算也使用黄金，黄金可以自由输出输入。

2. 金本位制的分类

金本位制分为金币本位制、金块本位制和金汇兑本位制三种形式。

(1) 金币本位制。

这是金本位货币制度的最早形式，亦称为古典的或纯粹的金本位制，是金本位制中最典型的代表。其特征有以下几个方面：①以一定量的黄金为货币单位铸造金币，作为本位币。②金币可以自由铸造，自由熔化，具有无限法偿能力，同时限制其他铸币的铸造和偿付能力。③辅币和价值符号(如银行券)可以自由兑换金币或等量黄金。④黄金可以自由输出输入。在实行金本位制的国家之间，根据两国货币的黄金含量计算汇率，称为金平价。⑤以黄金为唯一准备金。

(2) 金块本位制。

金块本位制是指由中央银行发行、以金块为准备的纸币流通的货币制度。它是一种以金块办理国际结算的变相金本位制，亦称金条本位制。在该制度下，由国家储存金块作为储备。流通中的各种货币与黄金的兑换关系受到限制，不再实行自由兑换；但在需要时，可按规定的限制数量以纸币向本国中央银行无限制兑换金块。可见，这种货币制度实际上是一种附有限制条件的金本位制。

(3) 金汇兑本位制。

金汇兑本位制是指以银行券为流通货币，通过外汇间接兑换黄金的货币制度。金汇兑本位制与金块本位制的相同之处在于规定货币单位的含金量，国内流通银行券，没有铸币流通。银行券不能直接兑换黄金，只能兑换实行金块或金币本位制国家的货币。本国中央银行将黄金与外汇存于另一个实行金本位制的国家，允许以外汇间接兑换黄金，并规定本国货币与该国货币的法定比率，从而稳定本币币值。

布雷顿森林体系是以美元和黄金为基础的金汇兑本位制。其实质是建立一种以美元为中心的国际货币体系，基本内容包括美元与黄金挂钩、其他国家的货币与美元挂钩以及实行固定汇率制度。布雷顿森林体系的运转与美元的信誉和地位密切相关。

布雷顿森林体系崩溃以后，国际金融秩序再次动荡，国际社会及各方人士也纷纷探析能否建立一种新的国际金融体系，直至1976年1月，国际货币基金组织理事会"国际货币制度临时委员会"在牙买加首都金斯敦举行会议，签订达成了《牙买加协议》，同年4月，国际货币基金组织理事会通过了《IMF 协定第二修正案》,从而形成了新的国际货币体系,即牙买加体系。

牙买加协议的主要内容如下:

(1)实行浮动汇率制度的改革。

(2)推行黄金非货币化。

(3)增强特别提款权的作用。

(4)增加成员基金份额。

(5)扩大信贷额度,以增加对发展中国家的融资。

(四)纸币本位制

纸币本位制又称信用本位制,是指由中央银行代表国家发行以纸币为代表的国家信用货币,由政府赋予无限法偿能力并强制流通的货币制度。它的主要特点如下:

(1)纸币的发行不受黄金储备的限制,其发行量完全取决于实现货币政策的需要。

(2)纸币的价值取决于它的购买力,纸币的购买力与发行量成反比,与商品供应量成正比。

(3)纸币的流通完全取决于纸币发行者的信用。

(4)政府通过法律手段保证纸币具有一定的强制接受性。

(5)从世界范围看,纸币本位制下的存款货币和电子货币的流通广泛发展,而现金货币流通呈现出日渐萎缩的趋势。

第二节 信用、利息与利率

考点一 信用

一、信用的产生与发展

信用就是以偿还本金和付息为特征的借贷行为。一般认为,当商品交换出现延期支付、货币执行支付手段职能时,信用就产生了。

信用概念需要注意的几个方面:

(1)信用是以偿还本金和付息为特征的借贷行为。

(2)信用关系是债权债务关系。

(3)信用是价值运动的特殊形式。

(4)信用关系反映一定的生产关系。

信用的产生必须具备两方面的条件:①信用是在商品货币经济有了一定发展的基础上产生的;②信用只有在货币的支付手段职能存在的条件下才能发生。

二、信用工具

信用工具又称金融(融资)工具,是指用来证明债权(所有权)、债务关系的各种具有法律效力的书面凭证。

(一)信用工具的特征

信用工具具有偿还性、收益性、风险性和流动性四个特征。

(二)信用工具的分类

与多种信用形式相对应的是多种信用工具,信用工具的分类见下表。

表 3-2-2　信用工具的分类

分类标准	内容
信用形式	信用工具可分为商业信用工具(如各种商业票据等)、银行信用工具(如银行券和银行票据等)、国家信用工具(如国库券等各种政府债券)、证券投资信用工具(如债券、股票等)
期限	信用工具可分为长期、短期和不定期信用工具。长期与短期的划分没有一个绝对的标准,一般以1年为界,1年以上的为长期,1年以下则为短期 (1)短期信用工具主要是指国库券、各种商业票据,包括汇票、本票、支票等 (2)长期信用工具通常指有价证券,主要有债券和股票 (3)不定期信用工具是指银行券和多数的民间借贷凭证。银行券是银行发行的一种信用货币,是不定期的债务凭证

考点二　利息与利率概述

一、利息的概念

视频讲解

利息是指在借贷活动中,债务人支付给债权人的超过借贷本金的那部分货币资金,是债务人为取得货币使用权所付出的代价。或者说,它是债权人让渡货币的使用权所获得的报酬。

二、利率的分类

利息率简称利率,是利息额同借贷资本总额的比率,是借贷资本的价格。依据不同的分类标准,利率有多种划分方法,具体内容见下表。

表 3-2-3 利率的分类

分类标准	种类
计算利率的期限单位	年利率、月利率与日利率
利率的决定方式	市场利率、官定利率和公定利率。市场利率是指由资金供求关系和风险收益等因素决定的利率。官定利率是指由政府金融管理部门或中央银行根据国家经济发展和金融市场需要所确定和调整的利率。公定利率是指由一个国家或地区银行公会(同业协会)等金融机构行业组织所确定的利率
借贷期内利率是否调整	固定利率与浮动利率。固定利率是指在整个借贷期限内,利率水平保持不变的利率。浮动利率是指在借贷关系存续期内,利率水平可随市场变化而定期变动的利率
利率的地位	基准利率与一般利率。基准利率是在整个利率体系中起主导作用的基础利率。它的水平和变化决定其他各种利率的水平和变化。在我国,一般以中国人民银行对金融机构规定的存贷款利率为基准利率
借贷期限长短	长期利率和短期利率。通常以 1 年为标准来区分长期利率和短期利率。凡是借贷期限满 1 年的利率为长期利率,不满 1 年的则为短期利率
是否剔除通货膨胀因素	名义利率与实际利率。名义利率是指没有剔除通货膨胀因素的利率,即包括补偿通货膨胀风险的利率。实际利率是指剔除通货膨胀因素的利率,即物价不变,从而货币购买力不变条件下的利率 如果以 r 表示实际利率,i 表示名义利率,p 表示通货膨胀率,则实际利率的计算公式如下: $$r=\frac{1+i}{1+p}-1$$ 或 $$r=i-p$$ 前一种计算方式比较精确,多用于核算实际成本和实际收益;后一种多用于估算成本、收益及理论阐述
借贷主体	①中央银行利率(包括再贴现、再贷款利率等);②商业银行利率(包括存款利率、贷款利率、贴现率等);③非银行利率(包括债券利率、企业利率、金融利率等)
金融机构对同类存贷款利率制定不同的标准	一般利率和优惠利率。后者的贷款利率往往低于前者,后者的存款利率往往高于前者。贷款优惠利率的授予对象大多为国家政策扶持的项目,存款优惠利率大多用于争取目标资金来源

三、决定利率的因素

利率是计算借贷资金报酬的依据,因此利率水平的高低直接影响借款者的成本和贷出者的收益。决定利率水平的因素多种多样,具体内容见下表。

表 3-2-4　决定利率的因素

因素	表现
平均利润率	在其他条件不变的情况下,平均利润率高,银行就要按较高的利率收取或支付利息
借贷资金的供求关系	当借贷资本供不应求时,利率上升;当借贷资本供过于求时,利率下降
预期通货膨胀率	当预期通货膨胀率提高时,债权人会要求提高贷款利率;当预期通货膨胀率降低时,利率一般会相应下降
中央银行货币政策	中央银行采取紧缩政策时,会提高再贴现率或其他由中央银行所控制的基准利率;当中央银行实行扩张政策时,会降低再贴现率或其他基准利率
国际收支情况	(1)一国国际收支平衡时,一般不会变动利率 (2)一国国际收支持续大量逆差时,金融管理当局会提高利率 (3)一国国际收支持续大量顺差时,金融管理当局可能会降低利率,减少资本项目的外汇流入
国际利率水平	国际资金的流动受到利率的影响,资金会流向利率相对较高的国家

四、利率的计算

视频讲解

一般情况下,利率的最高界限为平均利润率,最低界限为 0。利率的计算公式如下:

$$利率 = \frac{利息额}{借贷资金额} \times 100\%$$

利率可划分为年利率、月利率、日利率。一般来说,年利率与月利率及日利率之间的换算公式如下:

$$年利率 = 月利率 \times 12 = 日利率 \times 360$$

五、单利与复利

(一)单利

单利就是不论借贷期限的长短,仅按本金计算利息,上期本金所产生的利息不计入下期本金重复计算利息。单利计算公式如下:

$$I = P \cdot r \cdot n$$
$$S = P \cdot (1 + n \cdot r)$$

其中,I 表示利息额,P 表示本金,r 表示利率,n 表示借贷期限,S 表示本利和。我国的银行存款利息除活期存款在每季度结息日时将利息计入本金作为下一季度的本金计算复利外,其他存款不论存期多长,一律不计复利。

(二)复利

复利也称利滚利,就是将每一期所产生的利息加入本金一并计算下一期的利息。复利的计算公式如下:

$$S = P(1+r)^n$$

$$I = S - P = P\left[(1+r)^n - 1\right]$$

其中，S 表示本利和，I 表示利息额，P 表示本金，r 表示利率，n 表示借贷期限。

一般来说，若本金为 P，年利率为 r，每年的计息次数为 m，则第 n 年年末的期值公式如下：

$$FV_n = P\left(1 + \frac{r}{m}\right)^{mn}$$

考点三　利率理论

一、利率的风险结构

债权工具的到期期限相同但利率却不相同的现象称为利率的风险结构。它是由以下三个原因引起的：违约风险、流动性和所得税因素。其具体内容见下表。

表 3-2-5　利率的风险结构

要点	具体内容
违约风险	违约风险即债务人无法依约付息或偿还本金的风险，它影响着各类债权工具的利率水平。 一般来说，债券违约风险越大，其利率越高 （1）同等条件下，政府债券的违约风险最低，公司债券的违约风险相对较高 （2）同等条件下，信用等级较高的公司债券的违约风险低于普通公司债券的违约风险
流动性	流动性反映的是投资的时间尺度和价格尺度之间的关系。流动性差的债券风险大，利率高一些；流动性越强的债券，利率越低 （1）国债的流动性强于公司债券 （2）期限较长的债券，流动性差
所得税因素	同等条件下，免税的债券利率低

综上所述，违约风险越大，流动性越差，无免税债券的利率越高。

二、利率的期限结构

具有相同风险、流动性和税收特征的债券，由于距离到期日的时间不同，其利率也会有所差异，具有不同到期期限的债券之间的利率关系被称为利率的期限结构。目前，主要有三种理论解释利率的期限结构，即预期假说、分割市场理论和流动性溢价理论。

（1）预期假说。预期假说认为，长期债券的利率等于长期债券到期之前人们所预期的短期利率的平均值。由于未来不同的时间段内的短期利率的预期值不同，所以到期期限不同的债券具有不同的利率。

（2）分割市场理论。分割市场理论认为，不同期限的债券市场是完全独立和分割开来的市场，到期期限不同的债券利率仅取决于各债券的供给与需求，而与其他不同期限的债券的预期回报率无关。

（3）流动性溢价理论。流动性溢价理论认为长期债券的利率应当等于在该债券期限内预期发生的短期债券利率的平均值加上该债券受供求影响的流动性溢价。

经典例题

根据利率期限的流动性溢价理论,如果在接下来的三年中,预期的一年期债券利率分别为4%、5%、6%,三年期债券的流动性溢价为0.5%,那么三年期债券的利率是( )。

A. 4%   B. 4.5%

C. 5%   D. 5.5%

【答案】D。解析:流动性溢价理论是预期理论与分割市场理论结合的产物。它认为长期债券的利率应当等于长期债券到期之前预期短期利率的平均值与随债券供求状况变动而变动的流动性溢价之和。可知,三年期债券利率为(4%+5%+6%)÷3+0.5%=5.5%。

三、利率理论

(一)马克思的利率决定理论

马克思的利率决定理论是以剩余价值在不同资本家之间的分割作为起点的。马克思指出,利息是贷出资本家从借入资本的资本家那里分割来的一部分剩余价值。剩余价值表现为利润,因此,利息量的多少取决于利润总额。利息率取决于平均利润率。

(二)古典利率理论

古典利率理论认为,利率决定于储蓄(S)与投资(I)的均衡点。投资是利率的递减函数,储蓄是利率的递增函数。

(1)当 S>I 时,利率会下降。

(2)当 S<I 时,利率会上升。

(3)当 S=I 时,利率达到均衡水平。

古典利率理论的隐含假定是,当实体经济部门储蓄等于投资时,整个国民经济达到均衡状态。因此,该理论属于"纯实物分析"的框架。

(三)凯恩斯利率理论

凯恩斯利率理论包含以下三个内容:

(1)凯恩斯利率理论又称流动性偏好理论,该理论认为,货币的供应量由中央银行直接控制,因此货币供给独立于利率的变动,在坐标图中表现为一条垂线。货币的需求量取决于三种动机,即交易动机、预防动机和投机动机。

(2)均衡利率取决于货币需求曲线与货币供给曲线的交点。

(3)流动性陷阱。当利率下降到某一水平时,市场就会产生未来利率会上升的预期,这样货币投机需求就会达到无穷大,这时无论中央银行供应多少货币,都会被相应的投机需求所吸收,从而使利率不能继续下降而"锁定"在这一水平,这就是"流动性陷阱"。

(四)可贷资金利率理论

可贷资金利率理论是新古典学派的利率理论,是为修正凯恩斯的"流动性偏好"理论而提出的,实际上可看成古典利率理论和凯恩斯利率理论的一种综合。

按照可贷资金理论,借贷资金的供给包括三个方面:①当前收入超过消费的部分即储蓄 S ,与利率正相关;②央行增发货币及银行系统信用扩张引起的货币增加 ΔM ,与利率无关;③净负窖藏 ΔH ,即上期的窖藏重新投入市场,它来源于人们对流动性偏好的降低,与利率正相关(利率越高,窖藏的机会成本越高,储蓄也越高)。

$I(i)$ 表示投资是利率的反函数, $DH(i)$ 表示窖藏是利率的反函数, $S(i)$ 表示储蓄是利率的增函数, $\Delta M(i)$ 表示信用创造或货币发行是利率的增函数, $\Delta H(i)$ 表示反窖藏是利率的增函数, L_s 表示可贷资金供给, L_d 表示可贷资金需求,则有以下关系:

$$L_s = S(i) + \Delta M(i) + \Delta H(i)$$
$$L_d = I(i) + DH(i)$$

可贷资金利率理论认为,利率取决于可贷资金供给与需求的均衡点。当可贷资金的供给与需求达到均衡时,则有以下关系:

$$S(i) + \Delta M(i) + \Delta H(i) = I(i) + DH(i)$$

可贷资金利率理论没有考虑收入因素对利率的影响。

(五)IS-LM 模型分析的利率理论

IS-LM 模型的理论基础有以下几点:

(1)整个社会经济活动可分为两个领域:实际领域和货币领域。在实际领域中要研究的主要对象是投资(I)和储蓄(S);在货币领域中要研究的主要对象是货币需求(L)和货币供给(M)。

(2)实际领域均衡的条件是投资(I)= 储蓄(S),货币领域均衡的条件是货币需求(L)= 货币供给(M),整个社会经济均衡必须在实际领域和货币领域同时达到均衡时才能实现。

(3)投资是利率 i 的反函数,即 $I(i)$;储蓄是收入 Y 的增函数,即 $S(Y)$。货币需求可按不同的需求动机分为两个组成部分:L_1 和 L_2,其中 L_1 是满足交易与预防动机的货币需求,是收入的增函数,即 $L_1(y)$;而 L_2 是满足投机动机的货币需求,是利率的反函数,即 $L_2(i)$。

根据以上条件,必须在实际领域找出 I 和 S 相等的均衡点的轨迹,即 IS 曲线;在货币领域找到 L 和 M 相等的均衡点的轨迹,即 LM 曲线。然后由这两条曲线所代表的两个领域同时达到均衡的点来决定利率和收入水平,即 IS-LM 模型。该模型见下图。

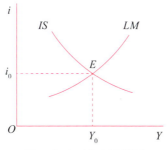

图 3-2-1　IS-LM 模型

在图 3-2-1 中,IS 曲线和 LM 曲线的交点 E 所决定的收入 Y_0 和利率 i 就是使整个经济处于一般均衡状态的唯一的收入水平和利率水平。处于 E 点以外的任何收入和利率的组合都是不稳定的,都需要通过商品市场和货币市场的调整来达到均衡。

第三节　金融机构和金融制度

考点详解

考点一　金融机构

视频讲解

一、金融机构的概念与性质

(一)金融机构的概念

狭义的金融机构指金融活动的中介机构,即在间接融资领域中作为资金余缺双方交易的媒介,专门从事货币、信贷活动的机构,主要指银行和其他从事存、贷款业务的金融机构。

广义的金融机构是指所有从事各类金融活动的组织,包括直接融资领域中的金融机构和间接融资领域中的金融机构。直接融资领域中金融机构的主要职能是充当投资者和筹资者之间的经纪人;间接融资领域中金融机构的主要职能是作为资金余缺双方进行货币借贷交易的媒介。

(二)金融机构的性质

金融机构是一种以追逐利润为目标的金融企业。这个性质包含两层含义:①经营目标是以最小的成本获得最大的利润;②所经营的对象是特殊的商品——货币资金。

二、金融机构的职能

金融机构的职能是由其性质决定的。金融机构的主要职能如下:

(1)信用中介。信用中介职能是金融机构最基本、最能反映其经营活动特征的职能。

(2)支付中介。

(3)将货币收入和储蓄转化为资本。该职能是信用中介职能的延伸。

(4)创造信用工具。该职能是信用中介和支付中介职能的延伸。

(5)金融服务。

三、金融机构的种类

按照不同的标准,可以将金融机构划分为不同的类型。

(1)按照融资方式不同,金融机构分为直接金融机构和间接金融机构。

(2)按照从事金融活动的目的不同,金融机构分为金融调控监管机构和金融运行机构。

(3)按照金融机构业务的特征不同,金融机构分为银行和非银行金融机构。

(4)按照是否承担政策性业务,金融机构分为政策性金融机构和商业性金融机构。

(5)按照金融机构所经营金融业务的基本特征及其发展趋势的不同,金融机构分为存款性金融机构、投资性金融机构、契约性金融机构和政策性金融机构。

四、中央银行

(一)中央银行的性质与职能

中央银行是金融管理机构,它代表国家管理金融、制定和执行金融政策,主要采用经济手段对金融经济领域进行调节和控制。中央银行是一国最高的货币金融管理机构,在各国金融体系中居于主导地位。

我们通常将中央银行的职能概括为"发行的银行""银行的银行"和"政府的银行"。

(二)中央银行的业务

1. 中央银行的资产与负债业务

中央银行在履行三大基本职能时,业务活动集中反映在某一时点上的资产负债表。我国中央银行资产与负债业务的主要内容见下表。

表 3-2-6　中央银行的资产与负债业务

业务	具体内容
资产业务	中央银行的资产业务包括以下内容:①国外资产;②对政府债权;③对其他存款性公司债权;④对其他金融性公司债权;⑤对非金融性部门债权;⑥其他资产
负债业务	中央银行的负债业务包括以下内容:①储备货币(包括货币发行和其他存款性公司存款);②不计入储备货币的金融性公司存款;③发行债券;④国外负债;⑤政府存款;⑥自有资金;⑦其他负债

2. 中央银行的中间业务

资产清算业务是中央银行的主要中间业务,这类业务可以划分为以下三类:①集中办理票据交换;②结清交换差额;③办理异地资金转移。

考点二　金融制度

视频讲解

一、金融制度的概念

金融制度是指一个国家以法律形式确定的金融体系结构,以及组成该体系的各类金融机构的职责分工和相互关系的总和。从广义上说,金融制度包括金融中介机构、金融市场和金融监管制度等方面的内容,具体表现在以下几个方面:①各类金融机构的地位、作用、职能和相互关系;②金融市场的结构和运行机制;③金融监管制度,包括中央银行或金融监管当局,金融调控、金融管理的法律法规,金融调控、金融监管的组织形式、运作体制等。

二、中央银行制度

目前世界各国基本上都实行中央银行制度,主要有单一式中央银行制度、复合式中央银行制度、准中央银行制度和跨国中央银行制度。单一式中央银行制度是指国家建立单独的中央银行机构,使之全面行使中央银行职能的中央银行制度。这种类型又分为一元式中央银行和二元式中央银行制度。

三、商业银行制度

商业银行是各国金融体系的主体。商业银行的制度包括组织制度和业务经营制度,具体内容见下表。

表 3-2-7　商业银行制度

制度	具体内容
商业银行的组织制度	(1)单一银行制度 (2)分支银行制度 (3)持股公司制度 (4)连锁银行制度
商业银行的业务经营制度	(1)分业经营银行制度 (2)综合性银行制度

四、政策性金融制度

政策性金融制度是一种具有政策性与金融性双重特征的特殊金融活动。

政策性金融机构的职能主要有以下四个方面:①倡导性职能(诱导性职能);②选择性职能;③补充性职能(弥补性职能);④服务性职能。

政策性金融机构的经营原则包括政策性原则、安全性原则和保本微利原则。

五、金融监管模式

目前世界各国的金融监管模式主要分为以下三类:

(1)分业监管,参照机构监管的思路,对不同金融机构按照所属行业进行划分,由不同的监管部门分别监管。早期的金融市场多采用这一监管模式。

(2)统一监管,是指按照监管目标的不同,对一项或几项监管目标赋予统一监管机构进行监管。典型案例是澳大利亚的双峰式监管模式。

(3)超级监管模式,是统一监管模式的一种极端方式,即将不同金融机构的所有监管(包括审慎监管和市场行为监管)均交给一个监管机构统一负责。目前采取这一模式的国家有英国、新加坡、韩国等。

考点三　金融中介机构体系

一、金融中介机构的定义

狭义的金融中介机构是指在金融活动中处于信用关系中借贷双方之间的中介,从贷方那里借入资金,再向借方贷出,分别与借方和贷方形成独立的债权和债务关系。狭义的金融中介机构一般指商业银行。

广义的金融中介机构泛指参与或服务于金融市场活动而获取收益的各类组织和机构,包括商业银行和非银行金融机构。它们相互联系、相互影响,形成统一整体,构成金融中介机构体系。本书取其广义的含义。

二、金融中介机构的职能

金融中介机构的职能主要有信用创造、清算支付、资源配置、信息提供和风险管理等。

三、金融中介机构的分类

金融中介机构按不同的标准,可划分为不同的种类,具体内容见下表。

表3-2-8　金融中介机构的分类

分类标准	具体内容
经济活动	联合国统计署按经济活动类型,把现今世界上的经济活动分成十七类 (1)不包含保险和养老基金的金融中介活动:货币中介;中央银行和其他货币中介(主要是指存款货币银行)的活动;其他金融中介;金融租赁以及其他如农业信贷、进出口信贷、消费信贷等专业信贷的活动 (2)保险和养老基金(不包括强制性社会保障):生命保险活动;养老基金活动;非生命保险活动 (3)辅助金融中介的活动:金融市场组织(如证券交易所)的活动;包括投资银行、投资基金之类的证券交易活动;与金融中介有关的其他辅助活动
中心产品	①金融中介服务;②投资银行服务;③保险和养老基金服务;④再保险服务;⑤金融中介辅助服务;⑥保险和养老基金辅助服务等
国民核算体系SNA按机构的分类	①中央银行;②其他存款公司;③不是通过吸纳存款的方式而是通过在金融市场上筹集资金并利用这些资金获取金融资产的投资公司、金融租赁公司以及消费信贷公司等;④金融辅助机构,如各类经纪人;⑤保险公司和养老基金

四、我国的金融中介机构体系

目前,我国的金融机构体系主要包括商业银行、政策性银行、证券机构、保险公司、金融资产管理公司、农村信用社、信托投资公司、财务公司、金融租赁公司和小额贷款公司等。

(1)商业银行。在我国的金融机构体系中,商业银行是主体,并且以银行信贷为主的间接融资在社会总融资中占主导地位。目前,我国的商业银行体系分为国有控股商业银行、股份制商业银行、城市商业银行、农村银行机构、中国邮政储蓄银行、外资商业银行、民营银行。

(2)政策性银行。政策性银行是由政府出资创立、参股或保证的,以配合、贯彻政府社会经济政策或意图为目的,在特定的业务领域内,规定有特殊的融资原则,不以盈利为目的的金融机构。政策性银行包括中国进出口银行、中国农业发展银行、国家开发银行。

(3)证券机构。我国证券机构主要包括证券公司、证券交易所、证券登记结算公司、证券投资咨询公司、投资基金管理公司等。

（4）保险公司。保险公司是指以经营保险业务为主的非银行金融机构，是金融机构体系的重要组成部分。

（5）其他金融机构。其他金融机构包括金融资产管理公司、信托公司、财务公司、金融租赁公司、汽车金融公司、小额贷款公司、消费金融公司等。

第四节　金融市场

考点一 **金融市场与金融工具概述**

一、金融市场的概念与功能

（一）金融市场的概念

金融市场是创造和交易金融资产的市场，是以金融资产为交易对象而形成的供求关系和交易机制的总和。

金融市场是要素市场的一种。现代金融市场往往是无形的市场。

（二）金融市场的功能

金融市场最基本的功能是满足社会再生产过程中的投融资需求，促进资本的集中与转换。具体来看，金融市场主要有融通货币资金、优化资源配置、风险分散与风险管理、经济调节、交易及定价五个方面的功能。

二、金融市场的重要性

金融市场是经济运行的"晴雨表"，其重要性体现在以下四个方面：①促进储蓄-投资转化；②优化资源配置；③反映经济状态；④宏观调控。

三、金融市场的构成要素

金融市场四要素：金融市场主体、金融市场客体、金融市场中介和金融市场价格。

（一）金融市场主体

金融市场主体是指在金融市场上交易的参与者。金融市场主体包括家庭、企业、政府、金融机构、中央银行及监管机构。其具体内容见下表。

表 3-2-9　金融市场主体

主体	具体内容
家庭	家庭是金融市场上主要的资金供应者
企业	企业是金融市场运行的基础,是重要的资金需求者和供给者
政府	在金融市场上,各国的中央政府和地方政府通常是资金的需求者
金融机构	金融机构是金融市场上最活跃的交易者,分为存款性金融机构和非存款性金融机构。存款性金融机构是指经营各种存款并提供信用中介服务以获取收益的金融机构,主要包括商业银行、储蓄机构和信用合作社等。非存款性金融机构通过发行债券或以契约的形式聚集社会闲散资金,包括保险公司、退休养老金、投资银行和投资基金等机构
中央银行	中央银行在金融市场上处于一种特殊的地位,它既是金融市场中重要的交易主体,又是监管机构之一
监管机构	我国的金融监管机构主要有中国人民银行、中国银行保险监督管理委员会、中国证券监督管理委员会、国家外汇管理局、国有重点金融机构监事会、金融机构行业自律组织等

(二)金融市场客体

金融市场客体即金融工具,是指金融市场上的交易对象或交易标的物。

1. 金融工具的分类

金融工具的分类有三种方法,具体内容见下表。

表 3-2-10　金融工具的分类

分类标准	类型	定义
期限	货币市场工具	期限在 1 年以内的金融工具,包括商业票据、国库券、银行承兑汇票、大额可转让定期存单、同业拆借、回购协议等
	资本市场工具	期限在 1 年以上的金融工具,包括股票、企业债券、中长期国债等
性质	债权凭证	债权凭证是发行人依法定程序发行,并约定在一定期限内还本付息的有价证券
	所有权凭证	所有权凭证主要是指股票
与实际金融活动的关系	原生金融工具	商业票据、股票、债券、基金等基础金融工具
	衍生金融工具	期货合约、期权合约、互换合约等衍生金融工具

2. 金融工具的性质

金融工具具有期限性、流动性、收益性和风险性。金融工具四个性质间的联系:①期限性与收益性、风险性成正比,与流动性成反比;②流动性与收益性成反比;③收益性与风险性成正比;④流动性与风险性成反比。

(三)金融市场中介

金融市场中介是指在金融市场上充当交易媒介,从事交易或促使交易完成的组织、机构或个人。它与金融市场主体一样,都是金融市场中的参与者,但金融市场中介参与金融市场活动的目的是获取佣金,其本身并非真正的资金供给者或需求者。

(四)金融市场价格

金融市场价格表现为各种金融工具的价格。价格机制在金融市场中发挥着极为关键的作用,是金融市场高速运行的基础。在一个有效的金融市场中,价格能及时、准确、全面地反映资产的价值,反映各种公开信息,引导资金的流向。

四、金融市场的类型

金融市场由很多子市场构成。金融市场的类型见下表。

表 3-2-11　金融市场的类型

分类标准	类型	具体内容
市场中交易标的物	货币市场	货币市场是短期资金市场,是指融资期限在 1 年以下的金融市场,是金融市场的重要组成部分
	债券市场	债券市场和股票市场合称资本市场。资本市场是长期资金市场,是指证券融资和经营期限在 1 年以上的资金借贷及证券交易的场所
	股票市场	
	外汇市场	外汇市场是指经营外币和以外币计价的票据等有价证券买卖的市场
	衍生品市场	衍生品市场是由一组规则、一批组织和一系列产权所有者构成的一套市场机制
	保险市场	保险市场是指保险商品交换关系的总和或是保险商品供给与需求关系的总和
	黄金市场	黄金市场是指集中进行黄金买卖和金币兑换的市场
交易中介作用	直接金融市场	直接金融市场是指资金需求者直接向资金供给者融通资金的市场
	间接金融市场	间接金融市场是以银行等信用中介机构作为媒介来进行资金融通的市场
交易性质	发行市场	发行市场又称一级市场或初级市场,是新发行的金融工具最初从发行者手中出售到投资者手中的市场
	流通市场	流通市场又称二级市场或次级市场,是已发行的金融工具进行转让交易的市场
有无固定场所	场内市场	场内市场又称证券交易所市场,是证券买卖双方公开交易的场所,是一个高度组织化、集中进行证券交易的市场,是整个证券市场的核心
	场外市场	场外市场又称柜台市场或店头市场,在交易所市场外由证券买卖双方当面议价成交的市场,是最原始的市场。随着金融交易朝着电子化、网络化、无纸化的方向发展,场内市场和场外市场界限逐渐模糊

表3-2-11(续)

分类标准	类型	具体内容
交易期限	货币市场	货币市场是指期限在1年以内的,以短期金融工具为媒介进行的资金融通和借贷的交易市场
	资本市场	资本市场是指期限在1年以上的,以金融资产为交易标的物的金融市场
地域范围	国内金融市场	国内金融市场是指金融交易的范围仅限于一国之内的市场。它在一国内部,交易以本币计价,受本国法律制度的规范和保护。国内金融市场包括全国性金融市场和地区性金融市场
	国际金融市场	国际金融市场是金融工具在国际间进行交易并引起资本在国际间流动的市场。国际金融市场大多数没有固定的交易场所,属于无形市场
成交与定价方式	公开市场	公开市场是指公开竞价形成相应价格的市场,一般在证券交易所进行
	议价市场	议价市场是指买卖双方通过协商形成相应价格的市场,无固定场所,相对分散
交割时间	即期市场	即期交易是指交易双方成交后即时清算交割的市场
	远期市场	远期市场是指交易双方达成成交协议后,约定在一定时期后进行清算和交割的市场

五、有效市场假说

1970年,尤金·法玛发表了《有效资本市场:理论与实证研究回顾》,系统地提出了有效市场假说(EMH)。

(一)有效市场假说的定义

根据法玛的定义,有效市场假说是指证券价格充分反映了全部可以提供的信息,也就是有效市场是一个价格可以迅速对影响价格的因素作出反应的市场。

(二)有效市场假说的假设

有效市场假说建立在以下五个主要假设之上:

(1)投资者都是理性的,能理性地为证券估值。

(2)如果市场上存在非理性人,他们会进行随机交易,行为会相互抵消,不会造成价格大规模波动。

(3)即使市场上的大量理性人进行的交易具有一定的模式,市场上大量的套利投资者会抵消其对价格的影响。

(4)信息是随机的,没有相关性。

(5)没有交易成本。

(三)有效市场的分类

法玛根据信息的公开程度,将信息分为三类:历史信息、公开信息和内幕信息,并以此界定了三种不同程度的有效市场。有效市场的分类见下表。

表 3-2-12　有效市场的分类

类别	具体内容
弱有效市场	市场价格已充分反映出所有历史的证券价格信息,包括股票的成交价和成交量、卖空金额、融资金额等,技术分析是徒劳的
半强有效市场	股价已充分反映出所有已公开的有关公司营运前景的信息。这些信息有成交价、成交量、盈利资料、盈利预测值、公司管理状况及其他公开披露的财务信息等。假如投资者能迅速获得这些信息,股价应迅速作出反应,基本面分析方法无效
强有效市场	股价已经包括全部与公司有关的信息,甚至内幕信息。从理论上说,一个机制完善、监管严格的市场是不存在利用内幕信息进行交易的

有效市场假设理论认为,证券在任一时点的价格均对所有相关信息作出了反应。股票价格的任何变化只会由新信息引起。由于新信息是不可预测的,因此股票价格的变化也是随机变动的。一个有效的市场将不会存在证券价格被高估或被低估的情况,投资者将不可能根据已知信息获利。

考点二　货币市场、资本市场与外汇市场

视频讲解

一、货币市场

货币市场主要包括同业拆借市场、回购协议市场、商业票据市场、银行承兑汇票市场、短期政府债券市场和大额可转让定期存单市场等。货币市场中交易的金融工具一般都具有期限短、流动性高、对利率敏感等特点,具有"准货币"特性。货币市场的分类见下表。

表 3-2-13　货币市场的分类

市场	具体内容
同业拆借市场	同业拆借的资金主要用于弥补银行短期资金的不足、票据清算的差额以及解决临时性资金短缺需要,亦称"同业拆放市场",是金融机构之间进行短期、临时性头寸调剂的市场
回购协议市场	回购协议市场是指通过证券回购协议进行短期货币资金借贷所形成的市场。证券回购协议是指证券资产的持有者在卖出一定数量的证券资产的同时与买方签订的在未来某一特定日期按照约定的价格购回所卖证券资产的协议 回购协议中的交易计算公式如下: $$I = PP \times RR \times \frac{T}{360}$$ $$RP = PP + I$$ 其中,PP 表示本金;RR 表示证券商和投资者所达成的回购时应付的利率;T 表示回购协议的期限;I 表示应付利息;RP 表示回购价格

表3-2-13(续)

市场	具体内容
商业票据市场	商业票据是公司为了筹措资金，以贴现的方式出售给投资者的一种短期无担保的信用凭证。由于商业票据没有担保，完全依靠公司的信用发行，因此其发行者一般都是规模较大、信誉良好的公司。商业票据市场就是这些公司发行商业票据并进行交易的市场
银行承兑汇票市场	汇票是由出票人签发的，委托付款人在见票后或票据到期时，对收款人无条件支付一定金额的信用凭证。由银行作为汇票的付款人，承诺在汇票到期日支付汇票金额的票据，称为银行承兑汇票，以此为交易对象的市场就是银行承兑汇票市场。银行承兑汇票市场主要由一级市场和二级市场构成。一级市场即发行市场，主要涉及汇票的出票和承兑行为；二级市场相当于流通市场，涉及汇票的贴现与再贴现过程
短期政府债券市场	短期政府债券是一国政府部门为满足短期资金需求而发行的一种期限在1年以内的债务凭证。广义的短期政府债券不仅包括国家财政部门发行的债券，还包括地方政府及政府代理机构所发行的债券；狭义的短期政府债券则仅指国库券
大额可转让定期存单(CDs)市场	大额可转让定期存单(CDs)是银行发行的有固定面额、可转让流通的存款凭证。它由花旗银行首先推出，是银行业为逃避金融法规约束而创造的金融创新工具

二、资本市场

(一)资本市场的交易对象

资本市场的交易对象主要是政府中长期债券、公司债券和股票等有价证券以及银行中长期贷款。

(二)资本市场的特点

资本市场具有以下特点：

(1)融资期限长。资本市场的期限至少在1年以上，也可以长达数十年之久，甚至无到期日。

(2)流动性相对较差。在资本市场上筹集到的资金多用于解决中长期融资需求，故流动性与变现性相对较弱。

(3)风险大而收益相对较高。由于融资期限较长，发生重大变故的可能性也大，市场价格容易波动，投资者需承受较大风险。同时，作为对风险的报酬，其收益也较高。

(4)资金借贷量大。

(5)价格变动幅度大。

(三)资本市场的分类

在我国，资本市场主要包括债券市场、股票市场和证券投资基金市场。资本市场的分类见下表。

表 3-2-14　资本市场的分类

市场	具体内容
债券市场	债券是债务人依照法定程序发行,承诺按约定的利率和日期支付利息,并在约定日期偿还本金的书面债务凭证。它反映了筹资者和投资者之间的债权债务关系。债券市场是发行和买卖债券的场所,是金融市场的一个重要组成部分
股票市场	(1)股票是由股份有限公司签发的用以证明股东所持股份的凭证,它表明股票持有者对公司的部分资本拥有所有权。股票是代表对一定经济利益分配请求权的资本证券,是资本市场流通的一种重要工具 (2)股票市场是股票发行和流通的市场,可分为一级市场和二级市场。一级市场就是股票的发行市场,是股份公司发行新股票筹集资本的市场;二级市场即股票的流通市场,是指对已发行的股票进行买卖和转让的市场
证券投资基金市场	证券投资基金是通过发行基金股份或收益凭证,将投资者分散的资金集中起来,由专业管理人员分散投资于股票、债券或其他金融资产,并将投资收益分配给基金持有者的一种融资活动。证券投资基金市场是指各类基金的发行、赎回及转让所形成的市场

三、外汇市场

(一)外汇市场概述

外汇是一种以外国货币表示的用于国际结算的支付手段,通常包括可自由兑换的外国货币和外币支票、汇票、本票、存单等。广义的外汇还包括外币有价证券,如股票、债券等,实际上包括了一切外币金融资产。外汇市场是进行外汇买卖的场所或营运网络,由外汇需求者、外汇供给者及买卖中介机构组成。

(二)外汇交易的类型

在外汇市场上,外汇交易基本类型包括即期外汇交易、远期外汇交易和掉期交易,这三类外汇交易的具体内容见下表。

表 3-2-15　外汇交易的类型

类型	具体内容
即期外汇交易	即期外汇交易又称现汇交易,是指在成交当日或之后的 2 个营业日内办理实际货币交割的外汇交易,是外汇市场上最常见、最普遍的外汇交易形式
远期外汇交易	远期外汇交易又称期汇交易,是指交易双方在成交后并不立即办理交割,而是按照事先约定的币种、金额、汇率、交割时间、地点等交易条件,到约定时期才进行实际交割的外汇交易
掉期交易	掉期交易是指将币种相同、金额相同但方向相反、交割期限不同的两笔或两笔以上的交易结合在一起进行的外汇交易

视频讲解

考点三　股票市场

一、股票概述

股票是一种有价证券,它是股份有限公司签发的证明股东所持股份的凭证。

股票的性质如下:

(1)股票是有价证券。有价证券是财产价值和财产权利的统一表现形式。

(2)股票是要式证券。

(3)股票是证权证券。

(4)股票是资本证券。股票是投入股份公司资本份额的证券化,属于资本证券。

(5)股票是综合权利证券。股票不属于物权证券,也不属于债权证券,而是一种综合权利证券。

二、股票的分类

根据不同的分类标准,股票可分为不同的类型,具体内容见下表。

表3-2-16　股票的分类

分类标准	类型	具体内容
股东享有权利的不同	普通股票	普通股票是最基本、最常见的一种股票,其持有者享有股东的基本权利和义务
	特别股票	特别股票是指设有特别权利或特别限制的股票。优先股是一种最常见的特别股票。除优先股票外,还有其他类型的特别股票
是否记载股东姓名	记名股票	记名股票是指在股票票面和股份公司的股东名册上记载股东姓名的股票。《中华人民共和国公司法》规定,公司发行的股票可以为记名股票,也可以为不记名股票
	无记名股票	无记名股票是指在股票票面和股份公司股东名册上均不记载股东姓名的股票。无记名股票也称不记名股票,与记名股票的差别不是在股东权利等方面,而是在股票的记载方式上
是否在股票票面上标明金额	有面额股票	有面额股票是指在股票票面上记载一定金额的股票。这一记载的金额也称为"票面金额","票面价值"或"股票面值"
	无面额股票	无面额股票也被称为"比例股票"或"份额股票",是指在股票票面上不记载股票面额,只注明它在公司总股本中所占比例的股票

三、股份变动

股份变动主要指股票分割与合并、增发、配股、资本公积金转增股本、股份回购、可转债转换为股票等,具体内容见下表。

表 3-2-17　股份变动

变动类型	具体内容
股票分割与合并	股票分割又称拆股、拆细，是将1股股票均等地拆成若干股。股票合并又称并股，是将若干股股票合并为1股
增发	增发是股票增发的简称。股票增发是已上市的公司通过向指定投资者（定向增发）或不特定的投资者（公开增发）额外发行股份募集资金的融资方式
配股	上市公司按原股东持股数量的一定比例向原股东增发新股的行为，原股东可以放弃配股权
资本公积金转增股本	转增股本是将原本属于股东权益的资本公积转为实收资本，股东权益总量和每位股东占公司的股份比例均未发生变化，唯一的变动是发行在外的总股数增加了
股份回购	股份回购是指公司运用自有资金，按一定的程序购回发行或流通在外的本公司股份的行为
可转换债券转换为股票	可转换债券转换为股票是公司收回并注销发行的可转换债券，同时发行新股

四、我国股票的类型

我国股票根据划分标准的不同，可分为不同类型，具体内容见下表。

表 3-2-18　我国股票的类型

分类标准	具体内容
投资主体的性质不同	按投资主体的性质不同，我国股票可分为：①国家股；②法人股；③社会公众股；④外资股
已完成股权分置改革的公司按流通受限与否	(1)有限售条件股份是指股份持有人依照法律、法规规定或按承诺有转让限制的股份 (2)无限售条件股份是指流通转让不受限制的股份，具体包括以下几类：①人民币普通股，即A股，含向社会公开发行股票时向公司职工配售的公司职工股；②境内上市外资股，即B股；③境外上市外资股，即在境外证券市场上市的普通股，如H股；④其他

五、沪港通和深港通

沪港通是指上海证券交易所和香港联合交易所允许两地投资者通过当地证券公司（或经纪商）买卖规定范围内的对方交易所上市的股票，是沪港股票市场交易互联互通机制。深港通，是深港股票市场交易互联互通机制的简称，指深圳证券交易所和香港联合交易所建立技术连接，使中国内地和中国香港投资者可以通过当地证券公司或经纪商买卖规定范围内的对方交易所上市的股票。沪港通包括沪股通和沪港通下的港股通两部分；深港通包括深股通和深港通下的港股通，具体内容见下表。

表 3-2-19　沪港通和深港通

要点	具体内容
沪股通	沪股通是指投资者委托中国香港经纪商,经由香港联合交易所在上海设立的证券交易服务公司,向上海证券交易所进行申报(买卖盘传递),买卖规定范围内的上海证券交易所上市的股票
沪港通下的港股通	沪港通下的港股通是指投资者委托内地证券公司,经由上海证券交易所在香港设立的证券交易服务公司,向香港联合交易所进行申报(买卖盘传递),买卖规定范围内的香港联合交易所上市的股票 "港股通"在证券交收时点上,实行T+2交收安排。T日买入港股的投资者,T+2日日终完成交收后才可获得相关证券的权益;T日卖出港股的投资者,T日和T+1日日终仍可享有关于证券的权益
深股通	深股通是指投资者委托中国香港经纪商,经由香港联合交易所在深圳设立的证券交易服务公司,向深圳证券交易所进行申报(买卖盘传递),买卖深港通规定范围内的深圳证券交易所上市的股票
深港通下的港股通	深港通下的港股通是指投资者委托内地证券公司,经由深圳证券交易所在香港设立的证券交易服务公司,向香港联合交易所进行申报(买卖盘传递),买卖深港通规定范围内的香港联合交易所上市的股票

六、股票价值和价格

(一)股票的价值

股票的价值包括股票的票面价值、股票的账面价值、股票的清算价值和股票的内在价值。股票价值的相关概念与联系见下表。

表 3-2-20　股票的价值

股票的价值	具体内容
股票的票面价值	股票的票面价值又称面值,即在股票票面上标明的金额。该种股票被称为有面额股票。票面价值代表了每一份股份占总股份的比例,在确定股东权益时具有一定的意义 发行方式有以下三种: (1)平价发行。以面值作为发行价 (2)溢价发行。发行价格高于面值,溢价发行募集的资金中等于面值总和的部分计入资本账户,溢价款列入资本公积金 (3)折价发行。发行价格低于面值
股票的账面价值	股票的账面价值又称股票净值或每股净资产,在没有优先股的条件下,每股账面价值等于公司净资产(公司资产总额减去负债总额后的净值,从会计角度说等于股东权益价值)除以发行在外的普通股票的股数。通常情况下,股票账面价值并不等于股票的市场价格
股票的清算价值	股票的清算价值是公司清算时每一股份所代表的实际价值

表3-2-20（续）

股票的价值	具体内容
股票的内在价值	股票的内在价值即理论价值,指股票未来收益的现值。股票的内在价值决定股票的市场价格,股票的市场价格总是围绕其内在价值波动

（二）股票的价格

1. 股票的理论价格

股票及其他有价证券的理论价格是根据现值理论得来的。现值理论认为,人们之所以愿意购买股票和其他证券,是因为它能够为它的持有人带来预期收益,因此,它的价值取决于未来收益的大小。

2. 股票的市场价格

股票的市场价格一般是指股票在二级市场上交易的价格。股票的市场价格由股票的内在价值决定,但同时受许多其他因素的影响。

七、熔断机制

（一）概念

熔断机制（Circuit Breaker）,也叫自动停盘机制,是指当股指波幅达到规定的熔断点时,交易所为控制风险采取的暂停交易措施。具体来说,熔断机制是对某一合约在达到涨跌停板之前,设置一个熔断价格,使合约买卖报价在一段时间内只能在这一价格范围内交易的机制。

（二）表现形式

国外交易所中采取的熔断机制一般有两种形式,即"熔即断"与"熔而不断"。

"熔即断"是指当价格触及熔断点后,随后的一段时间内交易暂停。

"熔而不断"是指当价格触及熔断点后,随后的一段时间内买卖申报在熔断价格区间内继续撮合成交。

国际上采用得比较多的是"熔即断"的熔断机制。

考点四　债券市场

一、债券的定义和分类

（一）债券的定义

视频讲解

债券是一种有价证券,是社会各类经济主体为筹集资金而向债券投资者出具的、承诺按一定利率定期支付利息并到期偿还本金的债权债务凭证。我国债券市场的主体是银行间债券市场。

（二）债券的分类

债券种类很多,具体分类见下表。

表 3-2-21　债券的分类

分类标准		具体内容
发行主体	政府债券	(1)政府债券的发行主体是政府,中央政府发行的债券称为国债 (2)用途:解决由政府投资的公共设施或重点建设项目的资金需要和弥补国家财政赤字 (3)除了政府部门直接发行的债券外,有些国家把政府担保的债券也划归为政府债券体系,称为政府保证债券,由一些与政府有直接关系的公司或金融机构发行
	金融债券	(1)金融债券的发行主体是银行或非银行的金融机构。金融机构一般有雄厚的资金实力,信用度较高,因此金融债券往往有良好的信誉 (2)用途:用于某种特殊的用途;改变本身的资产负债结构 (3)对金融机构来说,吸收存款和发行债券都是它的资金来源。存款是被动负债,而发行债券是主动负债,金融机构有更大的主动权和灵活性。金融债券的期限以中期较为多见
	公司债券	(1)公司债券是公司依照法定程序发行、约定在一定期限还本付息的有价证券 (2)公司债券的风险性相对于政府债券和金融债券要大一些 (3)在发达资本国家,公司债券和企业债券是同一种债券;在我国,公司债券和企业债券是两类不同的债券,具有不同的发行条件和管理体系
付息方式	零息债券	债券合约未规定利息支付的债券。通常,这类债券以低于面值的价格发行和交易,债券持有人实际上是以买卖(到期赎回)价差的方式获得债券利息
	附息债券	附息债券的合约中明确规定,在债券存续期内,对持有人定期支付利息(通常每半年或每年支付一次)。按照计息方式的不同,这类债券还可细分为固定利率债券和浮动利率债券两大类
	息票累积债券	与附息债券相似,这类债券也规定了票面利率,但是,债券持有人必须在债券到期时一次性获得本息,存续期间没有利息支付
债券形态	实物债券	实物债券是一种具有标准格式实物券面的债券。在标准格式的债券券面上,一般印有债券面额、债券利率、债券期限、债券发行人全称、还本付息方式等各种债券票面要素。无记名国债就属于这种实物债券,它以实物券的形式记录债权、面值等,不记名,不挂失,可上市流通
	凭证式债券	凭证式债券的形式是债权人认购债券的一种收款凭证,而不是债券发行人制定的标准格式的债券
	记账式债券	记账式债券是没有实物形态的票券,它利用证券账户通过电脑系统完成债券发行、交易及兑付的全过程

表3-2-21（续）

分类标准		具体内容
利率是否固定	固定利率债券	在发行时规定了整个偿还期内利率不变的债券
	浮动利率债券	发行时规定债券随市场利率定期浮动的债券
	可调利率债券	也被称为可变利率债券,指在债券存续期内允许根据一些事先选定的参考利率指数的变化,对利率进行定期调整的债券
期限长短	长期债券	偿还期在10年以上的是长期债券
	中期债券	偿还期在1年或1年以上的、10年以下(含10年)的为中期债券
	短期债券	偿还期在1年以下的为短期债券
发行方式	公募债券	按法定手续,经证券主管机构批准在市场上公开发行的债券
	私募债券	向与发行者有特定关系的少数投资者募集的债券,私募债券的发行和转让均有一定的局限性
信用状况	利率债	直接以政府信用为基础或是以政府提供偿债支持为基础而发行的债券。由于有政府背书,正常情况下利率债的风险很小,影响其内在价值的因素主要是市场利率或资金的机会成本
	信用债	以企业的商业信用为基础而发行的债券。除了利率,发行人的信用也是影响该类债券的重要因素

二、政府债券

(一)政府债券的定义

政府债券是指政府财政部门或其他代理机构为筹集资金,以政府名义发行的、承诺在一定时期支付利息和到期还本的债务凭证。中央政府发行的债券称为"中央政府债券"或者"国债",地方政府发行的债券称为"地方政府债券",有时也将两者统称为"公债"。

(二)中央政府债券的分类

中央政府债券也称国家债券或国债。国债发行量大、品种多,是政府在债券市场上最主要的融资和投资工具。国债根据不同的分类方法具有不同的分类,具体分类见下表。

表3-2-22 国债的分类

分类标准	类型	内容
偿还期限	短期国债	偿还期限为1年或1年以内的国债,具有周期短及流动性强的特点。短期国债一般是为满足国库暂时的入不敷出之需
	中期国债	偿还期限在1年以上、10年以下的国债。政府发行中期国债筹集的资金或用于弥补赤字,或用于投资,不再用于临时周转
	长期国债	偿还期限在10年或10年以上的国债。长期国债由于期限长,政府短期内无偿还的负担,而且可以较长时间占用国债认购者的资金,所以常被用作政府投资的资金来源

表3-2-22(续)

分类标准	类型	内容
资金用途	赤字国债	用于弥补政府预算赤字的国债
	建设国债	发债筹措的资金用于建设项目的国债
	战争国债	用于弥补战争费用的国债
	特种国债	政府为了实施某种特殊政策而发行的国债
流通与否	流通国债	可以在流通市场上交易的国债
	非流通国债	不允许在流通市场上交易的国债
币种	本币国债	以本国货币为面值发行
	外币国债	以外国货币为面值发行
付息方式	贴现国债	国债券面上不附有息票,发行时按规定折扣率,以低于债券面值的价格发行,到期按面值支付本息的国债
	附息国债	国债券面上附有息票,按照债券票面载明的利率及支付方式支付利息的债券

三、债券估值

(一)债券估值原理

债券估值的基本原理:现金流贴现。

1. 债券现金流的确定

债券的现金流,需通过以下几个方面来确定:

(1)债券的面值和票面利率。

(2)计付息间隔。

(3)债券的嵌入式期权条款。债券条款中可能包含发行人提前赎回权、债券持有人提前返售权、转股权、转股修正权、偿债基金条款等嵌入式期权。

(4)债券的税收待遇。

(5)其他因素。债券的利率类型、债券的币种等因素都会影响债券的现金流。

2. 债券贴现率的确定

债券的贴现率是投资者对该债券要求的最低回报率,也称必要回报率。其计算公式如下:

债券必要回报率=真实无风险收益率+预期通货膨胀率+风险溢价

(二)债券估值模型

不含嵌入式期权的债券理论价格的计算公式如下:

$$P = \sum_{t=1}^{T} \frac{C_t}{(1+y_t)^t}$$

其中,P 表示债券理论价格;T 表示债券距到期日时间长短(通常按年计算);t 表示现金流到达的时间;C表示现金流金额;y表示贴现率(通常为年利率)。

1. 零息债券定价

零息债券不计利息,折价发行,到期还本。通常期限在1年期以内的债券为零息债券。定价公式如下:

$$P = \frac{FV}{(1+y_T)^T}$$

其中,FV表示零息债券的面值。

2. 附息债券定价

附息债券可以看作一组零息债券的组合。可用零息债券定价公式分别为其中每只债券定价,加总后即为附息债券的理论价格,也可直接套用现金流贴现公式进行定价。

3. 累息债券定价

累息债券有票面利率,到期一次性还本付息。可将其视为面值等于到期还本付息的零息债券,按零息债券定价公式定价。

四、债券收益率

(一)当期收益率

当期收益率是债券的年利息收入与买入债券的实际价格的比率,计算公式如下:

$$Y = \frac{C}{P} \times 100\%$$

其中,Y表示当期收益率;C表示每年利息收益;P表示债券价格。

(二)到期收益率

债券的到期收益率是使债券未来现金流现值等于当前价格所使用的相同的贴现率。其计算公式如下:

$$P = \sum_{t=1}^{T} \frac{C_t}{(1+y)^t}$$

其中,P表示债券价格;C表示现金流金额;y表示到期收益率;T表示债券期限(期数);t表示现金流到达时间(期)。

如果债券每年付息1次,每次付息金额为C,债券面值为F,则到期收益率(y)的计算公式如下:

$$P = \sum_{t=1}^{T} \frac{C_t}{(1+y)^t} + \frac{F}{(1+y)^T}$$

在某些国家(如美国),债券通常半年付息一次,每次支付票面年息的一半,则到期收益率(y)的计算公式如下:

$$P = \sum_{t=1}^{2T} \frac{C/2}{\left(1+\frac{y}{2}\right)^t} + \frac{F}{\left(1+\frac{y}{2}\right)^{2T}}$$

（三）即期利率

即期利率是零息债券到期收益率的简称，也称零利率。

（四）持有期收益率

持有期收益率是指买入债券到卖出债券期间所获得的年平均收益。其计算公式如下：

$$P = \sum_{t=1}^{T} \frac{C_t}{(1+y_h)^t} + \frac{P_T}{(1+y_h)^T}$$

其中，P 表示债券买入时价格；P_T 表示债券卖出时价格；y_h 表示持有期收益率；C 表示债券每期付息金额；T 表示债券期限（期数）；t 表示现金流到达时间。

（五）赎回收益率

可赎回债券是指允许发行人在债券到期以前按某一约定的价格赎回已发行的债券。赎回收益率是计算使预期现金流量的现值等于债券价格的利率，可通过公式用试错法计算出：

$$P = \sum_{t=1}^{n} \frac{C}{(1+y)^t} + \frac{M}{(1+y)^n}$$

其中，P 表示发行价格；n 表示直到第一个赎回日的年数；M 表示赎回价格；C 表示每年利息收益。

考点五　证券投资基金市场

一、证券投资基金的概念和特点

视频讲解

（一）证券投资基金的概念

证券投资基金是指通过公开发售基金份额募集资金，由基金托管人托管，由基金管理人管理和运用资金，为基金份额持有人的利益，以资产组合方式进行证券投资的一种利益共享、风险共担的集合投资方式。

（二）证券投资基金的特点

证券投资基金的特点如下：

（1）集合理财，专业管理。

（2）组合投资，分散风险。

（3）利益共享，风险共担。

（4）严格监管，信息透明。

（5）独立托管，保障安全。

二、证券投资基金的分类

按照不同标准，可把证券投资基金分为不同类型，具体内容见下表。

表 3-2-23　证券投资基金的分类

分类标准	类型
基金的组织形式	（1）契约型基金。契约型基金又称单位信托基金，是指将投资者、管理人、托管人三者作为信托关系的当事人，通过签订基金契约的形式发行受益凭证而设立的一种基金 （2）公司型基金。公司型基金是依据基金公司章程设立，在法律上具有独立法人地位的股份投资公司
基金运作方式	封闭式基金和开放式基金
投资标的	债券基金、股票基金、混合型基金、货币市场基金等 货币市场基金是以货币市场工具为投资对象的一种基金，其投资对象期限在 1 年以内，包括银行短期存款、国库券、公司短期债券、债券回购、银行承兑票据及商业票据等货币市场工具
投资理念	主动型基金和被动型基金
基金的募集方式	公募基金和私募基金
投资目的	成长型基金、收入型基金和平衡型基金

考点六　金融衍生工具

视频讲解

一、金融衍生工具的概念

金融衍生工具又称金融衍生产品，是与基础金融产品相对应的一个概念，指建立在基础产品或基础变量之上，其价格取决于基础金融产品价格（或数值）变动的派生金融产品。这里所说的基础产品是一个相对的概念，不仅包括现货金融产品（如债券、股票、银行定期存款单等），也包括金融衍生工具。

二、金融衍生工具的分类

根据不同的标准，可把金融衍生工具划分为不同类别，具体见下表。

表 3-2-24　金融衍生工具的分类

分类标准	类型
按产品形态分类	独立衍生工具和嵌入式衍生工具
按交易场所分类	交易所交易的衍生工具和场外交易市场（简称 OTC）交易的衍生工具
按金融衍生工具自身交易的方法及特点分类	金融远期合约、金融期货、金融期权、金融互换和结构化金融衍生工具
按基础工具种类分类	股权类产品的衍生工具、货币衍生工具、利率衍生工具、信用衍生工具和其他衍生工具

三、金融衍生工具的特点、风险与功能

金融衍生工具市场的特点包括跨期性、杠杆性、联动性、不确定性或高风险性。金融衍生工具的风险包括市场风险、信用风险、流动性风险、操作风险和法律风险。

金融衍生工具市场具有四方面功能：①价格发现；②转移风险；③提高交易效率；④优化资源配置。

考点七　金融资产与价格

一、金融资产的概念

（一）金融资产的含义

金融资产是指那些具有价值并能给持有人带来现金流收益的金融工具。在金融市场上，金融资产价值的大小是由其能够给持有者带来的未来收入现金流的大小和可能性高低决定的。

（二）金融资产的要素

金融资产一般包括五个基本要素：金融资产的发售人、金融资产的价格、金融资产的期限、金融资产的收益、金融资产标价货币。

二、金融资产的价格

（一）金融资产的三种价格

（1）票面价格。票面价格是有价证券的面值，金融资产发行时规定的账面单位值。

（2）发行价格。发行价格是有价证券公开发行时投资者认购的成交价格。

（3）市场价格。市场价格是证券在二级市场上流通交易时的价格。

（二）价格指数

证券市场价格的总体变化采用指数来衡量。按照指数品种划分，指数分为股票价格指数、债券价格指数、基金价格指数等。按照指数包容的样本数量划分，指数可以分为综合指数和成分指数。

三、金融资产定价理论

金融资产定价是当代金融理论的核心，资金的时间价值和风险的量化是金融资产定价的基础。金融资产价格是由资金时间价值和风险共同决定的。

目前，金融资产的定价主要包括以股票、债券、期权等为代表的单一产品定价以及采用风险收益作为研究基础的资产组合定价理论、套利理论和多因素理论等。

（一）现金流贴现法

资金的时间价值是指资金随着时间的推移会发生贬值,现在的资金比未来的资金更有价值,或者说购买力更高。比较不同时点的现金流价值,应对未来现金流进行贴现,关键是确定折现率。在金融实践中,折现率往往用一个无风险利率再加上一个风险补偿率表示。无风险利率是指货币资金不冒任何风险可取得的收益率,常用国库券的短期利率为代表;风险补偿率取决于金融资产风险的大小,风险越大,需要的风险补偿率越高。

（二）投资组合理论（MPT）

马科维茨提出的投资组合理论是现代金融学的开端,其基本假定有三个:①所有投资者都是风险规避的;②所有投资者都处于同一单期投资期;③投资者根据收益率的均值和方差选择投资组合的条件下,投资组合理论认为投资者的效用是关于投资组合的期望收益率和标准差的函数,使在给定风险水平下期望收益率最高或者在给定期望收益率水平下风险最小。通过增加组合中的资产种类,可以降低非系统风险,但不能消除系统风险,只有市场所承认的风险（系统风险）才能获得风险补偿。

（三）资本资产定价理论（CAPM）

CAPM 是一个均衡模型,它以马科维茨的投资组合理论为基础,在资产组合理论的假设基础上,又提出三条假设:①所有投资者对同一证券的所有统计特征（均值,协方差等）有相同的认识;②市场是完全的,即没有税负和交易费用等;③存在可供投资的无风险证券,投资者可以以无风险利率无限制地进行借贷或卖空一种证券。

（四）套利定价理论（APT）

套利定价理论认为风险性资产的收益率不但受市场风险的影响,还受到许多其他因素（宏观经济因素、某些指数）的影响。套利就是买进或卖出某种资产以利用差价来获取无风险利润的行为。套利定价理论包括单因素 APT 模型和多因素 APT 模型。

（五）期权定价理论

1972 年,费雪·布莱克和迈伦·斯科尔斯对期权定价进行了研究,提出七个重要假定:①标的资产价格波动率为常数;②标的资产价格变化遵从几何布朗运动;③市场无摩擦,即不存在税收和交易成本;④所有证券都是高度可分的,期权是欧式期权,在期权有效期内不存在现金股利的支付;⑤市场不存在无风险套利机会;⑥市场为投资者提供了连续交易的机会,不存在跳跃式或间断式变化;⑦无风险利率为常数,而且对所有期限均相等。并在此基础上建立了对欧式期权定价的布莱克-斯科尔斯（Black-Scholes）模型。

四、金融资产定价理论的比较

金融资产定价理论的比较见下表。

表3-2-25　金融资产定价理论的比较

理论	具体内容
投资组合理论	投资组合理论的提出第一次把数理方法引入金融问题的研究中,提出有效组合边界和系统风险,通过对有效组合的选择,得到了市场均衡的结果与投资者的个人风险偏好有关的结论 缺点:需要处理的数据量庞大,实际操作十分困难
资本资产定价理论	资本资产定价理论指出市场组合是对任何投资者都适用的最佳风险资产组合,因此将选择风险资产的复杂过程大大简化了,具有很强的实用性 缺点:假设条件过于苛刻,在现实中难以找到这样的完全市场;形式过于笼统,影响一种资产价格变动的因素很多,试图用市场这个单一因素来解释所有问题有些勉强
套利定价理论	套利定价理论,尤其是多因素套利定价理论综合了投资组合理论和资本资产定价理论的优势:①在实践中计算方便,被很多投资者、金融机构和分析人员所采用;②多因素理论将影响资产收益率的因素分解成多种因素,更加接近市场实际,应用空间更为广阔
期权定价理论	期权定价理论的很多假设明显与现实不符,经常性调整期权和股票的头寸也会带来额外的交易费用。但是,作为一种金融资产的定价理论,期权定价理论为金融投资提供了重要的分析方法,并为我国金融市场的发展和金融风险的规避提供了重要的分析工具

五、金融资产价格与利率、汇率的关系

(一)金融资产价格与利率

1. 金融资产价格与利率变化的关系

金融资产价值是该项资产未来现金流收入的贴现值,贴现率通常采用无风险利率,因此,利率变化与金融资产价值的变化总是反方向的,利率升高,金融资产价值会缩水,价格下跌;利率降低,金融资产价值会升水,价格上涨。

2. 利率变化对金融资产价格的影响机制

利率变化对金融资产价格的影响机制如下:

(1)预期的作用。利率作为宏观调控的工具,具有经济运行风向标的功能。

(2)供求对比变化。当利率上升时,交易性货币机会成本上升,会导致一部分货币回流到银行体系,金融资产交易的供求力量发生变化,供给相对需求过剩,价格下跌。利率下降,则反之。

(3)无套利均衡机制。在利率变动之前,各资产的收益对比处于均衡水平,它们之间不存在套利的空间。当利率上升以后,产生套利空间,并引起套利行为,直至套利空间消失。

(二)金融资产价格与汇率

1. 金融资产价格与汇率变化的关系

金融资产价格与汇率变化有如下四种关系:

(1)汇率升值推动金融资产价格上涨。

（2）汇率升值导致金融资产价格下跌。

（3）汇率贬值推动金融资产价格上涨。

（4）汇率贬值推动金融资产价格下跌。

2. 汇率变化影响金融资产价格的约束条件

汇率变化影响金融资产价格的约束条件有四条：①经济的外贸依存度；②资本账户开放程度；③本币的可兑换程度；④资本市场的有效性。

3. 汇率变化对金融资产价格的影响机制

汇率变化对金融资产价格的影响机制如下：

（1）预期机制。预期机制是汇率通过市场预期作用于金融资产价格，该机制在外贸依存度高的国家有效。汇率变化会引起贸易状况变化，引起经济发展预期的变化，决定资本市场投资倾向，投资者采取相应的投资行动，引起金融资产价格波动。

（2）资本与资产供求均衡机制。对于资本账户开放程度高、货币可自由兑换的国家，由于国际投机资本进出方便，该机制的作用明显。当汇率变化时，投机资本进入，转换为本币后，依据汇率波动方向在资本市场上做出相应的多头或空头交易选择，打破了市场原有的均衡格局，导致金融资产价格波动。

第五节　货币理论

考点详解

考点一　货币需求

一、马克思的货币需求理论

视频讲解

马克思关于流通中货币量的分析，后人多用"货币必要量"的概念来表述。基本公式如下：

执行流通手段职能的货币必要量＝商品价格总额/货币的流通速度

这一规律可用符号表示如下：

$$M = PQ/V$$

其中，P 为商品价格；Q 为进入流通的商品数量；V 为货币流通的平均速度；M 为货币必要量。

公式表明，货币必要量取决于价格水平、进入流通的商品数量和货币的流通速度这三个因素，与商品价格和进入流通的商品数量成正比，与货币流通速度成反比。

二、货币数量论的货币需求理论

美国经济学家欧文·费雪于1911年出版的《货币的购买力》一书，是货币数量论的代表

作。在该书中,费雪提出了著名的"交易方程式",也被称为费雪方程式,表示如下:

$$MV = PT$$

其中,M 为一定时期内流通货币的平均数量;P 为平均价格水平;T 为各类商品和服务的交易数量;V 为货币流通速度,代表单位时间内货币的平均周转次数。

该方程式表明,在交易中发生的货币支付总额(等于货币存量乘以它的流通速度,即 MV)等于被交易的商品和服务总价值(即 PT)。

上式还可以表示为 $P = MV/T$。

这一方程式表明,物价水平的变动与流通中货币数量的变动和货币的流通速度变动成正比,与各类商品和服务交易量的变动成反比。

三、剑桥方程式

剑桥学派认为,处于经济体系中的个人对货币的需求,实质是选择以怎样的方式保持自己资产的问题。决定每个人持有多少货币,有多种原因,但在名义货币需求与名义收入水平之间总是保持一个较为稳定的比例关系。剑桥方程式表示如下:

$$M_d = kPY$$

其中,M_d 为名义货币需求;Y 为总收入;P 为价格水平;k 为以货币形式保存的财富占名义总收入的比例。

四、凯恩斯的货币需求函数

由交易动机和预防动机引起的货币需求是收入的函数,可记为 $L_1(Y)$;由于投机性货币需求是利率的函数,可记为 $L_2(r)$,则凯恩斯的货币需求函数可表示如下:

$$M = L_1(Y) + L_2(r)$$

五、弗里德曼的货币需求函数

弗里德曼将货币需求函数表述如下:

$$\frac{M}{P} = f\left(y, w, r_m, r_e, r_b, \frac{1}{P} \cdot \frac{\mathrm{d}p}{\mathrm{d}t}, u\right)$$

其中,$\dfrac{M}{P}$ 代表货币的实际需要量,r_m、r_b、r_e 分别表示存款、债券和股票的名义收益率,$\dfrac{1}{P} \cdot \dfrac{\mathrm{d}p}{\mathrm{d}t}$ 代表价格的预期变动率,w 为非人力财富占总财富的比例,y 为恒久收入,u 代表影响货币需求的其他因素。

考点二　货币供给

一、货币供给的概念

货币供给是指一定时期内一国或货币区的银行体系向经济中投入、创造、扩张(或收缩)货币的金融过程。货币供给首先是一个经济过程,即银行系统向经济中注入货币的过程。其次在一定时点上会形成一定的货币数量,称为货币供给量。现代信用制度下的货币供应量的决定因素有两个:基础货币和货币乘数。

二、货币层次划分

(一)国际货币基金组织的货币层次划分

按国际货币基金组织的规定,货币层次一般可作以下划分:

M_0(现钞)= 流通于银行体系之外的现金(包括居民手中的现金和单位的备用金,M_0具有最强的购买力)

M_1(狭义货币)= M_0+可转让本币存款和在国内可直接支付的外币存款

M_2(广义货币)= M_1+单位定期存款和储蓄存款+外汇存款+大额可转让定期存单(CDs)

M_3 = M_2+外汇定期存款+商业票据+互助金存款+旅行支票

(二)我国的货币层次划分

划分各层次货币供应量的标准:货币流动性。

我国货币供应量划分为 M_0、M_1、M_2、M_3。各货币层次的内容见下表。

表 3-2-26 我国的货币层次划分

货币供应量层次	具体内容
M_0	流通中现金
M_1	M_0+企业活期存款+机关团体部队存款+农村存款+个人持有的信用卡类存款
M_2	M_1+城乡居民储蓄存款+企业存款中具有定期性质的存款+外币存款+信托类存款
M_3	M_2+金融债券+商业票据+大额可转让定期存单等

从我国金融市场实际出发,中国人民银行对货币供应量统计进行了多次修订。2018 年 1 月,中国人民银行完善货币供应量中货币市场基金部分的统计方法,用非存款机构部门持有的货币市场基金取代货币市场基金存款(含存单)。

M_1 被称为狭义货币,是现实购买力;M_2 被称为广义货币;M_2 与 M_1 之差被称为准货币,是潜在购买力。

由于 M_2 通常反映社会总需求变化和未来通货膨胀的压力状况,因此,一般所说的货币供应量是指 M_2。

三、基础货币

(一)基础货币的定义

基础货币,又称储备货币、高能货币或强力货币,通常指流通中的现金和商业银行在央行的准备金存款之和。高能货币由银行持有后,转化为准备金,可以创造存款货币。

(二)基础货币的构成

基础货币(B)包括现金(C)和准备金(R),而后者又包括活期存款准备金(R_t)、定期存款准备金(R_t)和超额存款准备金(R_e)。上述关系可表示如下：

$$B = C + R_r + R_t + R_e$$

(三)中央银行投放基础货币的三条渠道

中央银行投放基础货币有以下三条渠道：

(1)对商业银行等金融机构的再贷款和再贴现。

(2)收购黄金、外汇等储备资产投放的货币。

(3)变动对政府的债权，进行公开市场操作，买卖政府债券来投放货币。

考点三　货币均衡

一、货币均衡的含义

(一)IS 曲线与产品市场均衡

IS 曲线上的点表示产品市场上总产出等于总需求量，故 IS 曲线上的点表示产品市场达到均衡的状态。

产品市场均衡即产品市场上总供给与总需求相等，在二部门经济中总需求与总供给相等的公式表示：$C+I=C+S$，要求资本的供求相等，即 $I=S$。由于储蓄是收入(Y)的增函数，投资是利率(i)的减函数，所以，IS 曲线表示在不同的利率与收入水平组合下，经济均衡($I=S$)点的轨迹。具体见下图。

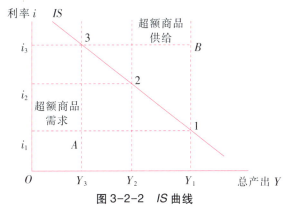

图 3-2-2　IS 曲线

如果经济活动位于 IS 曲线右边的区域，说明存在超额的商品供给。这种商品的超额供应会导致非计划的存货增加，促使企业减少生产，这又使产出下降到 IS 曲线上。如果经济活动位于 IS 曲线左边的区域，则说明存在超额的商品需求。超额需求导致存货非计划地减少，促使企业增加生产，这又使产出回升至 IS 曲线上。

(二)LM 曲线与货币市场均衡

货币均衡(货币市场的均衡)要求货币的供求相等，即 $L=M$。根据凯恩斯的流动性偏好理论，货币需求 L 取决于总产出 Y 和利率 i，并且，货币需求与总产出正相关，与利率负相关。

所以，LM 曲线表示在不同的利率与总产出组合下，货币均衡($L=M$)点的轨迹，具体见下图。

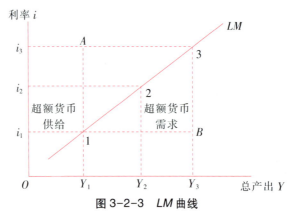

图 3-2-3　LM 曲线

在货币市场上,位于 LM 曲线右方的总产出和利率的组合,都是货币需求大于货币供给的非均衡组合(超额货币需求);位于 LM 曲线左方的总产出和利率的组合,都是货币需求小于货币供给的非均衡组合(超额货币供给);只有位于 LM 曲线上的总产出和利率的组合,才是货币需求等于货币供给的均衡组合。

(三)IS-LM 模型与两大市场的同时均衡

如下图所示,在 E 点,产品市场和货币市场同时均衡,$I = S,L = M$。A 点,货币市场不均衡,货币需求小于货币供应,人们购买债券,债券价格上升,利率下降,计划投资支出和总产出增加,经济活动下移至 E 点平衡。B 点,产品市场不均衡,总供给大于总需求,企业无法出售产品,削减生产,降低产出,经济活动沿着 LM 线下移,至 E 点达到均衡状态。

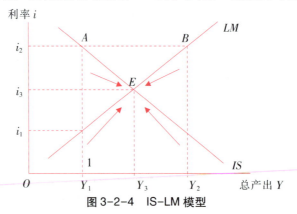

图 3-2-4　IS-LM 模型

(四)BP 曲线与国际收支平衡

IS-LM 模型基本上是对封闭式经济体系的阐述,没有涉及对外贸易和资本流动。在开放经济条件下,如果加入国际收支(BP 曲线),就发展成了 IS-LM-BP 模型,即蒙代尔-弗莱明模型。该模型是分析开放经济条件下国内外经济均衡的一个重要的经济模型。

BP 曲线指国际劳务收支保持不变时收支和利率组合的轨迹,即 BP 曲线上任何一点所代表的利率和收支的组合都可以使当期国际收支均衡,这里的 BP 指国际收支差额,即净出口与资本净流出的差额。BP 曲线的斜率应介于 0 与无穷大。蒙代尔-弗莱明模型见下图。

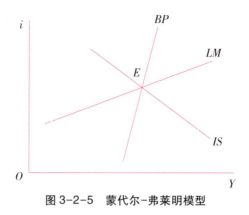

图3-2-5　蒙代尔-弗莱明模型

如上图所示,E 点表明,国内产品市场、货币市场和外汇市场同时处于均衡。

二、货币均衡的实现机制

市场经济条件下货币均衡的实现主要取决于三个条件,即健全的利率机制、发达的金融市场以及有效的中央银行调控机制。

(1)就货币供给而言,当市场利率升高时,一方面社会公众因持有货币机会成本加大而减少现金提取,因此现金比率缩小,货币乘数加大,货币供给增加;另一方面,银行因贷款收益增加而减少超额准备金来扩大贷款规模,因此超额准备金率下降,货币乘数变大,货币供给增加。所以,利率与货币供给量之间存在同向变动关系。

(2)就货币需求而言,当市场利率升高时,人们的持币机会成本加大,必然导致人们对金融生息资产需求的增加和对货币需求的减少,所以,利率与货币需求量之间存在反方向变动关系。当货币市场上出现均衡利率水平时,货币供求相同,货币均衡状态便得以实现。

考点四　货币政策

一、货币乘数

基础货币包括社会流通中的现金和银行体系中作为准备金的存款。

货币乘数是指货币供给量对基础货币的倍数关系。理论上,货币乘数可以表示为法定存款准备金率(r)的倒数,即 $m=1/r$。调整法定存款准备金率会直接改变货币乘数。现实中,完整的货币乘数公式如下:

$$m = \frac{c+1}{c+r+e}$$

其中,现金漏损率 c 是客户提取的现金与活期存款总额之比;超额准备金率 e 是超额准备金与存款总额的比例;r 是法定存款准备金率。

二、货币政策的概念及内容

(一)货币政策的概念

货币政策是中央银行利用其掌握的利率、汇率、借贷、货币发行、外汇管理及金融法规等工具,采用的控制和调节货币供给量或信贷规模的方针、政策和措施的总称。

(二)货币政策的内容

货币政策是政府重要的宏观经济政策,中央银行通常采用存款准备金制度、再贴现政策、公开市场业务等货币政策手段调控货币供应量,从而实现发展经济、稳定货币等政策目标。

完整的货币政策包括货币政策目标体系、货币政策工具体系和货币政策操作程序三部分。

三、货币政策的目标

货币政策的目标可以划分为三个层次:最终目标、中介目标和操作目标。其具体内容见下表。

表 3-2-27 货币政策的目标

目标	定义	具体内容
最终目标	货币政策在一段较长的时期内要达到的目标。最终目标基本与一个国家的宏观经济目标相一致	(1)当代各国的货币政策目标可概括为四项:稳定物价、充分就业、促进经济增长、国际收支平衡。这四项目标在宏观经济和金融运行中都是至关重要的 (2)稳定物价是中央银行货币政策的首要目标
中介目标	中央银行为了实现货币政策的终极目标而设置的可供观察和调整的指标	中介目标主要包括货币供应量和利率,现阶段我国货币政策的中介目标主要是货币供应量,其具有以下作用:①表明货币政策实施的进度;②为中央银行提供一个追踪观测的指标;③便于中央银行调整政策工具的使用
操作目标	中央银行运用货币政策工具能够直接影响或控制的目标变量	通常被采用的操作目标主要有基础货币、存款准备金,它介于政策工具和中介目标之间,是货币政策工具影响中介目标的传导桥梁

四、货币政策工具

(一)货币政策工具的概念

货币政策工具又称货币政策手段,是指中央银行在实施某种货币政策时所采取的具体措施或操作方式。

(二)货币政策工具的类型

货币政策工具主要有一般性货币政策工具、选择性货币政策工具、直接性货币政策工具和间接性货币政策工具。

1. 一般性货币政策工具

一般性货币政策工具是指中央银行普遍或常规运用的货币政策工具,其实施的对象是整体经济和金融活动。一般性货币政策工具主要有法定存款准备金政策、再贴现政策和公开市场业务,这三大传统的政策工具也被称为货币政策的"三大法宝"。其具体内容见下表。

表3-2-28　一般性货币政策工具

工具	具体内容	特点
法定存款准备金政策	法定存款准备金政策是指通过确定或改变货币乘数来影响货币供给，即使法定存款准备金率调整的幅度很小，也会引起货币供应量的巨大波动	优点：作用力大、主动性强、见效快 局限性：中央银行难以确定调整法定准备金率的时机和调整幅度。中央银行频繁地调整法定准备金率也会使商业银行难以进行适当的流动性管理
再贴现政策	再贴现政策是指中央银行对商业银行向中央银行申请再贴现所作的政策性规定	优点： (1)有利于中央银行发挥最后贷款人的作用 (2)比存款准备金率的调整更灵活、便捷，可调节总量，也可调节结构 (3)以票据融资，风险较小 缺点：再贴现的主动权在商业银行，不在中央银行
公开市场业务	公开市场业务是指中央银行在金融市场上公开买卖有价证券，以此控制和影响利率水平	同前两种货币政策工具相比，公开市场业务有明显的优越性，主动权完全在央行，可进行经常性、连续性的操作，可以较为准确地达到政策目标，且具有较强的可逆转性

经典例题

中央银行提高再贴现率，会使(　　　)。

A. 货币供应量增加　　　　　　　　B. 货币供应量减少

C. 货币供应量不变　　　　　　　　D. 利率水平降低

【答案】B。解析：再贴现率政策是中央银行规定的商业银行或其他金融机构到央行抵押贷款的利率，影响商业银行等金融机构的货币供给成本。中央银行提高再贴现率时，贷款量相应减少，货币供给量减少。

2. 选择性货币政策工具

选择性货币政策工具是指中央银行针对资金运用的方向和信贷利率结构所采取的措施。常见的选择性货币政策工具有消费者信用控制、证券市场信用控制、不动产信用控制、优惠利率和预缴进口保证金等。

3. 直接性货币政策工具

直接性货币政策工具：①利率限制；②信用配额；③直接干预；④流动性比率等。

4. 间接性货币政策工具

间接性货币政策工具：①窗口指导；②道义劝告；③金融检查；④公开宣传等。

(三)我国中央银行的创新型货币政策工具

我国的创新型货币政策工具主要包括短期流动性调节工具(SLO)、常备借贷便利(SLF)、抵押补充贷款(PSL)、中期借贷便利(MLF)和定向中期借贷便利(TMLF)等，具体内容见下表。

表 3-2-29　创新型货币政策工具

工具	具体内容
SLO	SLO 是公开市场常规操作的必要补充,是在银行体系流动性出现临时性波动时相机使用的政策工具 SLO 以 7 天期内短期回购为主,遇节假日可适当延长操作期限,采用市场化利率的招标方式
SLF	SLF 是用来满足金融机构期限较长的大额流动性需求的借贷便利类工具。SLF 以隔夜和 7 天为主,最长期限为 3 个月,利率水平根据货币调控需要、发放方式等确定
PSL	PSL 的设立目标是为开发性金融机构支持"棚户区改造"重点项目提供长期稳定、成本适当的资金来源,经常用于支持经济重点领域、薄弱环节和社会事业发展而对金融机构提供期限较长的大额融资。PSL 期限相对较长,操作对象主要是政策性银行
MLF	MLF 是央行提供中期基础货币的货币政策工具,调节对象是符合宏观审慎管理要求的商业银行、政策性银行。MLF 采取质押式发放,需提供国债、央行票据、政策性金融债、高等级信用债等优质债券作为合格质押品
TMLF	2018 年 12 月,中国人民银行决定创设定向中期借贷便利,进一步加大金融对实体经济,尤其是小微企业、民营企业等重点领域的支持力度 TMLF 能够为银行提供较为稳定的长期资金来源,增强对小微企业、民营企业的信贷供给能力,降低融资成本,还有利于改善商业银行和金融市场的流动性结构,保持市场流动性合理充裕

五、货币政策的传导机制

(一)货币政策传导机制的概念

货币政策传导机制是指中央银行以货币政策手段,使用货币政策工具,调节经济中的相关经济变量,并通过一定渠道实现既定的经济目标的过程与作用机理。

货币政策传导机制的一般过程:中央银行运用货币政策工具→操作目标→中介目标→最终目标,即中央银行通过货币政策工具的运作,影响商业银行等金融机构的活动,进而影响货币供应量,最终影响国民经济宏观经济指标。

(二)货币政策传导机制的种类

货币政策传导机制主要有四种,具体内容见下表。

表 3-2-30　货币政策传导机制的种类

种类	具体内容
利率传导机制	货币政策传导机制以利率为核心变量。基本思路:中央银行采取扩张性货币政策时,货币供应量增加,实际利率下降,投资增加,最终总产出增加
信用传导机制	(1)银行信贷渠道的运行机制:中央银行采取扩张性货币政策时,货币供应量增加,银行存款和贷款增加,投资增加,最终总产出增加 (2)企业资产负债渠道的传导机制:中央银行采取扩张性货币政策时,货币供应量增加,股价上涨,净值上涨,逆向选择和道德风险下降,贷款增加,投资增加,最终总产出增加

表3-2-30(续)

种类	具体内容
资产价格传导机制	(1)托宾q理论中,q值定义为企业的市场价值与资本重置之比。若其他条件不变,股票需求增加将导致股票价格上升,托宾q值上升。q值大于1时,企业的市场价值将大于重置成本,导致投资增加。传导机制为:货币供应量增加,股价上涨,托宾q值上升,投资增加,最终总产出增加 (2)财富效应的传导机制:货币供应量增加,股价上涨,金融资产价值增加,财务困难减少,耐用消费品和住宅支出增加,最终总产出增加
汇率传导机制	中央银行采取扩张性货币政策时,货币供应量增加,实际利率下降,汇率下降,净出口增加,最终总产出增加

第六节　国际金融及其管理

视频讲解

考点一　外汇

一、外汇的含义

外汇(Foreign Exchange)是国际汇兑的简称。动态含义的外汇是指国家间为清偿债权债务,将一国货币兑换成另一国货币的过程;静态含义的外汇是指国家间为清偿债权债务进行汇兑活动所凭借的手段或工具,也可以说是用于国际汇兑活动的支付手段和支付工具。

二、外汇的范围

《中华人民共和国外汇管理条例》中规定了外汇的具体范围。外汇,是指下列以外币表示的可以用作国际清偿的支付手段和资产:①外币现钞,包括纸币、铸币;②外币支付凭证或者支付工具,包括票据、银行存款凭证、银行卡等;③外币有价证券,包括债券、股票等;④特别提款权;⑤其他外汇资产。

三、外汇的分类

依据外汇的来源、兑换条件、交割期限的不同,可对外汇进行不同分类,具体内容见下表。

表 3-2-31 外汇的分类

分类标准	具体内容
来源	(1)贸易外汇是指通过贸易出口及其从属活动而取得的外汇 (2)非贸易外汇则是通过对外提供服务(劳务、运输、保险、旅游等)、投资(利息、股息、利润等)和侨汇等方式取得的外汇
可否自由兑换	(1)自由外汇是指不需经过货币发行国批准就可随时兑换成其他国家货币的支付手段 (2)记账外汇是指必须经过货币发行国的同意,才能兑换成其他国家货币的支付手段
交割期限	(1)即期外汇是指外汇买卖成交后,在2个工作日内办理交割的外汇,又称现汇 (2)远期外汇是指外汇买卖双方按照约定,在未来某一日期办理交割的外汇,又称期汇

考点二 汇率

一、汇率的概念及标价方法

视频讲解

汇率又称汇价,是指一种货币与另一种货币之间兑换或折算的比率,也称一种货币用另一种货币所表示的价格。汇率有直接标价法和间接标价法两种方法。

(1)直接标价法又称应付标价法,是以一定整数单位(1,100,10 000等)的外国货币为标准,折算为若干单位的本国货币。这种标价法是以本国货币表示外国货币的价格,因此可以称为外汇汇率。目前,我国和世界其他绝大多数国家和地区都采用直接标价法。

(2)间接标价法又称应收标价法,是以一定整数单位(1,100,10 000等)的本国货币为标准,折算为若干单位的外国货币。这种标价法是以外国货币表示本国货币的价格,因此可以称为本币汇率。目前,世界上只有英国、美国等少数几个国家采用间接标价法。

二、汇率变动的经济影响

汇率变动对经济的影响见下表。

表 3-2-32 汇率变动对经济的影响

对经济的影响	具体内容
贸易和国际收支	在其他条件不变的情况下,当外币汇率上升、本币汇率下降时,出口增加、进口减少,导致国际收支出现顺差;反之,则导致国际收支出现逆差
资本流动	当外币汇率上升、本币汇率下降时,资本(特别是短期资本)为避免损失流出本国;反之,则资本流入本国
国际储备	(1)从对国际储备存量的影响来看,一国外汇储备中,如果储备货币的汇率上升,外汇储备的实际价值增加;反之,则外汇储备的实际价值减少 (2)从对国际储备的增量的影响来看,在不考虑其他因素的情况下,如果本币贬值,将刺激出口,使外汇收入和外汇储备增加;反之,则外汇收入和外汇储备减少

表3-2-32(续)

对经济的影响	具体内容
通货膨胀	汇率变动可以通过影响货币币值和物价影响通货膨胀。本币贬值可能使出口增加,如果国内商品因出口增加而供不应求,物价上涨;而由于出口增加可能引起外汇收入增加,使国内货币供应扩张,加大通货膨胀压力。当本币汇率上升时,情况相反
国际债务	对一国来说,如果债务货币汇率上升,将使国际债务的实际价值增加,从而加重该国的债务负担;反之,则可能减轻该国的债务负担
国际经济、金融关系	(1)个别货币汇率的大幅度涨跌,会使国际资产中以该货币计值的资产的实际价值发生变动,造成世界财富的再分配 (2)个别货币汇率的变动有可能引发竞争性的货币贬值,使国际金融秩序产生混乱 (3)各金融市场汇率间的差异使金融投机日益猖獗,使国际金融市场产生剧烈动荡,不利于世界经济的稳定与发展
其他方面	汇率变动对旅游、侨汇、国内经济增长与就业及国内利率水平产生一定的影响

三、汇率理论

汇率理论是说明汇率决定及变动的理论,起源并发展于西方国家,主要包括国际借贷说、购买力平价说、汇兑心理说、利率平价说和资产市场说。

国际借贷说认为,国际借贷是决定汇率的最主要因素。

购买力平价说以各国货币的购买力来说明汇率的决定及变动。

汇兑心理学说认为,汇率取决于人们对外汇的主观评价。

利率平价说以本国货币与外国货币的短期利率差异来说明远期汇率的决定及变动。

资产市场说侧重于从金融市场均衡的角度来考察汇率的决定。

四、汇率制度

汇率制度是指一国货币当局对本国货币汇率确定与变动的基本模式所做的一系列安排。这些制度性安排包括中心汇率水平、汇率的波动幅度、影响和干预汇率变动的机制和方式等。汇率制度的分类见下表。

表3-2-33 汇率制度的分类

分类标准	制度	具体内容
汇率的波动幅度	固定汇率制	固定汇率制是指汇率平价保持基本不变,市场汇率波动被约束在一个狭小的界限内的汇率制度。历史上,固定汇率制曾分别出现在国际金本位制和布雷顿森林货币体系两种国家货币制度下
	浮动汇率制	浮动汇率制是指没有汇率平价和波动幅度约束,市场汇率可以随外汇市场供求关系的变化而自由波动的汇率制度

表3-2-33(续)

分类标准	制度	具体内容
汇率弹性由小到大(国际货币基金的划分方法)	货币局制	官方通过立法明确规定本币与某一关键货币保持固定汇率,同时对本币发行做特殊限制,以确保履行法定义务。中国香港的联系汇率制就是货币局制
	传统的钉住汇率制	官方将本币实际或公开地按照固定汇率钉住一种主要国际货币或一篮子货币,汇率波动幅度不超过±1%
	水平区间内钉住汇率制	类似于传统的钉住汇率制,但与传统的钉住汇率制不同的是汇率波动幅度大于1%
	爬行钉住汇率制	官方按照预先宣布的固定汇率,根据若干量化指标的变动,定期小幅度调整汇率
	爬行区间钉住汇率制	水平区间内的钉住汇率制与爬行钉住汇率制的结合,与爬行钉住汇率制不同的是汇率波动的幅度较大
	事先不公布汇率目标的管理浮动	官方在不特别指明或事先承诺汇率目标的情况下,通过积极干预外汇市场来影响汇率变动
	单独浮动	汇率由市场决定,官方即使干预外汇市场,目的也只是缩小汇率的波动幅度,防止汇率过度波动,而不是确立一个汇率水平

考点三 国际收支及其调节

一、国际收支的概念

(一)国际收支的狭义与广义之分

在狭义上,国际收支是指在一定时期内(通常为1年),一国居民与非居民所发生的全部货币或外汇的收入和支出。该定义是以支付为基础的,即判断是不是国际收支,核心是看是否发生了货币或外汇的支付。

视频讲解

在广义上,国际收支是指在一定时期内,一国居民与非居民所进行的全部经济交易的货币记录。该定义是以交易为基础的,即判断是不是国际收支,核心是看是否发生了经济交易。

(二)国际收支的构成

国际收支由经常项目收支和资本项目收支构成。经常项目收支又包括贸易收支、服务收支、要素报酬收支和单方转移收支。资本项目收支又包括直接投资、证券投资和其他投资。

二、国际收支平衡表

国际收支平衡表是按照一定会计原理和方法编制的系统记录国际收支的统计报表。

（一）国际收支平衡表的编制原理

国际收支平衡表是按照复式记账法编制的,在表中分设借方和贷方。借方以"-"号表示,记入资金占用科目,即国际收支中的支出科目;贷方以"+"号表示,记入资金来源科目,即国际收支中的收入科目。

（二）国际收支平衡表的账户

根据《国际收支和国际投资头寸手册(第六版)》的规定,国际收支平衡表所包括的账户有以下几项:

(1)经常账户。经常账户反映的是居民与非居民之间货物、服务、初次收入和二次收入的流量。

(2)资本账户。资本账户记录资产和资本的国际流动,包括资本转移和非生产、非金融资产的收买与放弃。

(3)金融账户。金融账户包括直接投资、证券投资、其他投资和储备资产。

(4)错误与遗漏账户。错误与遗漏账户专为人为平衡借方和贷方的总额而设。

三、国际收支均衡与不均衡

（一）国际收支均衡与不均衡的含义

自主性交易又称事前交易,是指有关交易主体出于获取利润、利息等经济动机或其他动机,根据本国与他国在价格、利率、利润率等方面存在的差异或其他考虑,而于事前主动进行的经济交易。

国际收支均衡是指自主性交易的收入和支出的均衡。国际收支不均衡是指自主性交易的收入和支出的不均衡。其中,如果自主性交易的收入大于支出,则是国际收支顺差;如果自主性交易的收入小于支出,则是国际收支逆差。

（二）国际收支不均衡的类型

从不同的角度,可以将国际收支不均衡划分为不同的类型,具体内容见下表。

表 3-2-34　国际收支不均衡的类型

分类标准	具体内容
差额性质	国际收支不均衡可分为顺差与逆差
产生原因	国际收支不均衡分为收入性不均衡、货币性不均衡、周期性不均衡和结构性不均衡 (1)收入性不均衡是由一国的国民收入增长超过他国的国民收入增长,引起本国进口需求增长超过出口增长而导致的国际收支不均衡 (2)货币性不均衡是由一国的货币供求失衡引起本国通货膨胀率高于他国通货膨胀率,进而刺激进口、限制出口而导致的国际收支不均衡 (3)周期性不均衡是由一国的经济周期性波动而导致的国际收支不均衡 (4)结构性不均衡是由一国的经济结构及其决定的进出口结构不能适应国际分工结构的变化所导致的国际收支不均衡

表3-2-34（续）

分类标准	具体内容
不同账户的状况	国际收支不均衡分为经常账户不均衡、资本与金融账户（剔除储备资产科目）不均衡与综合性不均衡 （1）经常账户不均衡：经常账户出现顺差或逆差 （2）资本与金融账户不均衡：资本与金融账户出现顺差或逆差 （3）综合性不均衡：经常账户差额同资本与金融账户差额相抵后出现顺差或逆差

四、国际收支不均衡的调节

国际收支不均衡可从宏观和微观两个层面来调节，具体内容见下表。

表3-2-35　调节国际收支不均衡的政策措施

层面	政策	具体内容
宏观经济	财政政策	财政政策主要调节经常项目收支 （1）国际收支逆差可以采用紧的财政政策：①需求效应。国际收支逆差→紧的财政政策→进口需求减少→进口减少。②价格效应。紧的财政政策→价格下降→出口增加、进口减少 （2）国际收支顺差可以采用松的财政政策。松的财政政策→进口需求增加→价格上升，进口需求增加→出口减少，进口增加
	货币政策	货币政策既调节经常项目收支，又调节资本项目收支 （1）国际收支逆差可采用紧的货币政策：①需求效应。国际收支逆差→紧的货币政策→进口需求减少→进口减少。②价格效应。紧的货币政策→价格下降→出口增加、进口减少。③利率效应。紧的货币政策→利率上升→资本流入增加、资本流出减少 （2）国际收支顺差可以采用松的货币政策：①需求效应。松的货币政策→进口需求增加，价格上升→出口减少、进口增加。②利率效应。松的货币政策→利率下降→资本流入减少、资本流出增加
	汇率政策	汇率政策主要调节经常账户支出 （1）国际收支逆差可以采用本币法定贬值或贬值的政策。以外币标价的本国出口价格下降→出口增加，以本币标价的本国进口价格上升→进口减少 （2）国际收支顺差可以采用本币法定升值或升值的政策。以外币标价的本国出口价格上升→出口减少，以本币标价的本国进口价格下降→进口增加
微观经济		当国际收支出现严重不均衡时，为了迅速扭转局面，收到立竿见影的调节效果，政府和货币当局还可以采取外贸管制和外汇管制的措施：①在国际收支逆差时，就加强外贸管制和外汇管制；②在国际收支顺差时，就放宽乃至取消外贸管制和外汇管制；③在国际收支逆差时，还可以采取向国际货币基金组织或其他国家争取短期信用融资的措施或直接动用本国的国际储备

考点四　国际储备及其管理

一、国际储备的概述

视频讲解

(一)国际储备的概念

国际储备是指一国货币当局所持有的,备用于弥补国际收支赤字、维持本币汇率等的世界各国所普遍接受的货币资产。

(二)国际储备的特征

国际储备具有四个本质特征:

(1)国际储备是官方储备,为货币当局所持有,不包括民间持有的黄金、外汇等资产。

(2)国际储备是货币资产,不包括实物资产,即使某些实物资产(如文物等)价值昂贵。

(3)国际储备是为世界各国普遍接受的货币资产,因此不能将他国不可兑换货币等用作国际储备。

(4)国际储备是一个存量的概念,一般以截至某一时点的余额来表示或计量国际储备总量。

二、国际储备的范围

国际储备包括黄金储备、外汇储备以及在国际货币基金组织的储备头寸和特别提款权(SDR)。后两项国际储备,只有国际货币基金组织(IMF)的成员才拥有。

其中,特别提款权是国际货币基金组织创设的一种储备资产和记账单位,亦称"纸黄金(Paper Gold)"。它是基金组织分配给成员的一种使用资金的权利,是国际货币基金组织原有的普通提款权以外的一种补充。成员在发生国际收支逆差时,可用它向基金组织指定的其他成员换取外汇,以偿付国际收支逆差或偿还基金组织的贷款,还可与黄金、自由兑换货币一样充当国际储备。但由于其只是一种记账单位,不是真正货币,使用时必须先换成其他货币,不能直接用于贸易或非贸易的支付。

2015 年 11 月 30 日,国际货币基金组织执行董事会批准人民币加入特别提款权(SDR)货币篮子,新的货币篮子于 2016 年 10 月 1 日正式生效。

经典例题

下列有关特别提款权的说法,错误的是(　　　)。

A. 它可以直接用于支付

B. 限定在成员国政府与 IMF 及各成员国之间发挥作用

C. 没有商品贸易和金融贸易基础

D. 它的价格根据主要发达国家货币汇率加权平均计算得出

【答案】A。解析:特别提款权是 IMF 根据成员国所认缴的份额给予的一种账面资产,不能直接用于支付。

三、国际储备的功能

国际储备有三个主要功能,具体内容见下表。

表3-2-36　国际储备的功能

功能	内容
弥补国际收支逆差	这是国际储备的基本功能。当出现暂时性国际收支逆差时,通过动用国际储备来弥补逆差,可以不必采取其他可能影响内部均衡的调节政策和措施
稳定本币汇率	当出现国际收支逆差或投机性冲击时,为了稳定汇率或履行在固定汇率制下承担的义务,可以动用外汇储备,向外汇市场投放外汇,缓解和平衡外汇供求
维持国际资信和投资环境	为维持一个良好的国际资信和良好的投资环境,需要保有足够的国际储备 (1)当向国外举债,国外债权人在进行信用评估时,要把债务国的国际储备数量和增减趋势作为重要的因素 (2)在吸引国际直接投资的场合,国外投资者在评价投资环境时,也要把投资对象国的国际储备数量和增减趋势作为重要的考量

四、国际储备的管理

国际储备要从总量和结构两方面来管理。

(一)国际储备的总量管理

国际储备总量管理的目标是使国际储备总量适度,既不能少也不能多。如果国际储备少,会在动用国际储备实现其功能时捉襟见肘,力不从心;如果国际储备多,会造成资源闲置,产生机会成本。

在实践中,测度国际储备总量是否适度的经验指标如下:①国际储备额与国民生产总值之比,一般为10%;②国际储备额与外债总额之比,一般在30%~50%;③国际储备额与进口额之比,一般为25%。如果以月来计量,国际储备额应能满足3个月的进口需求。

(二)国际储备的结构管理

国际储备结构管理的目标是使国际储备结构最优,在安全性、流动性和盈利性之间找到最佳均衡点。

考点五 / 离岸金融市场

一、离岸金融市场的含义

视频讲解

离岸金融市场是指主要为非居民提供境外货币借贷或投资、贸易结算、外汇黄金买卖、保险服务及证券交易等金融业务和服务的一种国际金融市场,亦称境外金融市场,其特点可简单概括为市场交易以非居民为主,基本不受所在国法规和税制限制。

二、离岸金融市场的特点

离岸金融市场具有以下特点：

(1)市场范围广阔、规模巨大、资金实力雄厚。

(2)市场上的借贷关系为非居民借贷双方之间的关系。

(3)市场基本上不受所在国政府当局金融法规的管辖和外汇管制的约束。

(4)市场有相对独立的利率体系。

三、离岸金融市场的类型

从不同角度来看,离岸金融市场有不同的类型：

(1)从所从事的业务范围来看,离岸金融市场有混合型、分离型、避税型等离岸金融市场。

(2)从市场形成的动力来看,离岸金融市场有自然渐成型和政府推动型离岸金融市场。

(3)从市场功能来看,离岸金融市场有世界中心、筹资中心、供资中心及簿记中心等。

四、离岸金融中心的类型

离岸金融中心是指离岸金融业务比较集中的国际金融中心。从离岸业务与国内金融业务的关系来看,离岸金融中心可分为三种类型,具体内容见下表。

表 3-2-37　离岸金融中心的类型

类型	内容
伦敦型中心	伦敦型中心又称一体型中心,如伦敦和香港 (1)交易的货币币种不包括市场所在国货币的其他货币 (2)经营范围宽泛,市场参与者可以同时经营在岸金融业务和离岸金融业务 (3)对经营离岸业务没有严格的申请程序
纽约型中心	(1)欧洲货币业务(离岸金融业务)包括市场所在国货币的非居民交易(如中国企业在纽约市场上从事的美元借贷业务) (2)对境外货币业务和境内货币业务严格分账管理,即对居民的存放业务与对非居民的业务分开,对离岸业务与国内金融业务分开,所以又称分离型中心,如美国纽约的国际银行业便利、日本东京的海外特别账户、新加坡的亚洲货币单位
避税港型中心	避税港型中心具有以下特点: (1)资金流动几乎不受任何限制,而且免收关税 (2)资金来源于非居民,运用于非居民——"两头在外" (3)市场上几乎没有实际的交易,只是起着其他金融中心资金交易的记账和转账的作用。走账型或簿记型中心,甚至没有工作人员,只是一个空壳公司。如巴哈马、开曼、英属维尔京、百慕大、巴拿马等

考点六　外汇管理与外债管理

视频讲解

一、外汇管理

（一）外汇管理的含义

狭义的外汇管理又称外汇管制,是指对外汇兑换等施加的限制性措施,主要表现为对外汇可得性和价格的限制。

广义的外汇管理既包括外汇管制,也包括为实施外汇管制或其他管制措施而采取的配套管理措施。

（二）外汇管理的目的和弊端

1. 目的

各国进行外汇管理的目的:①促进国际收支平衡或改善国际收支状况;②稳定本币汇率,控制涉外经济活动中的汇率风险;③防止资本外逃或大规模投机性资本冲击,维护金融市场的稳定和金融安全;④增加外汇储备;⑤保护国内市场,集中和有效利用外汇资源,保护和推动重点产业的发展;⑥增强商品的国际竞争力。

2. 弊端

外汇管理的消极影响:①扭曲汇率,造成资源配置低效率;②导致寻租和腐败行为;③导致非法地下金融蔓延;④导致收入分配不公;⑤不利于经济的长远发展。

二、货币可兑换

（一）货币可兑换的概念

货币可兑换是相对于外汇管制而言的,在纸币流通条件下,是指一国货币的持有者可以不受该国政府或货币当局的限制,为了任何目的而将所持有的该国货币按照一定汇率兑换为外国货币,用于对外支付或作为资产来持有。

（二）经常项目可兑换

根据国际货币基金组织协定,成员国如接受如下第八条款规定的义务,则该国成为国际货币基金组织第八条款成员国,其货币将被视为可兑换货币。

第八条款的主要内容如下:

（1）不得对经常性国际交易的付款和资金转移施加限制。

（2）不得实施歧视性货币措施和复汇率政策。

（3）成员国对其他国家所持有的本国货币,如对方提出申请并说明这部分货币结存是经常性交易中获得的,则应予购回。

国际货币基金组织的货币可兑换主要是指经常项目可兑换,而不是完全可兑换。

（三）资本项目可兑换

资本项目可兑换就是实现货币在资本与金融账户下各交易项目的可兑换。

资本项目可兑换的条件：①稳定的宏观经济环境；②稳健的金融体系；③弹性的汇率制度。

三、外债与外债管理的概念

（一）国际货币基金组织对外债的定义

外债是指任何特定时间内，一国居民对非居民承担的具有契约性偿还责任的债务，包括本金的偿还和利息的支付。

（二）我国国家外汇管理局对外债的定义

根据我国外汇管理局的定义，外债是指我国境内的机关、团体、企业、事业单位、金融机构或其他机构对我国境外的国际金融组织、外国政府、金融机构、企业或其他机构用外国货币承担的具有契约偿还义务的债务，包括以下内容：①国际金融组织贷款；②外国政府贷款；③外国银行和金融机构贷款；④买方信贷；⑤外国企业贷款；⑥发行外币债券；⑦国际金融租赁；⑧延期付款；⑨补偿贸易中直接以现汇偿还的债务；⑩其他形式的对外债务。由此看出，外国的股权投资如外商直接投资和股票投资不属于外债。

（三）外债管理的定义

外债管理是指一国政府对外债及其运行加以控制和监督。同样，外债管理是由外债管理主体，运用外债管理方法，作用于外债管理客体的运行系统。

四、外债的管理

（一）外债总量管理

外债总量管理的核心是使外债总量适度，不超过债务国的吸收能力。外债的吸收能力取决于债务国的负债能力和偿债能力两个方面。

目前，世界各国用来监测外债总量是否适度的指标主要有以下几个：

（1）负债率＝当年未清偿外债余额/当年国民生产总值×100%。

（2）债务率＝当年未清偿外债余额/当年货物服务出口总额×100%。

（3）偿债率＝当年外债还本付息总额/当年货物服务出口总额×100%。

（4）短期债务率＝短期外债余额/当年未清偿外债余额×100%。

根据国际上通行的标准，20%的负债率、100%的债务率、25%的偿债率和25%的短期债务率是债务国控制外债总量的警戒线。

（二）外债结构管理

外债结构管理的核心是优化外债结构。外债结构的优化主要包括外债的种类结构、期限结构、利率结构、币种结构、国别结构、投向结构的优化。

第七节　普惠金融与互联网金融

考 点 详 解

考 点 一　普惠金融

一、普惠金融的定义

普惠金融是指立足机会平等要求和商业可持续原则,以可负担的成本为有金融服务需求的社会各阶层和群体提供适当、有效的金融服务。

小微企业、农民、城镇低收入人群、贫困人群和残疾人、老年人等特殊群体是当前我国普惠金融重点服务对象。提升金融服务的覆盖率、可得性和满意度是普惠金融的主要目标。

二、发展普惠金融的意义

发展普惠金融的意义如下:

(1)发展普惠金融,有利于促进金融业可持续均衡发展,推动经济发展方式转型升级,增进社会公平和社会和谐,引导更多金融资源配置到经济社会发展的重点领域和薄弱环节。

(2)大力发展普惠金融,是金融业支持现代经济体系建设、增强服务实体经济能力的重要体现,是缓解人民日益增长的金融服务需求和金融供给不平衡不充分之间矛盾的重要途径,是我国全面建成小康社会的必然要求。

三、推进普惠金融发展的主要措施

推进普惠金融发展的具体措施如下:①提升银行业普惠金融服务能力;②发挥保险公司保障优势;③健全银行业差异化监管机制;④优化保险监管支持政策;⑤完善货币信贷支持政策;⑥加大财税政策支持力度;⑦健全普惠金融领域数据指标体系;⑧完善普惠金融信用信息体系;⑨建立健全普惠金融风险分担机制;⑩加大金融消费者权益保护力度;⑪强化试点改革创新。

四、普惠金融发展取得的主要成效

普惠金融发展至今,取得的主要成效如下:①基础金融服务覆盖面不断扩大;②薄弱领域金融可得性持续提升;③金融服务效率和质量明显提高;④金融扶贫攻坚成效显著;⑤金融基础设施和外部环境逐渐改善。

五、普惠金融发展形成的基本经验

我国的普惠金融发展形成了以下基本经验:

(1)发挥中国特色社会主义制度优势,是普惠金融发展的根基。

（2）坚持目标导向和问题导向，是普惠金融发展的基本思路。

（3）发挥市场主导作用，是普惠金融发展的根本动力。

（4）数字普惠金融引领，是普惠金融可持续发展的重要出路。

（5）全面推进、突出重点，是普惠金融发展的基本方法。

（6）遏制乱象、防范风险，是普惠金融发展的基本底线。

（7）坚持改革创新、用好试点示范，是普惠金融发展的有效手段。

（8）强化政策协同，是普惠金融发展的有力保障。

考点二 互联网金融

一、互联网金融的概念及特点

（一）互联网金融的概念

互联网金融是传统金融机构与互联网企业利用互联网技术和信息通信技术实现资金融通、支付、投资和信息中介服务的新型金融业务模式。

（二）互联网金融的特点

与传统金融中介相比，互联网金融具有以下特点：

（1）互联网金融是传统金融的数字化、网络化和信息化。

（2）互联网金融是一种更普惠的大众化金融模式。

（3）互联网金融能够提高金融服务效率，降低金融服务成本。

二、互联网金融的模式

通过对业内相应商业模式、商业现象进行深度剖析，可将互联网金融模式分为六大模式，具体内容见下表。

表3-2-38 互联网金融的模式

模式	具体内容
互联网支付	通过计算机、手机等设备，依托互联网发起支付指令、转移货币资金的服务
网络借贷	网络借贷包括个体网络借贷（即P2P）和网络小额贷款 （1）P2P是指个体和个体之间通过互联网平台实现的直接借贷，参与门槛低、渠道成本低。个体网络借贷要明确信息中介性质，主要为借贷双方的直接借贷提供信息服务，不得提供增信服务，不得非法集资 （2）网络小额贷款是指互联网企业通过其控制的小额贷款公司，利用互联网向客户提供的小额贷款
股权众筹融资	股权众筹融资主要是指通过互联网形式进行公开小额股权融资的活动。股权众筹融资必须通过股权众筹融资中介机构平台（互联网网站或其他类似的电子媒介）进行
互联网基金销售	基金销售机构与其他机构通过互联网合作销售基金等理财产品的，要切实履行风险披露义务，不得通过违规承诺收益方式吸引客户

表3-2-38(续)

模式	具体内容
互联网保险	保险公司开展互联网保险业务,应遵循安全性、保密性和稳定性原则,加强风险管理,完善内部控制系统,确保交易安全、信息安全和资金安全
互联网信托和互联网消费金融	信托公司、消费金融公司通过互联网开展业务的,要严格遵守监管规定,加强风险管理,确保交易合法,保守客户信息

三、互联网金融与对普惠金融的促进作用

互联网金融是一种更普惠的大众化金融模式。随着互联网金融的发展,中小企业和投资者可借助互联网平台参与金融交易及风险评估等,客户能够突破地域限制,在互联网上寻找需要的金融资源,缓解金融排斥,金融市场的参与者也更为平民化和大众化,"普惠金融"得到发展。

习题演练

1. 历史上,著名的格雷欣法则发生在(　　)阶段。

A. 银本位制
B. 信用本位制
C. 金本位制
D. 金银复本位制

2. 在其他条件不变的情况下,当外币汇率上升、本币汇率下降时,(　　)。

A. 出口增加、进口减少
B. 出口减少、进口增加
C. 出口和进口均增加
D. 出口和进口均减少

3. 在利率决定理论中,强调投资与储蓄相互作用的是(　　)。

A. 马克思利率理论
B. 流动性偏好理论
C. 可贷资金理论
D. 古典利率理论

4. 小王于2016年1月1日购买一款期限1年、到期一次性支付本息的银行理财产品,初始投资2万元。该产品按复利每季度计息一次,年利率为8%。则到期后小王一共能获得本息(　　)元。

A. 20 400.00
B. 21 600.00
C. 21 648.64
D. 27 209.79

5. 下列属于我国中央银行所宣布的货币政策目标的是(　　)。

A. 促进全流通
B. 保持货币币值稳定
C. 促进交易快捷
D. 促进国际化

6. 以下哪项不属于我国货币政策工具?(　　)

A. 存款准备金政策
B. 再贴现政策
C. 公开市场业务
D. 进出口退税政策

7. 在各类金融机构中,最典型的间接金融机构是(　　)。

A. 投资银行　　　　　　　　　　B. 商业银行

C. 证券公司　　　　　　　　　　D. 中央银行

8. 目前大多数国家中央银行的资本结构都是(　　)形式。

A. 国有　　　　　　　　　　　　B. 多国共有

C. 无资本金　　　　　　　　　　D. 混合所有

9. 下列金融机构不以营利为目的的是(　　)。

A. 中国工商银行　　　　　　　　B. 招商银行

C. 银河证券　　　　　　　　　　D. 中国农业发展银行

10. H 股、N 股、S 股等属于(　　)。

A. 社会公众股　　　　　　　　　B. 境内上市外资股

C. 境外上市外资股　　　　　　　D. 红筹股

参 考 答 案

1.【答案】D。解析:劣币驱逐良币的规律又叫作格雷欣法则,是发生在金银复本位制的双本位制度之下。实际价值低于名义价值的劣币充斥市场,实际价值高于名义价值的良币被贮藏熔化或输出国外,退出本国流通领域。

2.【答案】A。解析:汇率变动会对贸易和国际收支产生影响。在其他条件不变的情况下,当外币汇率上升、本币汇率下降时,出口增加、进口减少,导致国际收支出现顺差;反之,则国际收支出现逆差。

3.【答案】D。解析:古典学派认为,利率决定于储蓄与投资的相互作用。

4.【答案】C。解析:$FV=P \cdot \left(1+\dfrac{r}{m}\right)^{mn}=20\,000 \times \left(1+\dfrac{8\%}{4}\right)^{4 \times 1} \approx 21\,648.64(元)$。

5.【答案】B。解析:我国货币政策目标是保持货币币值稳定,并以此促进经济增长。这一政策要求在抑制物价上涨幅度的同时维持适度的经济增长率,并且决不以牺牲经济增长为前提。

6.【答案】D。解析:A、B、C 三项是我国三大一般性货币政策工具,有时也称"三大法宝"。故本题选 D。

7.【答案】B。解析:间接金融机构是指它一方面以债务人的身份从资金盈余者的手中筹集资金,另一方面又以债权人的身份向资金短缺者提供资金,以间接融资为特征的金融机构。商业银行是最典型的间接金融机构。

8.【答案】A。解析:目前大多数国家中央银行的资本结构都是国有形式,如英国、法国、德国、加拿大、中国、印度、俄罗斯等。

9.【答案】D。解析:政策性银行不以营利为目的。国家开发银行、中国农业发展银行、中国进出口银行都属于政策性银行。

10.【答案】C。解析:境外上市外资股主要由 H 股、N 股、S 股等构成。故本题选 C。

第三章　会计与财务管理

第一节　会计概论

考 点 一　**会计概念与会计职能**

一、会计概念

会计是以货币为主要计量单位，采用专门方法和程序，对企业和行政、事业单位的经济活动进行完整的、连续的、系统的核算和监督，以提供经济信息和反映受托责任履行情况为主要目的的经济管理活动。

二、会计职能

（一）基本职能

1. 核算职能

会计的核算职能，是指会计以货币为主要计量单位，对特定主体的经济活动进行确认、计量、记录和报告。

会计核算的主要内容：①款项和有价证券的收付；②财物的收发、增减和使用；③债权、债务的发生和结算；④资本、基金的增减；⑤收入、支出、费用、成本的计算；⑥财务成果的计算和处理；⑦需要办理会计手续、进行会计核算的其他事项。

2. 监督职能

会计的监督职能，是指对特定主体经济活动和相关会计核算的真实性、合法性和合理性进行审查。

会计核算与会计监督是相辅相成、辩证统一的。会计核算是会计监督的基础；会计监督又是会计核算质量的保障。

（二）拓展职能

会计的拓展职能包括以下三项：①预测经济前景；②参与经济决策；③评价经营业绩。

考 点 二　**我国企业会计准则体系**

我国现行的企业会计准则体系包括基本准则、具体准则、应用指南和解释。

基本准则为主导,对企业财务会计的一般要求和主要方面做出原则性的规定,为制定具体准则、会计制度提供依据。基本准则规范了包括财务报告目标,会计基本假设,会计基础,会计信息质量要求,会计要素的分类及其确认、计量原则,财务报告等在内的基本问题。

具体准则是在基本准则的指导下,处理会计具体业务标准的规范。其具体内容可分为一般业务准则、特殊行业和特殊业务准则、财务报告准则三大类。

应用指南是对具体准则相关条款的细化和有关重点难点问题提供的操作性指南,以利于会计准则的贯彻落实和指导实务操作。

解释是对具体准则实施过程中出现的问题、具体准则条款规定不清楚或尚未规定的问题作出的补充说明。

考点三　会计基本假设与会计基础

一、会计基本假设

会计基本假设是对会计核算时间和空间范围等所作的合理假定,是企业会计确认、计量、记录和报告的前提。

会计基本假设包括以下四项:①会计主体;②持续经营;③会计分期;④货币计量。

二、会计基础

会计基础,是指会计确认、计量和报告的基础,具体包括权责发生制和收付实现制。

(一)权责发生制

权责发生制,是指以取得收取款项的权利或支付款项的义务为标志来确定本期收入和费用的会计核算基础。

根据权责发生制,凡是当期已经实现的收入和已经发生或者应当负担的费用,无论款项是否收付,都应当作为当期的收入和费用,计入利润表;凡是不属于当期的收入和费用,即使款项已在当期收付,也不应当作为当期的收入和费用。

(二)收付实现制

收付实现制,是指以现金的实际收付为标志来确定本期收入和支出的会计核算基础。

考点四　会计信息质量要求

会计信息质量要求是对企业财务报告所提供的会计信息质量的基本要求,是使财务报告所提供会计信息对投资者等信息使用者决策有用应具备的基本特征,主要包括以下几项:①可靠性,即真实性(最基本要求);②相关性;③可理解性;④可比性;⑤实质重于形式;⑥重要性;⑦谨慎性;⑧及时性。

经典例题

会计核算的最基本要求是(　　)。

A. 谨慎性　　　　　　　　　　　　　　B. 及时性

C. 可比性　　　　　　　　　　　　　　D. 真实性

【答案】D。解析:会计信息质量要求中,最基本的要求是可靠性要求,即真实性,要求企业保证会计信息真实可靠、内容完整。故本题选D。

考点五　会计要素及其计量属性

一、会计要素

会计要素是根据交易或者事项的经济特征所确定的财务会计对象及其基本分类。

会计要素按照其性质分为资产、负债、所有者权益、收入、费用和利润。其中,资产、负债和所有者权益要素侧重于反映企业的财务状况,为静态要素;收入、费用和利润要素侧重于反映企业的经营成果,为动态要素。

二、会计要素计量属性

会计计量是为了将符合确认条件的会计要素登记入账并列报于财务报表而确定其金额的过程。

会计计量属性主要包括历史成本、重置成本、可变现净值、现值和公允价值等。

经典例题

会计要素可分为动态要素和静态要素,以下属于静态要素的是(　　)。

A. 利润　　　　　　　　　　　　　　　B. 费用

C. 资产　　　　　　　　　　　　　　　D. 收入

【答案】C。解析:A、B、D三项属于动态要素,而静态会计要素包括资产、负债和所有者权益。

考点六　会计科目和账户

一、会计科目

会计科目,简称科目,是对会计要素具体内容进行分类核算的项目,是进行会计核算和提供会计信息的基本单元。会计科目可以按其反映的经济内容(即所属会计要素)、所提供信息的详细程度及其统驭关系分类。

(一)按反映的经济内容分类

会计科目按其反映的经济内容不同,可分为资产类科目、负债类科目、共同类科目、所有者权益类科目、成本类科目和损益类科目。

(二)按提供信息的详细程度及其统驭关系分类

会计科目按其提供信息的详细程度及其统驭关系,可分为总分类科目和明细分类科目。

二、账户

账户是根据会计科目设置的,具有一定的格式和结构,用于分类反映会计要素增减变动情况及其结果的载体。

会计科目仅仅是对会计要素的具体内容进行分类核算的项目,它不能反映交易或事项的发生所引起的会计要素各项目的增减变动情况和结果。各项核算指标的具体数据资料,只有通过账户记录才能取得。

同会计科目分类相对应,账户可以根据其核算的经济内容、提供信息的详细程度及其统驭关系进行分类。根据核算的经济内容,账户分为资产类账户、负债类账户、共同类账户、所有者权益类账户、成本类账户和损益类账户;根据提供信息的详细程度及其统驭关系,账户分为总分类账户和明细分类账户。

账户是用来连续、系统、完整地记录企业经济活动的,因此必须具有一定的结构。账户的基本结构分为左右两方,一方登记增加,另一方登记减少。至于账户左右两方的名称,用哪一方登记增加、哪一方登记减少,要取决于所采用的记账方法和各账户所记录的经济内容。

账户的期初余额、期末余额、本期增加发生额、本期减少发生额统称为账户的四个金额要素。四个金额要素之间的关系如下面的公式所示:

$$期末余额 = 期初余额 + 本期增加发生额 - 本期减少发生额$$

经典例题

设置账户是会计核算的重要方法之一,下列关于会计账户的表述,不正确的是(　　)。

A. 账户是反映资产、负债和所有者权益增减变动的记账载体

B. 账户是会计科目的简称,是对会计对象进行具体核算的名称

C. 会计科目的核算内容就是账户应记录反映的经济内容

D. 账户根据会计科目设置,会计科目的名称就是账户名称

【答案】B。解析:账户是根据会计科目设置的,具有一定的格式和结构,用于分类反映会计要素增减变动情况及其结果的载体。会计科目是设立会计账户的基础。

考点七 / 会计等式与借贷记账法

一、会计等式

会计等式,又称会计恒等式、会计方程式或会计平衡公式,是表明会计要素之间基本关系的等式。

(一)资产=负债+所有者权益

这一等式反映了企业在某一特定时点资产、负债和所有者权益三者之间的平衡关系,因

此,该等式被称为财务状况等式、基本会计等式或静态会计等式,它是复式记账法的理论基础,也是编制资产负债表的依据。

(二)收入－费用＝利润

这一等式反映了企业利润的实现过程,被称为经营成果等式或动态会计等式。收入、费用和利润之间的上述关系,是编制利润表的依据。

二、借贷记账法

借贷记账法,是以"借"和"贷"作为记账符号的一种复式记账法。复式记账法,是指对于每一笔经济业务,都必须用相等的金额在两个或两个以上相互联系的账户中进行登记,全面、系统地反映会计要素增减变化的一种记账方法。我国会计准则规定,企业、行政单位和事业单位会计核算采用借贷记账法记账。

(一)借贷记账法的账户结构

借贷记账法下,账户的左方称为借方,右方称为贷方。所有账户的借方和贷方按相反方向记录增加数和减少数,即一方登记增加额,另一方就登记减少额。至于"借"表示增加(或减少),还是"贷"表示增加(或减少),则取决于账户的性质与所记录经济内容的性质。

1. 资产类和成本类账户的结构

在借贷记账法下,资产类、成本类账户的借方登记增加额;贷方登记减少额;期末余额一般在借方。其余额计算公式如下:

期末借方余额＝期初借方余额＋本期借方发生额－本期贷方发生额

2. 负债类和所有者权益类账户的结构

在借贷记账法下,负债类、所有者权益类账户的借方登记减少额;贷方登记增加额;期末余额一般在贷方。其余额计算公式如下:

期末贷方余额＝期初贷方余额＋本期贷方发生额－本期借方发生额

3. 损益类账户的结构

损益类账户主要包括收入类账户和费用类账户。

在借贷记账法下,收入类账户的借方登记减少额;贷方登记增加额。本期收入净额在期末转入"本年利润"账户,用以计算当期损益,结转后无余额。在借贷记账法下,费用类账户的借方登记增加额;贷方登记减少额。本期费用净额在期末转入"本年利润"账户,用以计算当期损益,结转后无余额。

(二)借贷记账法的记账规则

借贷记账法的记账规则为"有借必有贷,借贷必相等"。

经典例题

下列关于复式记账法基本原理的表述,不正确的是(　　)。

A. 对每一笔经济业务的发生,都可以以相等金额在两个或两个以上相关账户中作等额双重记录

B. 按照会计等式,任何一项经济业务都会引起资产与权益至少一个项目发生增减变动

C. 复式记账法的理论依据是"资产=负债+所有者权益"的会计等式

D. 这种记账法如实反映了经济事物的客观联系,是一种科学的记账方法

【答案】B。解析:根据复式记账法,按照会计等式,一项经济业务的发生也可能是负债内部发生一增一减的变动。此时,资产或权益项目未发生增减变动。

考点八　会计分录

会计分录简称分录,是指对某项经济业务标明其应借应贷账户及其金额的记录。

会计分录由应借应贷方向、相互对应科目名称及其金额三要素构成。按照所涉及账户的多少,分为简单会计分录和复合会计分录。简单会计分录是指只涉及一个账户借方和另一个账户贷方的会计分录,即一借一贷的会计分录;复合会计分录是指由两个以上(不含两个)对应账户所组成的会计分录,即一借多贷、一贷多借或多借多贷的会计分录。

会计分录格式:

第一:应是先借后贷,借贷分行,借方在上,贷方在下。

第二:贷方记账符号、账户、金额都要比借方退后一格,表明借方在左,贷方在右。

考点九　会计凭证与会计账簿

一、会计凭证

会计凭证,是指记录经济业务发生或者完成情况的书面证明,是登记账簿的依据。

会计凭证按照填制程序和用途可分为原始凭证和记账凭证。

(一)原始凭证

原始凭证,又称单据,是指在经济业务发生或完成时取得或填制的,用以记录或证明经济业务的发生或完成情况的原始凭据。

原始凭证可以按照取得来源、格式、填制的手续和内容进行分类。

(1)原始凭证按照取得来源,可分为自制原始凭证和外来原始凭证。

(2)原始凭证按照格式的不同,可分为通用凭证和专用凭证。

(3)原始凭证按照填制的手续和内容,可分为一次凭证、累计凭证和汇总凭证。

(二)记账凭证

记账凭证,又称记账单,是指会计人员根据审核无误的原始凭证,按照经济业务的内容加以归类,并据以确定会计分录后填制的会计凭证,作为登记账簿的直接依据。

记账凭证按照其反映的经济业务的内容来划分,通常可分为收款凭证、付款凭证和转账

凭证。

（三）汇总记账凭证

汇总记账凭证是指根据一定时期内同类单一记账凭证定期加以汇总而重新编制的记账凭证。按照汇总方法的不同有分类汇总和全部汇总两种。

（1）分类汇总是根据收款凭证、付款凭证、转账凭证定期分别汇总，编制的种类有汇总收款凭证、汇总付款凭证、汇总转账凭证。

（2）全部汇总是将企业一定时期内编制的全部记账凭证汇总到一张记账凭证汇总表上。

> **经典例题**
>
> 汇总记账凭证是根据一定期间的记账凭证全部汇总填制的记账凭证。汇总记账凭证按汇总方法不同，可分为（　　）。
>
> A. 期间汇总凭证和全年汇总凭证　　　　B. 分类汇总凭证和全部汇总凭证
>
> C. 分步汇总凭证和综合汇总凭证　　　　D. 现金汇总凭证和资产汇总凭证
>
> 【答案】B。解析：汇总记账凭证根据汇总方法不同，可分为分类汇总凭证和全部汇总凭证。

二、会计账簿

会计账簿，简称账簿，是指由一定格式的账页组成的，以经过审核的会计凭证为依据，全面、系统、连续地记录各项经济业务和会计事项的簿籍。

会计账簿可以按照用途、账页格式、外形特征等进行分类。

（1）会计账簿按照用途，可以分为序时账簿、分类账簿和备查账簿。

（2）会计账簿按照账页格式，主要分为三栏式账簿、多栏式账簿和数量金额式账簿。

（3）会计账簿按照外形特征，可以分为订本式账簿、活页式账簿和卡片式账簿。

考点十　对账与结账

一、对账

对账，是对账簿记录所进行的核对，也就是核对账目。对账工作一般在记账之后结账之前，即在月末进行。对账一般分为账证核对、账账核对、账实核对。

二、结账

结账是将账簿记录定期结算清楚的会计工作。

结账的内容通常包括两个方面：一是结清各种损益类账户，据以计算确定本期利润；二是结出各资产、负债和所有者权益账户的本期发生额合计和期末余额。

考点十一　账簿错账更正的方法

账簿错账更正的方法一般有划线更正法、红字更正法和补充登记法三种。

一、划线更正法

在结账前发现账簿记录有文字或数字错误,而记账凭证没有错误,应当采用划线更正法。

二、红字更正法

红字更正法,适用于两种情形:①记账后发现记账凭证中应借、应贷会计科目有错误所引起的记账错误;②记账后发现记账凭证和账簿记录中应借、应贷会计科目无误,只是所记金额大于应记金额所引起的记账错误。

三、补充登记法

记账后发现记账凭证和账簿记录中应借、应贷会计科目无误,只是所记金额小于应记金额时,应当采用补充登记法。

考点十二　账务处理程序

企业常用的账务处理程序,主要有记账凭证账务处理程序、汇总记账凭证账务处理程序和科目汇总表账务处理程序,它们之间的主要区别是登记总分类账的依据和方法不同。

一、记账凭证账务处理程序

记账凭证账务处理程序,是指对发生的经济业务,先根据原始凭证或汇总原始凭证填制记账凭证,再根据记账凭证登记总分类账的一种账务处理程序。

记账凭证账务处理程序,适用于规模较小,经济业务量较少的单位。

二、汇总记账凭证账务处理程序

汇总记账凭证账务处理程序,是指先根据原始凭证或汇总原始凭证填制记账凭证,定期根据记账凭证分类编制汇总收款凭证、汇总付款凭证和汇总转账凭证,再根据汇总记账凭证登记总分类账的一种账务处理程序。

汇总记账凭证账务处理程序适用于规模较大、经济业务较多的单位。

三、科目汇总表账务处理程序

科目汇总表账务处理程序,是指根据记账凭证定期编制科目汇总表,再根据科目汇总表登记总分类账的一种账务处理程序。

科目汇总表账务处理程序适用于经济业务较多的单位。

考点十三　会计机构与会计岗位设置

一、会计机构

会计机构,是指各单位办理会计事务的职能部门。根据《中华人民共和国会计法》的规定,各单位应当根据会计业务的需要,设置会计机构,或者在有关机构中设置会计人员并指定会计主管人员;不具备设置条件的,应当委托经批准从事会计代理记账业务的中介机构代理记账。

二、会计岗位的设置

会计工作岗位一般可分为会计机构负责人或者会计主管人员、出纳、财产物资核算、工资核算、成本费用核算、财务成果核算、资金核算、往来结算、总账报表、稽核、档案管理等。开展会计电算化和管理会计的单位,可以根据需要设置相应工作岗位,也可以与其他工作岗位相结合。

会计工作岗位,可以一人一岗、一人多岗或者一岗多人。但出纳人员不得兼任(兼管)稽核,会计档案保管和收入、支出、费用、债权债务账目的登记工作。会计人员的工作岗位应当有计划地进行轮换。档案管理部门的人员管理会计档案,不属于会计岗位。

第二节　固定资产的折旧

考点一　固定资产计提折旧的范围

除以下情况外,企业应当对所有固定资产计提折旧:

(1)已提足折旧仍继续使用的固定资产。提足折旧,是指已经提足该项固定资产的应计折旧额。

(2)单独计价入账的土地。

在确定计提折旧的范围时,还应注意以下几点:

(1)固定资产应当按月计提折旧,当月增加的固定资产,当月不计提折旧,从下月起计提折旧;当月减少的固定资产,当月仍计提折旧,从下月起停止计提折旧。

(2)固定资产提足折旧后,不论能否继续使用,均不再计提折旧;提前报废的固定资产,也不再补提折旧。

(3)已达到预定可使用状态但尚未办理竣工决算的固定资产,应当按照估计价值确定其成本,并计提折旧;待办理竣工决算后,再按实际成本调整原来的暂估价值,但不需要调整原已计提的折旧额。

考点二　固定资产的折旧方法

固定资产的折旧方法有年限平均法、工作量法、双倍余额递减法、年数总和法。折旧方法的具体内容见下表。

表3-3-1　固定资产的折旧方法

折旧方法	计算公式
年限平均法	年折旧率＝(1-预计净残值率)÷预计使用寿命(年) 月折旧率＝年折旧率÷12 月折旧额＝固定资产原值×月折旧率
工作量法	单位工作量折旧额＝[固定资产原值×(1-预计净残值率)]÷预计总工作量 某项固定资产月折旧额＝该项固定资产当月工作量×单位工作量折旧额
双倍余额递减法	年折旧率＝2÷预计使用寿命(年)×100% 年折旧额＝每个折旧年度年初固定资产账面净值×年折旧率 月折旧额＝年折旧额÷12
年数总和法	年折旧率＝尚可使用年限÷预计使用寿命的年数总和×100% 或者: 年折旧率＝(预计使用寿命-已使用年限)÷[预计使用寿命×(预计使用寿命+1)/2]×100% 年折旧额＝(固定资产原值-预计净残值)×年折旧率

已计提减值准备的固定资产,应当按照该项资产的账面价值(固定资产账面余额扣减累计折旧和累计减值准备后的金额)以及尚可使用寿命重新计算确定折旧率和折旧额。

考点三　固定资产计提折旧的账务处理

固定资产计提折旧的账务处理如下:

借:制造费用(生产车间计提折旧)

　　管理费用(企业管理部门、未使用的固定资产计提折旧)

　　销售费用(企业专设销售部门计提折旧)

　　其他业务成本(企业出租固定资产计提折旧)

　　在建工程(在建工程中使用固定资产计提折旧)

　　贷:累计折旧

第三节　财务会计报告概述

财务报告,是指企业对外提供的反映企业某一特定日期的财务状况和某一会计期间的经营成果、现金流量等会计信息的文件。

财务报告包括财务报表和其他应当在财务报告中披露的相关信息和资料。

财务报表,是对企业财务状况、经营成果和现金流量的结构性表述。一套完整的财务报表至少应当包括资产负债表、利润表、现金流量表、所有者权益(或股东权益)变动表以及附注。

（1）资产负债表，是反映企业在某一特定日期的财务状况的会计报表，是企业经营活动的静态体现。

（2）利润表，是反映企业在一定会计期间的经营成果的会计报表。

（3）现金流量表是反映企业在一定会计期间的现金和现金等价物的流入和流出的会计报表。

（4）所有者权益变动表是指反映构成所有者权益各组成部分当期增减变动情况的报表。

第四节　独立项目投资决策

考点一　净现值法

净现值（NPV）是指特定项目未来现金流入的现值与未来现金流出的现值之间的差额，计算公式如下：

净现值＝$\sum$ 各年现金净流量现值＝$\sum$ 未来现金流入的现值－$\sum$ 未来现金流出的现值

$$净现值 = \sum_{t=0}^{n} \frac{NCF_t}{(1+K)^t} - I$$

其中：t 为项目期限；$NCF(t)$ 表示第 t 年的现金净流量；I 为初始投资额；K 为折现率。当净现值大于 0 时，投资项目可行。

经典例题

现有 A、B、C、D 四个潜在的投资项目，初始投资额均为 1 000 万元，项目寿命分别 1、2、3 年和 4 年，A 项目第一年年末现金流入为 1 500 万元，B 项目每年末现金流入 800 万元，C 项目每年末现金流入 600 万元，D 项目每年末现金流入 400 万元，假如市场利率为 10%，根据净现值法则，应选择投资（　　）项目。

A. D　　　　　　　　　　　　　　　　　　B. C

C. B　　　　　　　　　　　　　　　　　　D. A

【答案】B。解析：A 项目净现值＝1 500×(P/F,10%,1)−1 000≈363.65；B 项目净现值＝800×(P/A,10%,2)−1 000≈388.43；C 项目净现值＝600×(P/A,10%,3)−1 000≈492.11；D 项目净现值＝400×(P/A,10%,4)−1 000≈267.95。经计算 C 项目的净现值最大。故本题选 B。

考点二　现值指数法

现值指数（PI），是指投资项目未来现金净流量总现值与原始投资额总现值的比值，亦称现值比率或获利指数。

当现值指数大于 1 时,投资项目可行。

$$现值指数 = 未来现金净流量总现值 ÷ 原始投资额总现值$$

考点三　内含报酬率法

内含报酬率(IRR)是指能够使未来现金流入量现值等于未来现金流出量现值的折现率,或者说是使投资项目净现值为零的折现率。

当内含报酬率高于投资项目资本成本时,投资项目可行。

在评价单一方案可行与否的时候,净现值法、现值指数法和内含报酬率法结论一致。

(1)当净现值>0 时,现值指数>1,内含报酬率>资本成本。

(2)当净现值 = 0 时,现值指数 = 1,内含报酬率 = 资本成本。

(3)当净现值<0 时,现值指数<1,内含报酬率<资本成本。

考点四　回收期法

一、静态回收期

静态回收期是指投资引起的现金流入累计到与投资额相等所需要的时间。

在原始投资一次支出,每年现金净流入量相等时:

$$投资回收期 = 原始投资额 ÷ 每年现金净流入量$$

如果现金净流入量每年不等,或原始投资是分几年投入,设 M 是收回原始投资的前一年:

$$投资回收期 = M + \frac{第 M 年的尚未回收额}{第 M+1 年的现金净流入量}$$

二、动态回收期

动态回收期是指在考虑资金时间价值的情况下以项目现金流量流入抵偿全部投资所需要的时间。设 M 是收回原始投资额现值的前一年:

$$投资回收期 = M + \frac{第 M 年的尚未回收额的现值}{第 M+1 年的现金净流入量的现值}$$

第五节　营运资金管理

考点详解

考点一　现金管理

现金有广义、狭义之分。广义的现金包括库存现金、银行存款和其他货币资金等。狭义的现金仅指库存现金。现金是变现能力最强的资产。拥有足够的现金可以降低企业的风险,增强企业资产的流动性和债务的可清偿性,但现金收益性最弱,现金存量过多会使企业的收益水平下降。

一、持有现金的动机

现金的持有动机:①交易性需求;②预防性需求;③投机性需求。

二、目标现金余额的确定

目标现金余额的确定运用的模型有成本模型、存货模型和随机模型。

三、现金收支日常管理

(一)现金周转期

企业的经营周期是指企业从取得存货开始到销售存货并收回现金为止的时期。其计算公式如下:

经营周期=存货周转期+应收账款周转期

现金周转期是指介于公司支付现金与收到现金之间的时间段,也就是经营周期减去应付账款周转期。现金周转期的计算公式如下:

现金周转期=存货周转期+应收账款周转期−应付账款周转期=经营周期−应付账款周期

式中:存货周转期=存货平均余额÷每天的销货成本

应收账款周转期=应收账款平均余额÷每天的销货收入

应付账款周转期=应付账款平均余额÷每天的购货成本

减少现金周转期方法:①加快制造与销售产成品来缩短存货周转期;②加速应收账款的回收来缩短应收账款周转期;③减缓支付应付账款来延长应付账款周转期。

(二)收款管理

1. 收款系统

一个高效率的收款系统能使收款成本和收款浮动期达到最小,同时能够保证与客户汇款及其他现金流入来源相关的信息的质量。

2. 收款方式的改善

电子支付方式对比纸基(或称纸质)支付方式是一种改进。

(三)付款管理

现金支出管理的主要任务是尽可能延缓现金的支出时间。控制现金支出的目标是在不损害企业信誉的前提下,尽可能推迟现金的支出。

控制现金支出的具体措施:①使用现金浮游量;②推迟应付款的支付;③汇票代替支票;④改进员工工资支付模式;⑤透支;⑥争取现金流出与现金流入同步;⑦使用零余额账户。

考点二　应收账款管理

一、应收账款的功能

应收账款的功能指其在生产经营中的作用,主要有以下两方面:①增加销售的功能;②减少存货的功能。

二、应收账款的成本

应收账款的成本包括机会成本、管理成本和坏账成本。

机会成本是指因投放于应收账款而放弃其他投资所带来的收益。

管理成本主要是指在进行应收账款管理时,所增加的费用。管理成本主要包括调查顾客信用状况的费用、收集各种信息的费用、账簿的记录费用、收账费用、数据处理成本、相关管理人员成本和从第三方购买信用信息的成本。

坏账成本是指债权人无法收回应收账款而发生的损失,一般与应收账款发生的数量成正比。

坏账成本的计算公式:应收账款的坏账成本＝赊销额×预计坏账损失率。

三、信用政策

信用政策包括信用标准、信用条件、收账政策三个方面:

(1)信用标准。信用标准是指信用申请者获得企业提供信用所必须达到的最低信用水平,通常以预期的坏账损失率作为判别标准。

(2)信用条件。信用条件是销货企业要求赊购客户支付货款的条件,由信用期限、折扣期限和现金折扣三个要素组成。

(3)收账政策。收账政策是指信用条件被违反时,企业采取的收账策略。

考点三　存货管理

一、存货管理的目标

存货是指企业在生产经营过程中为销售或者耗用而储备的物资,包括原材料、燃料、低值易耗品、在产品、半成品、产成品、协作件、外购商品等。

存货管理的目标,就是在保证生产或销售经营需要的前提下,最大限度地降低存货成本。

二、存货的成本

(一)取得成本

取得成本指为取得某种存货而支出的成本,通常用 TC_a 来表示,分为订货成本和购置成本。

取得成本的计算公式如下:

取得成本=订货成本+购置成本=订货固定成本+订货变动成本+购置成本

(二)储存成本

储存成本指为保持存货而发生的成本,通常用 TC_c 来表示,分为固定储存成本和变动储存成本。

固定储存成本与存货数量的多少无关,如仓库折旧、仓库职工的固定工资等。

变动储存成本与存货的数量有关,如存货资金的应计利息、存货的破损和变质损失、存货的保险费用等。

储存成本的计算公式如下:

储存成本=固定储存成本+变动储存成本

(三)缺货成本

缺货成本指由于存货供应中断而造成的损失,用 TC_s 表示。

缺货成本包括以下几项:①材料供应中断造成的停工损失;②因缺货造成的拖欠发货损失、丧失销售机会的损失、造成的商誉损失等;③紧急额外购入成本。

储备存货的总成本(TC)的计算公式如下:

总成本=取得成本+储存成本+缺货成本

企业存货的最优化,就是使企业存货总成本即上式 TC 值最小。

订货成本与订货次数成正比关系,而持有成本则与存货平均水平成正比关系。

考点四　流动负债管理

一、短期借款

短期借款是指企业向银行或其他金融机构借入的期限在 1 年以内(含 1 年)的各种借款。

(一)短期借款的信用条件

短期借款的信用条件主要有信贷额度、周转信贷协定、补偿性余额、借款抵押、偿还条件和其他承诺。信用条件的具体内容见下表。

表 3-3-2　短期借款的信用条件

信用条件	基本概念
信贷额度	信贷额度即贷款限额,是借款企业与银行在协议中规定的无担保借款最高限额。信贷额度的有效期限通常为 1 年
周转信贷协定	周转信贷协定是银行具有法律义务地承诺提供不超过某一最高限额的贷款协定,通常对贷款限额未使用的部分付给银行一笔承诺费用

表3-3-2(续)

信用条件	基本概念
补偿性余额	补偿性余额是银行要求借款企业在银行中保持按贷款限额或实际借用额的一定比例(通常为10%~20%)计算的最低存款余额。对借款企业来说,补偿性余额提高了借款的实际利率,加重了企业负担
借款抵押	为了降低风险,银行发放贷款时往往需要有抵押品担保。银行根据抵押品面值的30%~90%发放贷款,具体比例取决于抵押品的变现能力和银行对风险的态度
偿还条件	贷款的偿还有到期一次偿还和在贷款期内定期(每月、季)等额偿还两种方式。在贷款期内定期等额偿还会提高借款的实际年利率
其他承诺	其他承诺包括及时提供财务报表、保持适当的财务水平等

经典例题

在短期借款的信用条件中,银行要求借款人在银行中保持按贷款限额或实际借款额的一定百分比计算的最低存款余额,称为(　　)。

A. 质押性余额　　　　　　　　　　B. 信用性余额

C. 抵押性余额　　　　　　　　　　D. 补偿性余额

【答案】D。

(二)短期借款的成本

短期借款的成本主要包括利息、手续费等。短期借款成本的高低主要取决于贷款利率的高低和利息的支付方式。

短期借款利息的支付方式有收款法、贴现法和加息法。

二、短期融资券

短期融资券,是由企业依法发行的无担保短期本票。

(一)短期融资券的种类

短期融资券可分为以下两种:

(1)按发行人分类,短期融资券可分为金融企业的融资券和非金融企业的融资券。我国目前发行和交易的是非金融企业的融资券。

(2)按发行方式分类,短期融资券可分为经纪人承销的融资券和直接销售的融资券。

(二)短期融资券的筹资特点

短期融资券的筹资特点包括以下三个:①筹资成本较低;②筹资数额比较大;③条件比较严格。

三、商业信用

商业信用是指企业在商品交易中,以延期付款或预收货款方式进行购销活动而形成的企业间借贷关系,是企业之间的直接信用行为,也是企业短期筹资的重要来源。

（一）商业信用的形式

商业信用的形式包括应付账款、应付票据、预收货款和应计未付款。

（二）商业信用筹资的优缺点

商业信用筹资的优点：①商业信用容易获得；②企业有较大的机动权；③企业一般不用提供担保。

商业信用筹资的缺点：①商业信用筹资成本高；②容易恶化企业的信用水平；③受外部环境影响较大。

第六节 上市公司特殊财务分析指标

考点一 | 每股收益

每股收益是综合反映企业盈利能力的重要指标，可以用来判断和评价管理层的经营业绩。

基本每股收益的计算公式如下：

$$基本每股收益 = \frac{归属于公司普通股股东的净利润}{发行在外的普通股加权平均数}$$

其中：发行在外的普通股加权平均数＝期初发行在外普通股股数＋当期新发行普通股股数×已发行时间÷报告期时间－当期回购普通股股数×已回购时间÷报告期时间。

每股收益的指标分析：人们一般将每股收益视为企业能否成功地达到其利润目标的标志，也可以将其看成企业管理效率、盈利能力和股利来源的标志；每股收益是衡量股票投资价值的重要指标。每股收益越高，表明投资价值越大；否则反之。

考点二 | 每股股利

每股股利是企业股利总额与普通股股数的比值，其计算公式如下：

$$每股股利 = \frac{现金股利总额}{期末发行在外的普通股股数}$$

每股股利的指标分析：每股股利反映的是普通股股东每持有上市公司一股普通股获取的股利大小。

上市公司每股股利发放多少的影响因素：上市公司盈利能力大小、企业的股利的分配政策和投资机会。

考点三 | 市盈率

市盈率是股票每股市价与每股收益的比率，其计算公式如下：

$$市盈率 = \frac{每股市价}{每股收益}$$

市盈率的指标分析：市盈率越高，投资者对股票的收益预期越看好，投资价值越大；但投资于该股票的风险越大。

影响市盈率的因素：①上市公司盈利能力的成长性；②投资者所获取报酬率的稳定性；③利率水平变动。

考点四　每股净资产

每股净资产，又称每股账面价值，其计算公式如下：

$$每股净资产 = \frac{期末普通股净资产}{期末发行在外的普通股股数}$$

其中：期末普通股净资产＝期末股东权益－期末优先股股东权益。

每股净资产的指标分析：每股净资产指标反映了在会计期末每一股份在企业账面上到底值多少钱。利用该指标进行横向和纵向对比，可以衡量上市公司股票的投资价值。

考点五　市净率

市净率指的是每股市价与每股净资产的比率，其计算公式如下：

$$市净率 = \frac{每股市价}{每股净资产}$$

市净率的指标分析：一般来说，市净率较低的股票，投资价值较高；反之，则投资价值较低。

考点六　股利支付率

股利支付率，也称股息发放率，是指净收益中股利所占的比重。其计算公式如下：

$$股利支付率 = \frac{每股股利}{每股净收益} \times 100\% = \frac{股利总额}{净利润总额}$$

股利支付率的指标分析：它反映公司的股利分配政策和股利支付能力。

习题演练

1. 会计科目按提供信息详细程度及其统驭关系分类，分为总分类科目和（　　）。

A. 资产类科目　　　　　　　　　　B. 负债类科目

C. 明细分类科目　　　　　　　　　D. 所有者权益类科目

2. 下列关于借贷记账法的说法中，错误的是（　　）。

A. 以"借"和"贷"为记账符号

B. 以"资产＝负债+所用者权益"为记账原理

C. 以"有借必有贷、借贷必相等"为记账规则

D. 无论哪种账户,借方表示增加,贷方表示减少

3. 在借贷记账法下,"累计折旧"账户的期末余额等于( )。

A. 期初借方余额+本期借方发生额-本期贷方发生额

B. 期初借方余额+本期贷方发生额-本期借方发生额

C. 期初贷方余额+本期贷方发生额-本期借方发生额

D. 期初贷方余额+本期借方发生额-本期贷方发生额

4. 甲企业 2017 年 6 月份购入了一批原材料,会计人员在 6 月份入账,该事项体现了会计信息质量要求的( )。

A. 相关性　　　　　　B. 可靠性　　　　　C. 及时性　　　　　　D. 实质重于形式

5. 下列各项中,属于流动资产的是( )。

A. 固定资产　　　　　　　　　　　B. 长期应收款

C. 库存现金　　　　　　　　　　　D. 无形资产

6. 下列关于短期融资券的说法,错误的是( )。

A. 筹资成本较高　　　　　　　　　B. 筹资数额较大

C. 筹资条件比较严格　　　　　　　D. 短期融资券是无担保短期本票

7. 以下不属于存货的缺货成本的一项是( )。

A. 仓库折旧　　　　　　　　　　　B. 材料供应中断造成的停工损失

C. 因缺货造成的拖欠发货损失　　　D. 紧急额外购入成本

参 考 答 案

1.【答案】C。解析:会计科目按提供信息的详细程度及其统驭关系分类,分为总分类科目和明细分类科目。

2.【答案】D。解析:借贷记账法是以"资产=负债+所有者权益"这一会计基本等式作为记账原理,以"借"和"贷"作为记账符号,反映会计主体资产、负债及所有者权益增减变化的一种复式记账法,故 A、B 两项说法正确。借贷记账法的记账规则为"有借必有贷,借贷必相等",故 C 项说法正确。借贷记账法下,是"借"表示增加,还是"贷"表示增加,取决于账户的性质及结构。

3.【答案】C。解析:"累计折旧"账户属于资产类账户的备抵账户,其增加额记入贷方,减少额记入借方。

4.【答案】C。解析:企业 6 月份发生的业务应在 6 月份及时入账,体现了会计信息质量要求的及时性。

5.【答案】C。解析:库存现金属于流动资产,A、B、D 三项属于非流动资产。

6.【答案】A。解析:短期融资券是由企业依法发行的无担保短期本票。短期融资券的筹资特点有三个:①筹资成本较低;②筹资数额比较大;③条件比较严格。

7.【答案】A。解析:缺货成本指由于存货供应中断而造成的损失。仓库折旧属于储存成本。

第四篇

综合知识

第一章　法律

考点详解

考点一　民法

一、民法的调整对象

民法调整平等主体的自然人、法人和非法人组织之间的人身关系和财产关系。

二、民法的基本原则

民法的基本原则见下表。

表 4-1-1　民法的基本原则

基本原则	内容
平等原则	民事主体在民事活动中的法律地位一律平等
自愿原则	民事主体按照自己的意思设立、变更、终止民事法律关系
公平原则	民事主体从事民事活动,应当遵循公平原则,合理确定各方的权利和义务
诚信原则	民事主体从事民事活动,应当遵循诚信原则,秉持诚实,恪守承诺
守法和公序良俗原则	民事主体从事民事活动,不得违反法律,不得违背公序良俗
绿色原则	民事主体从事民事活动,应当有利于节约资源、保护生态环境

三、民事主体

(一)自然人

1. 自然人的民事权利能力

自然人的民事权利能力是自然人成为民事主体,享有民事权利和承担民事义务的资格。自然人的民事权利能力始于出生、终于死亡。自然人的民事权利能力一律平等。

胎儿的民事权利能力:涉及遗产继承、接受赠与等胎儿利益保护的,胎儿视为具有民事权利能力。但是,胎儿娩出时为死体的,其民事权利能力自始不存在。

2. 自然人的民事行为能力

自然人的民事行为能力是自然人以自己的行为设定民事权利义务的资格,即自然人依法独立进行民事活动的资格。

自然人的民事行为能力可分为三类,具体内容见下表。

表 4-1-2　民事行为能力的分类

分类	内容
完全民事行为能力	18 周岁以上的自然人。16 周岁以上的未成年人,以自己的劳动收入为主要生活来源的,视为完全民事行为能力人。可以独立实施民事法律行为
限制民事行为能力	8 周岁以上的未成年人和不能完全辨认自己行为的成年人,可以独立实施纯获利益的民事法律行为或者与其年龄、智力、精神健康状况相适应的民事法律行为
无民事行为能力	不满 8 周岁的未成年人、已满 8 周岁不能辨认自己行为的未成年人和不能辨认自己行为的成年人,由其法定代理人代理实施民事法律行为

3. 监护

父母对未成年子女负有抚养、教育和保护的义务。成年子女对父母负有赡养、扶助和保护的义务。

监护人应当按照最有利于被监护人的原则履行监护职责。监护人除为维护被监护人利益外,不得处分被监护人的财产。未成年人的监护人履行监护职责,在作出与被监护人利益有关的决定时,应当根据被监护人的年龄和智力状况,尊重被监护人的真实意愿。成年人的监护人履行监护职责,应当最大限度地尊重被监护人的真实意愿,保障并协助被监护人实施与其智力、精神健康状况相适应的民事法律行为。对被监护人有能力独立处理的事务,监护人不得干涉。

4. 宣告失踪和宣告死亡

宣告失踪和宣告死亡的具体内容见下表。

表 4-1-3　宣告失踪和宣告死亡

要素	宣告失踪	宣告死亡
条件	下落不明满 2 年	自然人有下列情形之一的,利害关系人可以向人民法院申请宣告该自然人死亡: (1)下落不明满 4 年 (2)因意外事件,下落不明满 2 年(经有关机关证明该自然人不可能生存的,申请宣告死亡不受 2 年时间的限制)
方式	利害关系人向人民法院申请	利害关系人向人民法院申请(对同一自然人,有的利害关系人申请宣告死亡,有的利害关系人申请宣告失踪,符合法律规定的宣告死亡条件的,人民法院应当宣告死亡)
起算时间	(1)下落不明的时间自其失去音讯之日起计算 (2)战争期间下落不明的,下落不明的时间自战争结束之日或者有关机关确定的下落不明之日起计算	(1)下落不明的时间自其失去音讯之日起计算 (2)因意外事件下落不明的,自意外事件发生之日起计算

表4-1-3(续)

要素	宣告失踪	宣告死亡
公告期	3个月	普通:1年 特殊:3个月(因意外事件下落不明满2年,经有关机关证明该自然人不可能生存的)
法律后果	(1)失踪人的财产由他人代管。财产代管人因故意或者重大过失造成失踪人财产损失的,应当承担赔偿责任 (2)财产代管人不履行代管职责、侵害失踪人财产权益或者丧失代管能力的,利害关系人可以申请变更财产代管人	宣告死亡的效果等同于生理死亡的效果,婚姻、监护等身份关系终止,财产作为遗产被继承
撤销	(1)失踪人重新出现,经本人或者利害关系人申请,人民法院应当撤销失踪宣告 (2)代管权归于消灭。失踪人重新出现,有权请求财产代管人及时移交有关财产并报告财产代管情况	(1)婚姻关系自撤销死亡宣告之日起自行恢复,但是其配偶再婚或者向婚姻登记机关书面声明不愿意恢复的除外 (2)子女被他人依法收养的,在死亡宣告被撤销后,不得以未经本人同意为由主张收养行为无效 (3)被撤销死亡宣告的人有权请求依照《中华人民共和国民法典》继承编取得其财产的民事主体返还财产。无法返还的,应当给予适当补偿。利害关系人隐瞒真实情况,致使他人被宣告死亡取得其财产的,除应当返还财产外,还应当对由此造成的损失承担赔偿责任

(二)法人

1. 法人的设立

法人是具有民事权利能力和民事行为能力,依法独立享有民事权利和承担民事义务的组织。

法人应当依法成立,有自己的名称、组织机构、住所、财产或者经费。设立法人,法律、行政法规规定须经有关机关批准的,依照其规定。法人以其全部财产独立承担民事责任。

2. 法人的民事权利能力、民事行为能力

法人的民事权利能力是法人享有民事权利和承担民事义务,成为民事主体的资格。

法人的民事行为能力是法人以自己的行为取得民事权利和承担民事义务的资格。法人的民事权利能力和民事行为能力,从法人成立时产生,到法人终止时消灭。法人的民事行为能力与其民事权利能力的范围总是一致的。

3. 法人的分类

根据创设目的和活动内容的不同,法人分为营利法人、非营利法人和特别法人。

4. 非法人组织

非法人组织是不具有法人资格,但是能够依法以自己的名义从事民事活动的组织。

非法人组织包括个人独资企业、合伙企业、不具有法人资格的专业服务机构等。

非法人组织的财产不足以清偿债务的,其出资人或者设立人承担无限责任。法律另有规定的,依照其规定。

四、民事权利

(一)人身权

人身权是指与人身不可分离而又没有直接的经济内容的权利,包括人格权和身份权。人格权是指民事主体依法为维护法律上的独立人格所享有的民事权利。身份权是指民事主体基于某种特定的身份依法享有的维护一定社会关系的权利,包括亲权、配偶权、亲属权等。

(二)物权

物权是权利人依法对特定的物享有直接支配和排他的权利,包括所有权、用益物权和担保物权。物包括不动产和动产。法律规定权利作为物权客体的,依照其规定。

物权具有下列法律特征:

(1)物权的权利主体是特定的,而义务主体则是不特定的。物权是一种人对物的直接支配、管领的排他性权利。物权的权利主体总是特定的,而物权人以外的其他人都负有不妨碍物权人行使、实现物权的义务,是不特定的。物权是一种对世权、绝对权。

(2)物权的客体是特定的独立之物,不包括行为和精神财富。

(3)物权的内容是对物的直接管理和支配。

(4)物权具有独占性和排他性。

(5)物权具有法定性。

(6)物权具有追及和优先效力。

(三)债权

民事主体依法享有债权。债权是因合同、侵权行为、无因管理、不当得利以及法律的其他规定,权利人请求特定义务人为或者不为一定行为的权利。

1. 合同

合同是平等主体的自然人、法人、其他组织之间设立、变更、终止民事权利义务关系的意思表示一致的协议。

2. 侵权行为

侵权行为是民事主体违反民事义务,侵害他人合法权益,依法应当承担民事责任的行为。

3. 无因管理

无因管理是指没有法定的或者约定的义务,为避免他人利益受损失而进行管理的人,有权请求受益人偿还由此支出的必要费用。构成要件:①为他人管理事务;②有为他人谋利益的意思;③没有法定或约定义务。

4. 不当得利

不当得利是指没有法律根据,取得不当利益,造成他人损失的情形。因他人没有法律依据,取得不当利益,受损失的人有权请求其返还不当利益。构成要件:①一方获得财产性利益;②一方受到损失;③获得利益和受到损失之间有因果关系;④没有法律上的根据。

(四)知识产权

知识产权是权利人依法就下列客体享有的专有的权利:①作品;②发明、实用新型、外观设计;③商标;④地理标志;⑤商业秘密;⑥集成电路布图设计;⑦植物新品种;⑧法律规定的其他客体。

五、民事法律行为

民事法律行为是民事主体通过意思表示设立、变更、终止民事法律关系的行为。

民事法律行为有效的条件:①行为人具有相应的民事行为能力;②意思表示真实;③不违反法律、行政法规的强制性规定,不违背公序良俗。具备以上条件,才能有效地成立民事法律行为。民事法律行为自成立时生效,但是法律另有规定或者当事人另有约定的除外。行为人非依法律规定或者未经对方同意,不得擅自变更或者解除民事法律行为。

无效的民事法律行为:①不具有行为能力的行为人实施的民事法律行为;②以虚假的意思表示实施的民事法律行为;③恶意串通,损害国家、集体或者第三人利益的民事法律行为;④违背公序良俗的民事法律行为;⑤违反法律、行政法规的强制性规定的民事法律行为(该强制性规定不导致该民事法律行为无效的除外)。

可撤销的民事法律行为:①基于重大误解实施的民事法律行为,行为人有权请求撤销;②一方以欺诈手段,使对方在违背真实意思的情况下实施的民事法律行为,受欺诈方有权请求撤销;③第三人实施欺诈行为,使一方在违背真实意思的情况下实施的民事法律行为,对方知道或者应当知道该欺诈行为的,受欺诈方有权请求撤销;④一方或者第三人以胁迫手段,使对方在违背真实意思的情况下实施的民事法律行为,受胁迫方有权请求撤销;⑤一方利用对方处于危困状态、缺乏判断能力等情形,致使民事法律行为成立时显失公平的,受损害方有权请求撤销。

有撤销权的机构:人民法院和仲裁机构。

六、民事责任

(一)概念和特征

民事责任是民法规定的保护民事主体权利的救济措施。民事责任具有以下特征:①以民事义务的存在为前提;②主要是财产责任;③以恢复被侵害的民事权益为目的;④是一种独立的法律责任。

(二)民事责任划分

二人以上依法承担按份责任,能够确定责任大小的,各自承担相应的责任;难以确定责任大小的,平均承担责任。

二人以上依法承担连带责任的,权利人有权请求部分或者全部连带责任人承担责任。

连带责任人的责任份额根据各自责任大小确定;难以确定责任大小的,平均承担责任。实际承担责任超过自己责任份额的连带责任人,有权向其他连带责任人追偿。

(三)承担民事责任的方式

承担民事责任的方式主要有以下几种:①停止侵害;②排除妨碍;③消除危险;④返还财产;⑤恢复原状;⑥修理、重作、更换;⑦继续履行;⑧赔偿损失;⑨支付违约金;⑩消除影响、恢复名誉;⑪赔礼道歉。法律规定惩罚性赔偿的,依照其规定。

以上承担民事责任的方式,可以单独适用,也可以合并适用。

(四)特殊情形下的民事责任

特殊情形下的民事责任主要有以下六个方面:

(1)不可抗力:因不可抗力不能履行民事义务的,不承担民事责任。法律另有规定的,依照其规定。

(2)正当防卫:因正当防卫造成损害的,不承担民事责任。正当防卫超过必要的限度,造成不应有的损害的,正当防卫人应当承担适当的民事责任。

(3)紧急避险:因紧急避险造成损害的,由引起险情发生的人承担民事责任。危险由自然原因引起的,紧急避险人不承担民事责任,可以给予适当补偿。紧急避险采取措施不当或者超过必要的限度,造成不应有的损害的,紧急避险人应当承担适当的民事责任。

(4)受益补偿:因保护他人民事权益使自己受到损害的,由侵权人承担民事责任,受益人可以给予适当补偿。没有侵权人、侵权人逃逸或者无力承担民事责任,受害人请求补偿的,受益人应当给予适当补偿。

(5)见义勇为:因自愿实施紧急救助行为造成受助人损害的,救助人不承担民事责任。

(6)侵害英雄烈士等的姓名、肖像、名誉、荣誉,损害社会公共利益的,应当承担民事责任。

考点二　公司法

一、公司法的概念、调整对象和性质

广义上的公司法,指规定公司的设立、组织、运营、变更、解散、股东权利与义务和其他公司内部、外部关系的法律规范的总称。

狭义上的公司法,指以"公司法"命名的立法文件,在我国,即由立法机关颁布的《中华人民共和国公司法》(以下简称《公司法》)。

公司法的调整对象,主要指在公司设立、组织、运营或解散过程中所发生的社会关系,具体有公司内部财产关系、公司外部财产关系、公司内部组织管理与协作关系、公司外部组织管理关系。

公司法的性质:①公司法是私法;②公司法是兼具程序法内容的实体法;③公司法是含有商事行为法的商事组织法。

二、公司的概念及特征

依据《公司法》的规定,公司是指依照法定的条件与程序设立的、以营利为目的的商事组织。其包括有限责任公司和股份有限公司两种类型。

一般而言,公司具有法人性、社团性、营利性三个基本的法律特征。

三、公司的种类

公司的种类见下表。

表4-1-4　公司的种类

分类标准	类型
公司股东承担责任的范围和形式	无限公司、有限责任公司、股份有限公司和两合公司
公司股份是否公开发行及股份是否允许自由转让	封闭式公司和开放式公司
公司信用基础	人合公司、资合公司和人合兼资合公司
公司外部控制或附属关系	母公司和子公司
公司内部管辖关系	总公司和分公司
公司国籍	本国公司和外国公司

四、公司法人

公司是企业法人,有独立的法人财产,享有法人财产权。但应注意,公司设立的分公司不具有法人资格,其民事责任由公司承担;公司设立的子公司具有法人资格,依法独立承担民事责任。

公司以其全部财产对公司的债务承担责任。有限责任公司的股东以其认缴的出资额为限对公司承担责任;股份有限公司的股东以其认购的股份为限对公司承担责任。

五、公司的设立制度和资本制度

(一)设立制度

公司成立日期和取得法人资格的日期都是公司营业执照签发日期。

(二)资本制度

《公司法》中的资本,通常指公司的注册资本,即由公司章程所确定的、股东认缴的出资总额,又称股本。

公司资本,是股东为达到公司目的所实施的财产出资的总额。

资本制度的特点:①资本法定。公司设立时,其资本必须以公司章程加以确定,并由股东认足、缴足。②强调公司必须有相当的财产与其资本总额相维持。③强调公司资本不得任意变更。公司增加或减少注册资本,须由公司股东会(或股东大会)作出决议,并由代表

2/3 以上表决权的股东通过,并须进行相应的变更登记。

六、股东的出资形式

股东可以用货币出资,也可以用实物、知识产权、土地使用权等可以用货币估价并可以依法转让的非货币财产作价出资;但是,法律、行政法规规定不得作为出资的财产除外。

有限责任公司成立后,发现作为设立公司出资的非货币财产的实际价额显著低于公司章程所定价额的,应当由交付该出资的股东补足其差额;公司设立时的其他股东承担连带责任。

股份有限公司成立后,发起人未按照公司章程的规定缴足出资的,应当补缴;其他发起人承担连带责任。股份有限公司成立后,发现作为设立公司出资的非货币财产的实际价额显著低于公司章程所定价额的,应当由交付该出资的发起人补足其差额;其他发起人承担连带责任。

七、公司的设立方式和设立条件

有限责任公司和股份有限公司的设立方式和设立条件见下表。

表 4-1-5　公司的设立方式和设立条件

项目		有限责任公司	股份有限公司
设立方式		发起设立	发起设立或募集设立
设立条件		股东人数:50 个以下	发起人:2~200 人,其中须有半数以上的发起人在中国境内有住所
		有符合公司章程规定的全体股东认缴的出资额	有符合公司章程规定的全体发起人认购的股本总额或者募集的实收资本总额
		—	股份发行、筹办事项符合法律规定
		股东共同制定公司章程	发起人制定公司章程,采用募集方式设立的经创立大会通过
		有公司名称,并建立符合规定和要求的组织机构	
		有公司住所	

八、有限责任公司的股权转让

(一)内部转让与外部转让

有限责任公司的股东之间可以相互转让其全部或者部分股权。股东向股东以外的人转让股权,应当经其他股东过半数同意。股东应就其股权转让事项书面通知其他股东征求同意,其他股东自接到书面通知之日起满三十日未答复的,视为同意转让。其他股东半数以上不同意转让的,不同意的股东应当购买该转让的股权;不购买的,视为同意转让。

(二)优先购买权

经股东同意转让的股权,在同等条件下,其他股东有优先购买权。两个以上股东主张行使优先购买权的,协商确定各自的购买比例;协商不成的,按照转让时各自的出资比例行使优先购买权。公司章程对股权转让另有规定的,从其规定。

(三)强制转让

人民法院依照法律规定的强制执行程序转让股东的股权时,应当通知公司及全体股东,其他股东在同等条件下有优先购买权。其他股东自人民法院通知之日起满二十日不行使优先购买权的,视为放弃优先购买权。

(四)股权回购

有下列情形之一的,对股东会该项决议投反对票的股东可以请求公司按照合理的价格收购其股权:①公司连续五年不向股东分配利润,而公司该五年连续盈利,并且符合《公司法》规定的分配利润条件的;②公司合并、分立、转让主要财产的;③公司章程规定的营业期限届满或者章程规定的其他解散事由出现,股东会会议通过决议修改章程使公司存续的。

自股东会会议决议通过之日起六十日内,股东与公司不能达成股权收购协议的,股东可以自股东会会议决议通过之日起九十日内向人民法院提起诉讼。

(五)股东资格的继承

自然人股东死亡后,其合法继承人可以继承股东资格;但是,公司章程另有规定的除外。

九、股份有限公司的股份发行

公司的股份采取股票的形式。股票是公司签发的证明股东所持股份的凭证。股票发行价格可以按票面金额,也可以超过票面金额,但不得低于票面金额。公司发行的股票,可以为记名股票,也可以为无记名股票。

十、股份有限公司的股份转让

发起人持有的本公司股份,自公司成立之日起一年内不得转让。公司公开发行股份前已发行的股份,自公司股票在证券交易所上市交易之日起一年内不得转让。

公司董事、监事、高级管理人员应当向公司申报所持有的本公司的股份及其变动情况,在任职期间每年转让的股份不得超过其所持有本公司股份总数的百分之二十五;所持本公司股份自公司股票上市交易之日起一年内不得转让。上述人员离职后半年内,不得转让其所持有的本公司股份。

十一、股份有限公司的股权收购

一般情况下,公司不得收购本公司股份。但是,有下列情形之一的除外:
(1)减少公司注册资本。
(2)与持有本公司股份的其他公司合并。
(3)将股份用于员工持股计划或者股权激励。
(4)股东因对股东大会作出的公司合并、分立决议持异议,要求公司收购其股份。
(5)将股份用于转换上市公司发行的可转换为股票的公司债券。

(6)上市公司为维护公司价值及股东权益所必需。

公司因(1)(2)项规定的情形收购本公司股份的,应当经股东大会决议;公司因(3)(5)(6)项规定的情形收购本公司股份的,可以依照公司章程的规定或者股东大会的授权,经三分之二以上董事出席的董事会会议决议。

公司依照规定收购本公司股份后,属于(1)项情形的,应当自收购之日起十日内注销;属于(2)(4)项情形的,应当在六个月内转让或者注销;属于(3)(5)(6)项情形的,公司合计持有的本公司股份数不得超过本公司已发行股份总额的百分之十,并应当在三年内转让或者注销。

上市公司收购本公司股份的,应当依照《中华人民共和国证券法》的规定履行信息披露义务。上市公司因(3)(5)(6)项规定的情形收购本公司股份的,应当通过公开的集中交易方式进行。

十二、公司的合并

公司合并可以采取吸收合并或者新设合并。

一个公司吸收其他公司为吸收合并,被吸收的公司解散。两个以上公司合并设立一个新的公司为新设合并,合并各方解散。

公司合并,应当由合并各方签订合并协议,并编制资产负债表及财产清单。公司应当自作出合并决议之日起十日内通知债权人,并于三十日内在报纸上公告。债权人自接到通知书之日起三十日内,未接到通知书的自公告之日起四十五日内,可以要求公司清偿债务或者提供相应的担保。

公司合并时,合并各方的债权、债务,应当由合并后存续的公司或者新设的公司承继。

十三、公司的解散

公司的解散,指已成立的公司基于一定的合法事由而使公司消灭的法律行为。

公司解散的原因:

(1)公司章程规定的营业期限届满或者公司章程规定的其他解散事由出现。

(2)股东会或者股东大会决议解散。

(3)因公司合并或者分立需要解散。

(4)依法被吊销营业执照、责令关闭或者被撤销。

(5)公司经营管理发生严重困难,继续存续会使股东利益受到重大损失,通过其他途径不能解决的,持有公司全部股东表决权百分之十以上的股东,可以请求人民法院解散公司。

十四、公司的清算

清算是终结已解散公司的一切法律关系,处理公司剩余财产的程序。公司的清算程序见下表。

表 4-1-6 公司的清算程序

清算程序	具体操作
清算组的成立	有限责任公司的清算组由股东组成,股份有限公司的清算组由董事或者股东大会确定的人员组成。逾期不成立清算组进行清算的,债权人可以申请人民法院指定有关人员组成清算组进行清算
清算组的职权	(1)清理公司财产,分别编制资产负债表和财产清单 (2)通知、公告债权人 (3)处理与清算有关的公司未了结的业务 (4)清缴所欠税款以及清算过程中产生的税款 (5)清理债权、债务 (6)处理公司清偿债务后的剩余财产 (7)代表公司参与民事诉讼活动
申报债权	(1)清算组应当自成立之日起十日内通知债权人,并于六十日内在报纸上公告 (2)债权人应当自接到通知书之日起三十日内,未接到通知书的自公告之日起四十五日内,向清算组申报其债权 (3)在申报债权期间,清算组不得对债权人进行清偿
清理财产清偿债务	公司财产在分别支付清算费用、职工的工资、社会保险费用和法定补偿金,缴纳所欠税款,清偿公司债务后的剩余财产,有限责任公司按照股东的出资比例分配,股份有限公司按照股东持有的股份比例分配。清算期间,公司存续,但不得开展与清算无关的经营活动。公司财产在未依照前述规定清偿前,不得分配给股东

考点三 证券法

一、基本原则

证券的发行、交易活动,必须遵循公开、公平、公正的原则。"三公"原则是《中华人民共和国证券法》(以下简称《证券法》)的最基本原则。

二、证券发行

(一)证券发行方式

证券的发行分为公开发行与非公开发行,有下列情形之一的,为公开发行:

(1)向不特定对象发行证券。

(2)向特定对象发行证券累计超过 200 人,但依法实施员工持股计划的员工人数不计算在内。

(3)法律、行政法规规定的其他发行行为。

非公开发行证券,不得采用广告、公开劝诱和变相公开方式。

(二)证券发行管理制度

证券发行管理制度主要有三种:审批制、核准制和注册制三种。

公开发行证券,必须符合法律、行政法规规定的条件,并依法报经国务院证券监督管理机构或者国务院授权的部门注册;未经依法注册,任何单位和个人不得公开发行证券。

(三)发行保荐

发行人申请公开发行股票、可转换为股票的公司债券,依法采取承销方式的,或者公开发行法律、行政法规规定实行保荐制度的其他证券的,应当聘请证券公司担任保荐人。

三、证券承销

证券承销业务采取代销或者包销方式。

证券代销是指证券公司代发行人发售证券,在承销期结束时,将未售出的证券全部退还给发行人的承销方式。股票发行采用代销方式,代销期限届满,向投资者出售的股票数量未达到拟公开发行股票数量70%的,为发行失败。发行人应当按照发行价并加算银行同期存款利息返还股票认购人。

证券包销是指证券公司将发行人的证券按照协议全部购入或者在承销期结束时将售后剩余证券全部自行购入的承销方式。

证券公司承销证券,应当同发行人签订代销或者包销协议。证券的代销、包销期限最长不得超过 90 日。

经典例题

根据《证券法》的规定,证券公司代发行人发售证券,在承销期结束时,将未售出的证券全部退还给发行人的承销方式属于( )。

A. 证券赊销
B. 证券承销
C. 证券包销
D. 证券代销

【答案】D。解析:根据《证券法》第二十六条的规定,证券承销业务采取代销或包销方式,排除A、B。证券代销是指证券公司代发行人发售证券,在承销期结束时,将未售出的证券全部退还给发行人的承销方式。D项正确。证券包销是指证券公司将发行人的证券按照协议全部购入或者在承销期结束时将售后剩余证券全部自行购入的承销方式,排除C。故本题选D。

四、股票发行

(一)公司发行新股的条件

公司首次公开发行新股,应当符合下列条件:

(1)具备健全且运行良好的组织机构。

(2)具有持续经营能力。

(3)最近3年财务会计报告被出具无保留意见审计报告。

(4)发行人及其控股股东、实际控制人最近3年不存在贪污、贿赂、侵占财产、挪用财产或者破坏社会主义市场经济秩序的刑事犯罪。

(5)经国务院批准的国务院证券监督管理机构规定的其他条件。

(二)股票发行的价格

股票不得折价发行,可以溢价发行或等价发行。股票发行采取溢价发行的,其发行价格由发行人与承销的证券公司协商确定。

五、公司债券发行

(一)公开发行公司债券的条件

公开发行公司债券的条件如下:

(1)具备健全且运行良好的组织机构。

(2)最近3年平均可分配利润足以支付公司债券1年的利息。

(3)国务院规定的其他条件。

(二)公开发行公司债券筹集的资金用途

公开发行公司债券筹集的资金,必须按照公司债券募集办法所列资金用途使用;改变资金用途,必须经债券持有人会议作出决议。公开发行公司债券筹集的资金,不得用于弥补亏损和非生产性支出。

(三)不得再次公开发行债券的情形

不得再次公开发行债券的情形:

(1)对已公开发行的公司债券或者其他债务有违约或者延迟支付本息的事实,仍处于继续状态。

(2)违反《证券法》规定,改变公开发行公司债券所募资金的用途。

六、证券交易

(一)交易条件

证券交易当事人依法买卖的证券需满足三个条件:①证券交易当事人依法买卖的证券,必须是依法发行并交付的证券;②依法发行的证券,《公司法》和其他法律对其转让期限有限制性规定的,在限定的期限内不得转让;③公开发行的证券,应当在依法设立的证券交易所上市交易或者在国务院批准的其他全国性证券交易场所交易。

(二)证券公司

证券公司是指依照《公司法》和《证券法》规定设立的经营证券业务的有限责任公司或者股份有限公司。

经国务院证券监督管理机构核准,取得经营证券业务许可证,证券公司可以经营下列部分或者全部证券业务:①证券经纪;②证券投资咨询;③与证券交易、证券投资活动有关的财务顾问;④证券承销与保荐;⑤证券融资融券;⑥证券做市交易;⑦证券自营;⑧其他证券业务。

证券公司经营上述第①项至第③项业务的,注册资本最低限额为人民币5 000万元;经营第④项至第⑧项业务之一的,注册资本最低限额为人民币1亿元;经营第④项至第⑧项业务中两项以上的,注册资本最低限额为人民币 5 亿元。证券公司的注册资本应当是实缴资本。

国务院证券监督管理机构根据审慎监管原则和各项业务的风险程度,可以调整注册资本最低限额,但不得少于上述规定的限额。

七、证券上市

申请证券上市交易,应当向证券交易所提出申请,由证券交易所依法审核同意,并由双方签订上市协议。证券交易所根据国务院授权的部门的决定安排政府债券上市交易。

(一)证券上市条件

申请证券上市交易,应当符合证券交易所上市规则规定的上市条件。

证券交易所上市规则规定的上市条件,应当对发行人的经营年限、财务状况、最低公开发行比例和公司治理、诚信记录等提出要求。

(二)证券终止上市

上市交易的证券,有证券交易所规定的终止上市情形的,由证券交易所按照业务规则终止其上市交易。

证券交易所决定终止证券上市交易的,应当及时公告,并报国务院证券监督管理机构备案。

八、上市公司的收购

投资者可以采取要约收购、协议收购及其他合法方式收购上市公司。

通过证券交易所的证券交易,投资者持有或者通过协议、其他安排与他人共同持有一个上市公司已发行的有表决权股份达到 5% 时,应当在该事实发生之日起 3 日内,向国务院证券监督管理机构、证券交易所作出书面报告,通知该上市公司,并予公告;在上述期限内,不得再行买卖该上市公司的股票,但国务院证券监督管理机构规定的情形除外。

收购要约约定的收购期限不得少于 30 日,并不得超过 60 日。

在收购要约确定的承诺期限内,收购人不得撤销其收购要约。收购人需要变更收购要约的,应当及时公告,载明具体变更事项,且不得存在下列情形:①降低收购价格;②减少预定收购股份数额;③缩短收购期限;④国务院证券监督管理机构规定的其他情形。

考点四　商业银行法

一、商业银行经营原则及与客户往来原则

商业银行以安全性、流动性、效益性为经营原则,实行自主经营,自担风险,自负盈亏,自我约束。

商业银行依法开展业务,不受任何单位和个人的干涉。商业银行以其全部法人财产独立承担民事责任。商业银行与客户的业务往来,应当遵循平等、自愿、公平和诚实信用的原则。

二、商业银行的业务

商业银行可以经营下列部分或者全部业务：①吸收公众存款；②发放短期、中期和长期贷款；③办理国内外结算；④办理票据承兑与贴现；⑤发行金融债券；⑥代理发行、代理兑付、承销政府债券；⑦买卖政府债券、金融债券；⑧从事同业拆借；⑨买卖、代理买卖外汇；⑩从事银行卡业务；⑪提供信用证服务及担保；⑫代理收付款项及代理保险业务；⑬提供保管箱服务；⑭经国务院银行业监督管理机构批准的其他业务。

经营范围由商业银行章程规定，报国务院银行业监督管理机构批准。经营结汇、售汇业务，还须中国人民银行批准。

三、商业银行组织机构

（一）全国性商业银行和区域性商业银行

设立全国性商业银行的注册资本最低限额为 10 亿元人民币。设立城市商业银行的注册资本最低限额为 1 亿元人民币，设立农村商业银行的注册资本最低限额为 5 000 万元人民币。注册资本应当是实缴资本。

（二）国有独资商业银行

国有独资商业银行设立监事会。监事会的产生办法由国务院规定。监事会对国有独资商业银行的信贷资产质量、资产负债比例、国有资产保值增值等情况以及高级管理人员违反法律、行政法规或者章程的行为和损害银行利益的行为进行监督。

（三）总行和分支机构

商业银行根据业务需要可以在中华人民共和国境内外设立分支机构。设立分支机构必须经国务院银行业监督管理机构审查批准。在中华人民共和国境内的分支机构，不按行政区划设立。

商业银行分支机构不具有法人资格，在总行授权范围内依法开展业务，其民事责任由总行承担。

经批准设立的商业银行及其分支机构，由国务院银行业监督管理机构予以公告。商业银行及其分支机构自取得营业执照之日起无正当理由超过 6 个月未开业的，或者开业后自行停业连续 6 个月以上的，由国务院银行业监督管理机构吊销其经营许可证，并予以公告。

商业银行在中华人民共和国境内设立分支机构，应当按照规定拨付与其经营规模相适应的营运资金额。拨付各分支机构营运资金额的总和，不得超过总行资本金总额的 60%。

四、存款业务

（一）存款业务的基本法律要求

存款业务的基本法律要求见下表。

表 4-1-7　存款业务的基本法律要求

法律要求	内容
经营存款业务特许制	未经国务院银行业监督管理机构批准,任何单位和个人不得从事吸收公众存款等商业银行业务,任何单位不得在名称中使用"银行"字样
以合法正当方式吸收存款	商业银行不得违反规定提高或者降低利率以及采用其他不正当手段吸收存款
依法保护存款人合法权益	商业银行应当保证存款本金和利息的支付,不得拖延、拒绝支付存款本金和利息

(二)对单位和个人存款查询、冻结、扣划的条件和程序

商业银行对个人储蓄存款,有权拒绝任何单位或者个人查询、冻结、扣划,但法律另有规定的除外。

商业银行非法查询、冻结、扣划个人储蓄存款或者单位存款的,由国务院银行业监督管理机构责令改正,有违法所得的,没收违法所得,违法所得 5 万元以上的,并处违法所得 1 倍以上 5 倍以下罚款;没有违法所得或者违法所得不足 5 万元的,处 5 万元以上 50 万元以下罚款。

对单位存款,商业银行有权拒绝任何单位或者个人查询,但法律、行政法规另有规定的除外;有权拒绝任何单位或者个人冻结、扣划,但法律另有规定的除外。

(三)存款利率和存款准备金管理原则

商业银行应当按照中国人民银行规定的存款利率的上下限,确定存款利率,并予以公告。商业银行应当按照中国人民银行的规定,向中国人民银行交存存款准备金,留足备付金。

五、贷款业务

贷款业务的相关规则见下表。

表 4-1-8　贷款业务规则

贷款业务指标	应当遵循下列资产负债比例管理的规定: (1)资本充足率不得低于 8% (2)流动性资产余额与流动性负债余额的比例不得低于 25% (3)对同一借款人的贷款余额与商业银行资本余额的比例不得超过 10% (4)国务院银行业监督管理机构对资产负债比例管理的其他规定

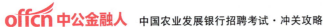
表4-1-8(续)

贷款业务风控规则	应当对借款人的借款用途、偿还能力、还款方式等情况进行严格审查。商业银行贷款,应当实行审贷分离、分级审批的制度
	借款人应当提供担保。商业银行应当对保证人的偿还能力,抵押物、质物的权属价值以及实现抵押权、质权的可行性进行严格审查。经商业银行审查、评估,确认借款人资信良好,确能偿还贷款的,可以不提供担保
	应当与借款人订立书面合同
	不得向关系人发放信用贷款;向关系人发放担保贷款的条件不得优于其他借款人同类贷款的条件
	同业拆借,应当遵守中国人民银行的规定。禁止利用拆入资金发放固定资产贷款或者用于投资。拆出资金限于交足存款准备金、留足备付金和归还中国人民银行到期贷款之后的闲置资金。拆入资金用于弥补票据结算、联行汇差头寸的不足和解决临时性周转资金的需要
	商业银行办理票据承兑、汇兑、委托收款等结算业务,应当按照规定的期限兑现,收付入账,不得压单、压票或者违反规定退票。有关兑现、收付入账期限的规定应当公布
	商业银行在中华人民共和国境内不得从事信托投资和证券经营业务,不得向非自用不动产投资或者向非银行金融机构和企业投资,但国家另有规定的除外
贷款业务保障规则	任何单位和个人不得强令商业银行发放贷款或者提供担保。商业银行有权拒绝任何单位和个人强令要求其发放贷款或者提供担保
	借款人应当按期归还贷款的本金和利息。商业银行因行使抵押权、质权而取得的不动产或者股权,应当自取得之日起2年内予以处分

习题演练

1. 某甲的儿子患重病住院,急需用钱又借贷无门,某乙趁机表示愿意借给2 000元,但半年后须加倍偿还,否则以甲的房子代偿,甲表示同意。根据合同法规定,甲、乙之间的借款合同(   )。

    A. 因显失公平而失效   B. 因显失公平而可撤销

    C. 因乘人之危而无效   D. 因乘人之危而可撤销

2. 王某与他人共同出资设立了一家有限责任公司,王某任法定代表人,后来公司因经营不善破产,公司资产不足以清偿债务,公司的债权人要求王某偿还不足部分。根据《公司法》的规定,下列说法正确的是(   )。

    A. 王某是公司投资人,公司的债权人可以要求王某偿还

    B. 王某设立的是有限责任公司,不足的部分不需要再偿还

C. 王某是法定代表人,公司的债权人可以要求王某偿还

D. 王某与他人合作的投资,王某应当按照出资比例对公司的债务承担偿还责任

3. 收购要约约定的收购期限不得少于_____日,并不得超过_____日。(　　)

A. 30;60 　　　　　　　　　　　B. 20;30

C. 20;60 　　　　　　　　　　　D. 15;30

4. 根据《中华人民共和国商业银行法》的规定,商业银行以其(　　)独立承担民事责任。

A. 全部资产 　　　　　　　　　　B. 全部资产金

C. 股东投资金 　　　　　　　　　D. 全部法人财产

参 考 答 案

1.【答案】B。解析:一方利用对方处于危困状态、缺乏判断能力等情形,致使民事法律行为成立时显失公平的,受损害方有权请求人民法院或者仲裁机构予以撤销。故本题选 B。

2.【答案】B。解析:公司的财产有其独立性,与出资人的财产是独立的。有限责任公司是股东以出资额为限对公司承担责任,公司以其全部资产对公司的债务承担责任。债权人只能要求公司以公司的财产来偿还债务,王某个人则无需承担公司的债务。

3.【答案】A。解析:根据《证券法》的规定,收购要约约定的收购期限不得少于 30 日,并不得超过 60 日。

4.【答案】D。

第二章 管理

考点详解

考点一 决策

一、决策类型

根据解决问题的性质和内容不同,决策可分成许多类型。不同类型的决策,需要采用不同的决策方法。为了正确进行决策,必须对决策进行科学分类。

(一)战略决策、战术决策和业务决策

按决策的重要程度,决策可分为战略决策、战术决策和业务决策。

1. 战略决策

战略决策是指事关企业大方向,带有全局性、长远性,针对宏观的大政方针所作的决策。如企业方针、目标与计划,技术的引进和改造,组织结构改革等,都属于战略决策。这类决策主要由企业最高领导层制订。

2. 战术决策

战术决策又称策略决策,是指为了实现战略目标而作出的带有局部性的具体决策。如企业财物决策、销售计划的制订、产品开发方案的制订等。这类决策主要由企业中间领导层制订。

3. 业务决策

业务决策又称日常管理决策,是指属于日常活动中有关提高效率和效益、合理组织业务活动等方面的决策。这类决策主要由企业基层管理者负责进行。

(二)程序化决策和非程序化决策

按决策问题的重复程度,决策可分为程序化决策和非程序化决策。

1. 程序化决策

程序化决策又称常规决策或重复决策,是指经常重复发生,能按原有规定的程序、处理方法和标准进行的决策。其决策步骤和方法可以程序化、标准化,可重复使用。业务决策,如任务的日常安排、常用物资的订货与采购等,均属此类。

2. 非程序化决策

非程序化决策又称非常规决策、例外决策,是指具有极大偶然性、随机性,又无先例可循

且有大量不确定性因素的决策活动,其方法和步骤也是难以程序化、标准化,也不能重复使用。这类决策在很大程度上依赖于决策者的知识、洞察力、逻辑思维判断以及丰富的实践经验,具有明显的个性化特征。如突发事件的处理、重要科研项目的开发决策等。

(三)确定型、风险型和不确定型决策

按决策条件的可控程度,决策可分为确定型、风险型和不确定型决策。

1. 确定型决策

确定型决策,是指各种可行方案的条件都是已知的,并能较准确地预测它们各自的后果,易于分析、比较和抉择的决策。其确定性信息较丰富。

2. 风险型决策

风险型决策,是指各种可行方案的条件大部分是已知的,但每个方案的执行都有可能出现几种结果,各种结果的出现有一定的概率,决策的结果只能按概率来确定,存在着风险的决策。

3. 不确定型决策

不确定型决策,与风险型决策类似,每个方案的执行都可能出现不同的后果,但各种结果出现的概率是未知的,完全凭决策者的个人经验、感觉和估计作出的决策。它受决策者个人气质的影响。

(四)个人决策和群体决策

按照参与决策的主体不同,决策可分为个人决策和群体决策。

个人决策的决策者是单个人,群体决策的决策者可以是几个人、一群人甚至扩大到整个组织的所有成员。

群体决策与个体决策相比,有以下两个优点:一是群体通常能比个人作出质量更高的决策,因为它具有更完整的信息和更多的备选方案;二是以群体方式作出决策,易于增加有关人员对决策方案的接受性。

群体决策与个体决策相比的缺点:群体决策的效果受群体大小、成员从众现象等因素的影响,群体决策的效率相对较低。

二、决策条件

管理者作出决策时,会面对以下三种条件:确定性、风险性和不确定性。

(一)确定性

管理者面对的决策问题的相关因素是确定的,在制定决策时,不仅清楚各种备选方案是什么,而且知道每个备选方案的结果,并且每个备选方案只有一种确定无疑的结果。

(二)风险性

管理者面对的决策问题涉及的条件中有些是随机因素,决策方案的自然状态也有若干种,但依据现有的条件可以对每种方案发生的概率作出客观的估计。决策者在风险条件下

能够估计出每种备选方案的可能性,方案实施可能会出现几种不同的情况,每种情况下的后果是可以确定的,不确定的是最终出现哪种状态。在这种条件下,决策者基于历史数据和以前的经验可以判断出各种自然状态出现的概率。这种决策具有风险性,属于风险型决策。

(三)不确定性

管理者面对决策问题涉及的条件中有些是未知的,对一些随机变量,连它们的概率分布也不知道。实施决策的备选方案可能会出现的自然状态或者带来的后果均不能作出预测。

在不确定条件下,决策者需要靠学识、智慧、胆略甚至运气来做决定。

三、定性决策方法

(一)头脑风暴法

头脑风暴法是为了克服阻碍产生创造性方案的一种相对简单的方法。它鼓励提出任何种类的方案设计思想,同时禁止对各种方案的任何批评。在典型的头脑风暴会议中,一些人围桌而坐。群体领导者以一种明确的方式向所有参与者阐明问题。然后成员在一定的时间内"自由"提出尽可能多的方案,不允许任何批评,并且所有的方案都当场记录下来,留待稍后再讨论和分析。头脑风暴法仅是一个产生新思想的过程,不能提供取得期望决策的途径。

头脑风暴法也叫思维共振法,即通过有关专家之间的信息交流,引起思维共振,产生组合效应,从而产生创造性思维。用该法进行决策或预测时必须遵循以下原则:

(1)严格限制预测对象范围,明确具体要求。

(2)不能对别人的意见提出怀疑和批评。

(3)鼓励专家对已提出的方案进行补充、修正或综合。

(4)打消与会者顾虑,创造自由发表意见而不受约束的气氛。

(5)提倡简短精练的发言,尽量减少详述。

(6)与会专家不能宣读事先准备好的发言稿。

(7)与会专家人数一般为10~25人,会议时间一般为20~60分钟。

(二)德尔菲法

德尔菲法是由美国著名的兰德公司首创并用于预测和决策的方法,该法以匿名方式通过几轮函询征求专家的意见,组织预测小组对每一轮的意见进行汇总整理后作为参考再发给各专家,供他们分析判断,以提出新的论证。几轮反复后,专家意见渐趋一致,最后供决策者进行决策参考。

1. 使用过程

德尔菲法是一种更复杂、更耗时的方法,这种方法不需要群体成员列席,不允许群体成员面对面地一起开会。使用德尔菲法的决策过程:①确定问题;②选择专家,此环节是德尔菲法的重要环节;③制定调查表;④预测过程;⑤作出预测结论。

德尔菲法隔绝了群体成员间过度的相互影响。它无须参与者到场,从而避免了召集主管人的花费,又获得了主要的市场信息。当然,德尔菲法也有缺点,它太耗费时间。当需要进行快速决策时,这种方法通常行不通。而且使用这种方法不能提出丰富的设想和方案。

2. 特点

根据上文对德尔菲法的描述可知,德尔菲法具有匿名性、多轮反馈、统计性的特点。

(三)哥顿法

哥顿法是美国人哥顿于1964年提出的决策方法。该法与头脑风暴法相类似,先由会议主持人把决策问题向会议成员作笼统的介绍,然后由会议成员(即专家成员)海阔天空地讨论解决方案;当会议进行到适当时机时,决策者将决策的具体问题展示给小组成员,使小组成员的讨论进一步深化,最后由决策者吸收讨论结果,进行决策。

(四)名义群体法

名义群体法在决策制定过程中限制讨论。如同参加传统委员会会议一样,群体成员必须出席,但他们是独立思考的。具体来说,它遵循以下步骤:

(1)成员集合成一个群体。在进行讨论之前,每个成员独立地确定他对问题的看法。

(2)经过一段思考后,每个成员将自己的想法提交给群体。

(3)开始讨论,以便把每个想法搞清楚,并作出评价。

(4)每一个群体成员独立地把各种想法排出次序,最后的决策是综合排序最高的想法。

(五)电子会议

最新的群体决策方法是将名义群体法与计算机技术相结合的电子会议。会议所需的技术一旦成熟,概念就简单了。多达50人围坐在一张马蹄形的桌子旁。这张桌子上除了一台计算机终端外别无他物。将问题显示给决策参与者,他把自己的回答输入计算机屏幕上。个人评论和票数统计都投影在会议室内的屏幕上。

电子会议的主要优点是匿名、诚实和快速。决策参与者能不透露姓名地打出自己所要表达的任何信息,一敲键盘即显示在屏幕上,使所有人都能看到。它还使人们能充分表达他们的想法而不会受到惩罚,它消除了闲聊和讨论偏题,且不必担心打断别人的"讲话"。

四、定量决策方法

(一)确定型决策方法——盈亏平衡点法

确定型决策方法的特点是只要满足数学模型的前提条件,模型就给出特定的结果。确定型决策方法的模型很多,本书主要介绍一种常用的方法,即盈亏平衡点法。

盈亏平衡点法是依据与决策方案相关的产品产销量、成本、利润之间的相互关系,来分析、判断方案对企业盈亏发生的影响,评价和选择决策方案。通过盈亏临界分析,可以使企业明确:①企业至少要销售多少产品才能保本;②企业为实现一定的目标利润,需要销售多少产品;③企业销售一定数量的产品,能够获得多少利润;④企业经营的安全状况如何等。这种方法,在实际工作中具有很大的实用价值。

(二)风险型决策法——决策树法

风险型决策法的最大特点:每个方案的实施,都存在着非决策者所能控制的两个以上的自然状态,如销售情况的畅销、一般和滞销;可测算出各种自然状态可能发生的概率。这类决策方法也分多种,这里仅介绍其中的决策树分析法。

决策树分析法,是指将构成决策方案的有关因素以树状图形的方式表现出来,并据以分析和选择决策方案的一种系统分析法。它是风险型决策最常用的方法之一,特别适于分析比较复杂的问题。它以损益值为依据,比较不同方案的期望损益值(简称期望值),决定方案的取舍。其最大特点是能够形象地显示出整个决策问题在时间上和不同阶段上的决策过程,逻辑思维清晰,层次分明,非常直观。

(三)不确定型决策方法

在风险型决策中,概率是计算数学期望值的必要条件,因而也是按期望值标准进行方案选择的必要条件。但在现实经济活动中往往很难知道某种状态发生的客观概率,因此也无法根据期望值标准进行方案选择。这时如何进行方案选择主要依赖于决策者的个性气质及其对风险的态度。

不同风险倾向的决策者会采取不同的决策方案。

1. 小中取大法

风险厌恶型的决策者,讨厌风险,往往规避风险,对未来持悲观态度,认为未来会出现最差的情况。在对未来进行决策时,对各种方案都按它带来的最低收益考虑,然后比较哪种方案的最低收益最高,简称小中取大法。

2. 大中取大法

风险偏好型的决策者,敢于冒风险,对未来持乐观态度,认为未来会出现最好的情况。在决策时,对各种方案都按它带来的最高收益考虑,然后比较哪种方案的最高收益最高,简称大中取大法。

3. 大中取小法

风险中立型的决策者,对风险比较理性,做决策比较客观,一般不愿让自己选择了某方案后,再发现客观情况并未按自己预想的发生,为自己事前的决策而后悔。在对未来决策时,就会计算每个方案在每种情况下的后悔值,找出各方案的最大后悔值并选择最大后悔值中最小的方案,即采用最大最小后悔值法进行不确定型决策。

五、竞争型决策法

竞争型决策是有关竞争对手之间的决策方法。决策者在竞争场合下作出的决策,或者说竞争的各方为了自己获胜采取的对付对方的策略,一般称为对策,研究它的理论和方法,称为对策论。

竞争型决策法的基本原理:在一个有两方或者多方参加的竞争过程中,每个参与竞争者都有可供自己选择的多种决策方案,每种决策方案导致不同的竞争结果以及相应的收益或损失。竞争各方的决策原则:所选择的决策方案使自己的收益最大,或使自己的损失最小。

考点二 组织与组织文化

一、组织的定义

通常情况下，"组织"有两种解释：作为名词的"组织"是指人的集合体；作为动词的"组织"是指管理的一项重要职能。

社会系统学派的代表巴纳德对组织的定义是"两人以上有意识地协调和活动的合作系统"。他认为构成组织的基本要素有共同的目标、合作的意愿、信息的交流。

二、正式组织和非正式组织

正式组织是为有效地实现共同目标而规定成员之间的相互关系和职责范围的组织体系。它的组织结构、成员的权利和义务，均由管理部门规定，组织中的各种活动必须遵循有关规定。

非正式组织是不确定的而且没有固定结构的分支机构，是由无意识的社会过程产生的，可把它看成是一种没有固定形态的、密度经常变化的集合体。

三、非正式组织的影响

非正式组织需注意的问题有如下几点：

（1）抵制变革——非正式组织往往变成一种力量，刺激人们产生抵制革新的心理。

（2）滋生谣言——谣言在非正式组织中，极易牵强附会，以讹传讹，信以为真。

（3）阻碍努力——工作人员在其工作上特别尽力，可能会受到非正式组织中其他成员的抵制，使人不敢过分努力。

（4）操纵群众——有些人员成了非正式组织的领袖后，常利用其地位，对群众施以压力从中操纵。

非正式组织的积极影响如下：

（1）弥补不足——任意一个正式组织无论其政策与规章如何严密，但很难巨细无遗，非正式组织可与正式组织相辅相成，弥补正式组织的不足。

（2）协助管理——正式组织若能得到非正式组织的支持，则可提高工作效率从而促进任务的完成。

（3）加强沟通——非正式组织可使员工在受到挫折或遭遇困难时，有一个发泄的通道，从而获得社会的安慰并得到满足。

（4）纠正管理——非正式组织可促使管理者对某些问题做出合理的处置，起到制衡的作用。

四、组织的纵向结构设计

组织的纵向结构设计，就是确定管理幅度，划分管理层次。

(一)管理幅度

管理幅度是指一名主管人员有效地管理直接下属的人数。如一个公司经理能领导几个营业部长,一个营业部长能管理多少人。影响管理幅度的因素主要有以下几个:①职务的性质;②工作能力强弱;③工作本身的性质;④标准化和授权程度;⑤信息反馈情况。

(二)管理层次

1. 管理层次与管理幅度的关系

管理层次的多少与管理幅度的大小密切相关。管理幅度同管理层次成反比关系。管理幅度越大,管理层次就越少;反之,管理层次就越多。

2. 扁平结构和直式结构

按照管理幅度和管理层次的不同,形成两种结构:扁平结构和直式结构。

扁平结构是指管理幅度大而管理层次少的结构。扁平结构有利于缩短上下级距离,密切上下级之间的关系,信息纵向流通速度快;由于管理幅度大,被管理者有较大的自主性和创造性,也有利于选择和培训下属人员。但由于不能严密地监督下级,上下级的协调较差;管理幅度的加大,也增加了同级间相互沟通联络的困难。

直式结构就是管理层次多而管理幅度小的结构。直式结构具有管理严密,分工细致明确,上下级易于协调的特点。但层次越多,需要的管理人员越多,协调工作急剧增加,互相扯皮的事层出不穷;由于管理严密,下级人员的积极性与创造性受到了影响。因此,为了达到有效管理,应尽可能地减少管理层次。

五、组织的横向结构设计

部门化是指将工作和人员组合成可以管理的单位的过程。划分部门的目的是以此来明确职权和责任归属,以求分工合理,职责分明,并有利于各部门根据其工作性质的不同而采取不同的政策,加强本部门的内部协调。在组织中主要按照以下方案来划分部门:

(1)人数部门化。人数部门化是完全按人数的多少来划分部门,这是最原始、最简单的划分方法。

(2)时间部门化。

(3)职能部门化。职能部门化是以组织的主要经营职能为基础来设立部门,凡属同一性质的工作都置于同一部门,由该部门全权负责该项职能的执行。

(4)工艺部门化。工艺部门化是以工作程序为基础组合各项活动,从而划分部门的一种方法。

(5)产品部门化。按产品划分部门,就是把某种产品或产品系列的设计、制造、销售等管理工作划归一个部门负责。

(6)区域部门化。区域部门化是根据地理因素来设立管理部门,把不同地区的经营业务和职责划归不同部门全权负责。

(7)顾客部门化。顾客部门化是以被服务的顾客为基础来划分部门。这种划分主要适用于销售部门。

六、集权和分权

(一) 集权

集权是指决策权力和行动决定完全保留最高管理者决定。集权型的组织有利于集中领导、统一指挥,提高职能部门的管理专业化水平和工作效率;缺点是限制了中下层人员积极性的发挥,延长了信息沟通的渠道,使企业组织缺乏对环境的灵活应变性。

(二) 分权

分权是指组织的权力不是集中在某个成员手中,而是分散在组织内部。当分权程度比较低的时候,组织仍然保持从上至下的"金字塔型"权力分配,只是没有集中到最高领导一个点上,"中层经理"也有一定的决定权;当分权程度比较高的时候,组织中的个体更加自由,在"扁平组织"中,几乎每个成员都有一定的决定权。

七、组织结构

(一) 直线型组织结构

这种组织形式的主要特点:命令系统单一直线传递,管理权力高度集中,实行一元化管理,决策迅速。但该结构要求最高管理者要通晓多种专业知识。这种形式适用于规模较小、任务比较单一、人员较少的组织。以制造业企业为例,直线型组织结构见下图。

图 4-2-1 直线型组织结构

(二) 职能型组织结构

职能型组织结构的特点:在组织中设置若干职能专门化的机构,这些职能机构在自己的职责范围内都有权向下发布命令和指示。其优点是能够充分发挥职能机构的专业管理作用,并使直线经理人员摆脱琐碎的经济技术分析工作。其缺陷是多头领导,不能实行统一指挥。这种组织形式适用于任务较复杂的社会管理组织和生产技术复杂、各项管理需要具有专门知识的企业管理组织。职能型组织结构见下图。

图 4-2-2 职能型组织结构

(三)直线-职能型组织结构

这是一种综合直线型和职能型两种组织的特点而形成的组织结构形式。它与直线型的区别在于设置了职能机构;与职能型的区别在于职能机构只是作为直线管理者的参谋和助手,而不具有对下面直接进行指挥的权力。因此,这种组织形式保持了直线型集中统一指挥的优点,又具有职能分工专业化的长处。但是,这种类型的组织具有职能部门之间横向联系较差、信息传递路线较长、适应环境变化差的缺陷。直线-职能型是一种普遍适用的组织形式,我国大多数企业和一些非营利组织均采用这种组织形式。以企业为例,直线-职能型组织结构见下图。

图4-2-3　直线-职能型组织结构

(四)事业部制组织结构

这种类型结构的特点:组织按地区或所经营的产品和事业来划分部门,各事业部独立核算,自计盈亏,适应性和稳定性强,有利于组织的最高管理者摆脱日常事务而专心致力于组织的战略决策和长期规划,有利于调动各事业部的积极性和主动性,并且有利于公司对各事业部的绩效进行考评。这种组织结构形式的主要缺陷是资源重复配置,管理费用较高,且事业部之间协作较差。这种组织形式主要适用于产品多样化和从事多角化经营的组织,也适用于面临市场环境复杂多变或所处地理位置分散的大型企业和巨型企业。事业部制组织结构见下图。

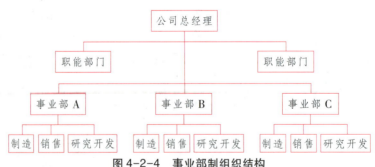

图4-2-4　事业部制组织结构

(五)模拟分权制

模拟分权制又称"模拟分散管理组织结构",是指为了改善经营管理,人为地把企业划分成若干单位,实行模拟独立经营、单独核算的一种管理组织模式。它不是真正的分权管理,而是介于直线-职能型与事业部制之间的一种管理组织模式。模拟分权制是当企业不能符合联邦分权制的严格要求时所采取的一种权宜的方法。随着组织规模的不断扩张,直线-职能型难以适应,虽然事业部制有较大适应性,但是许多大企业,如连续生产的企业,由于产品品种或生产过程有限,无法分解成为几个独立的事业部门,在这种情况下,就出现了模拟分权制。模拟分权制见下图。

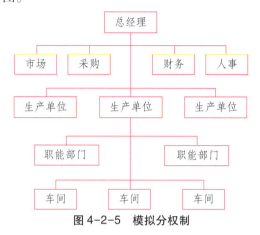

图 4-2-5　模拟分权制

(六)矩阵型组织结构

这是一种把按职能划分的部门同按产品、服务或工程项目划分的部门结合起来的组织形式。在这种组织中,每个成员既要接受垂直部门的领导,又要在执行某项任务时接受项目负责人的指挥。其主要优点是灵活性和适应性较强,有利于加强各职能部门之间的协作和配合,并且有利于开发新技术、新产品和激发组织成员的创造性。其主要缺陷是组织结构稳定性较差,双重职权关系容易引起冲突,同时还可能导致项目经理过多、机构臃肿的弊端。这种组织主要适用于科研、设计、规划项目等创新性较强的工作或者单位。此种组织形式见下图。

图 4-2-6　矩阵型组织结构

(七)虚拟网络型组织结构

网络型组织结构是利用现代信息技术手段,适应与发展起来的一种新型的组织机构。网络型组织结构是目前正在流行的一种新形式的组织设计,它使管理当局对于新技术、时尚,或者来自海外的低成本竞争能具有更大的适应性和应变能力。网络结构是一种很小的中心组织,依靠其他组织以合同为基础进行制造、分销、营销或其他关键业务的经营活动的结构。在网络型组织结构中,组织的大部分职能从组织外"购买",这给管理当局提供了高度的灵活性,并使组织集中精力做它们最擅长的事。虚拟网络型组织结构见下图。

图 4-2-7　虚拟网络型组织结构

八、组织文化

(一)组织文化的概念

组织文化是指影响组织成员行动、将不同组织区分开的共享价值观、原则、传统和行事方式。在大多数组织中,这些共享价值观和惯例会随着时间的推移而演变,在某种程度上决定了工作的完成方式。

组织文化的概念有以下几方面的含义:第一,文化是一种知觉。这种知觉存在于组织中而不是个人中。第二,组织中具有不同背景或不同等级的人,试图以相似的术语来描述组织的文化,这就是文化的共有方面。第三,组织文化是一个描述性术语。它与成员如何看待组织无关,无论他们是否喜欢他们的组织,它是描述而不是评价。

概括地说,组织文化指的是组织中的成员所共有的价值观念、行为方式、信仰及道德规范。它往往是该组织所特有的,在较长的一段时间里处于比较稳定的状态,它确定了该组织的风气和人们的行为准则,也影响到计划、组织、人事、领导、控制和创新等各个管理职能的实施方式。

(二)强文化和弱文化

所有的组织都有文化,但并非所有的文化都同等地影响员工的行为。与弱文化相比,强文化是企业的核心价值观,被广泛和深度共享的文化,对员工有更大的影响力。文化变得越强,对管理者计划、组织、领导和控制的影响就越大。

强文化的组织比弱文化的组织拥有更加忠诚的员工。强文化与良好的组织绩效有关。如果企业价值观清晰并且被广泛地接受,员工知道他们应该做什么以及组织对他们有什么期待,员工就可以快速地处理问题。然而,强文化的缺陷是强文化也可能阻止员工尝试新的方法,尤其当情况迅速变化时。

(三)组织文化的来源及延续

组织文化最初的来源通常反映创立者的愿景。大多数小规模的新组织更容易将其愿景灌输给所有组织成员。

一旦组织文化形成,特定的组织实践将有助于延续文化。

考点三　领导

一、领导的含义

领导是指激励、引导和影响个人或组织,在一定的条件下,实现组织目标的行动过程。

领导是一个有目的的活动过程,是一种行为,这一活动过程的成效取决于领导者、被领导者和环境三种因素。

二、领导影响力的权力基础

影响力,从心理学上讲,是指一个人在与他人交往中影响和改变他人的心理与行为的能力。领导者的影响力包括由上级组织赋予的职务权力(权力性影响力)和领导者个人所具有的影响力(非权力性影响力)。具体来说,领导者影响力(或权力)的基础可分为五种:法定权、强制权、奖励权、专长权、个人影响权。

在这五种权力中,法定权、强制权和奖励权属于职务权力,而专长权和个人影响权则是由个人的才干、素养等决定的。

三、领导群体素质

一个合理的领导群体素质结构应该包括以下几个方面:①优良的品德结构;②互补的知识结构;③优化的智能结构,一个有着科学智能结构的领导群体至少应由思想家、组织家、实干家和谋略家四种人组成;④配套的专业结构,一个领导班子应主要包括管理型、业务型、综合型三种专业类型;⑤梯形的年龄结构;⑥协调的气质结构。

四、领导风格类型

(一)独断型

采用这一领导方式的领导者注重正式组织的结构,组织的规章制度,以及组织内正式的沟通渠道。他以大权独揽的方式对下级进行领导,将决策权高度集中在自己手中,下属完全处于被动地位。此外,他还注意避免同下级发生比较亲密的个人关系,下级通常对他敬而远之。

这一领导行为模式的优点在于领导者行事效率较高,其缺点是由于缺乏上下级之间的情感交流,下级的满意程度较低,下级通常是被动地服从命令的指挥,主动性和积极性不易发挥。

(二)放任型

采用这一领导方式的领导者通常不把持决策权,对下属采取自由放任的态度,这是弹性或自由度较大的方式。这一类型的领导者重感情交往,关心下级的需要,并尽可能满足他们的某些要求,同下级维持着一种良好的人际关系。但是,由于这一模式不强调领导者自身权力的运用,因而往往导致实际上无人领导和无人负责,经常处于混乱和无秩序状态。工作效率低但员工满意度高。

(三)民主型(参与型)

采用这一领导行为模式的领导者既注重正式组织结构和规章制度的作用,又不完全大权独揽,在某种程序上设法使下属参与一些决策,善于在决策过程中发挥下属的作用。对决策的执行采取分权的方式进行,对下属工作的检查监督评估依靠有一定自主权的部门来进行。

领导风格还可以根据其他标准进行划分,如从领导者的指挥方式划分,可分为命令式、说服式、激励式、模范带头式四种领导行为模式。

五、领导行为四分图理论

研究者通过大量收集下属对领导行为的描述,列出1 000多个行为维度,并最终归纳和定义了领导行为的两类关键因素:结构维度和关怀维度。

(一)结构维度

结构维度是指为了达成组织目标,领导者界定和构造群体内关系的程度,包括领导者规划工作、界定任务关系和明确目标的行为。高结构维度的领导者对任务能否完成的关心程度远高于对组织中人际关系和谐的关心程度。

(二)关怀维度

关怀维度是指领导者尊重和关心下属的感情的程度,更愿意与之建立相互信任、双向交流的工作关系。高关怀维度的领导者特别重视群体关系的和谐以及与下属心理上的亲近。

俄亥俄州立大学的研究表明,"高结构-高关怀"的领导行为一般能够产生积极效果,但同时也有足够的特例表明这一理论还需要考虑情境因素。

六、管理方格理论

管理方格理论是由美国得克萨斯大学的行为科学家罗伯特·布莱克和简·穆顿提出的。管理方格图的提出改变了以往各种理论中"非此即彼"式(要么以工作为中心,要么以人为中心)的绝对化观点,指出在对工作关心和对人关心的两种领导方式之间,可以进行不同程度的互相结合。

他们就企业中的领导方式问题提出了管理方格法,使用自己设计的一张纵轴和横轴各9等分的方格图,纵轴和横轴分别表示企业领导者对人和对工作的关心程度。第1格表示关心程度最小,第9格表示关心程度最大。全图总共81个小方格,分别表示"对工作的关心"和"对人的关心"这两个基本因素以不同比例结合的领导方式。管理方格图的具体内容见下图。

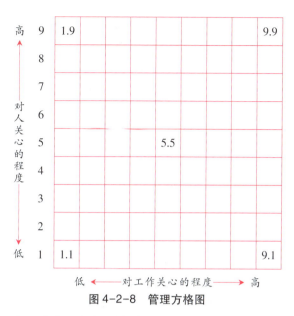

图 4-2-8 管理方格图

在管理方格图中,有五种典型的领导方式:

(1)1.1型,又称贫乏型。当群体成员的素质都很高,都很自觉地为组织目标努力工作时,这种管理行为是有效的,否则,很容易导致失败。

(2)9.1型,又称任务型管理。在短时间内,这种管理行为可能取得一定的效果,但时间一长,由于没有员工士气的支持,工作效率会一落千丈。

(3)1.9型,又称乡村俱乐部型管理,与9.1型相反。这类管理者往往深受员工的欢迎,而不受上级的支持,由于绩效上不去而不能持久。在员工素质较高的企业中可以局部运用。

(4)9.9型,又称团队型管理。管理者对员工和对工作都极为关心。该种管理方式往往有高昂的团队精神,工作任务完成得很好,员工士气也很旺盛,企业有很高的凝聚力。

(5)5.5型,又称中间型管理。在许多企业中,常见这种类型的管理,绩效可能过得去,但缺乏创新精神。该种管理方式应该向9.9型转化,这样可以产生更有效的领导。

七、领导风格理论

领导风格理论是由美国艾奥瓦大学的研究者、著名心理学家勒温提出的,勒温和他的同事们从20世纪30年代起就进行关于团体气氛和领导风格的研究。勒温等人发现,团体的任务领导并不是以同样的方式表现他们的领导角色,领导者们通常使用不同的领导风格,这些不同的领导风格对团体成员的工作绩效和工作满意度有着不同的影响。勒温等研究者力图科学地识别出最有效的领导行为,他们着眼于三种领导风格,即专制型、民主型和放任型的领导风格。

八、领导权变理论

(一)菲德勒权变理论

1. 三种情景因素

菲德勒认为对领导效果起重要影响作用的环境因素有三条:

（1）上下级关系，即领导者同组织成员的相互关系。

（2）任务结构，即工作任务的明确程度。任务结构的明确程度愈高，则领导者的影响力就愈大。

（3）职位权力，即领导职位赋予领导者权力的大小，或者说他具有的法定权有多大。

2. 提高领导效果的两种途径

菲德勒的研究表明：任务取向型的领导者在非常有利的环境和非常不利的环境下，效果会更好；而关系取向型的领导在中间状态的环境下其效果会更好。据此，菲德勒认为，领导者的领导风格是稳定不变的，要提高领导效果，只有两种途径：一是替换领导者，选用适应新情境的领导者；二是改变情境以适应领导者。

（二）赫塞和布兰查德的情境领导理论

赫塞和布兰查德的情境领导理论也称领导生命周期理论，该理论认为，领导的成功取决于下属的成熟程度以及由此而确定的领导风格。下属成熟度包括个体与心理成熟度。前者包括个人的知识和技能，即工作成熟度高的个体拥有足够的知识、能力和经验去完成其工作任务。后者指一个人做某事的意愿和动机，心理成熟度高的个体主要靠内部动机的激励。

情境领导理论将领导风格分为以下四类：

（1）命令型（高工作-低关系）：领导者关心下属做什么，怎么做，以及何时做。

（2）说服型（高工作-高关系）：领导者既提供指导性行为又提供支持性行为。

（3）参与型（低工作-高关系）：领导者与下属共同决策，领导者主要提供便利条件。

（4）授权型（低工作-低关系）：领导者提供较少的指导和支持。

该理论将成熟度分为以下四个阶段：

（1）下属既不能胜任工作也不能被信任。

（2）下属虽有积极性但缺乏足够的技能。

（3）下属有能力却不愿干领导希望他干的工作。

（4）下属既有能力又愿接受工作安排。

情境领导理论认为，随着下属成熟度的提高，领导者可不断减少对其下属活动的控制，不断减少关系行为。在成熟度第一阶段，下属需要得到明确具体的指导；在第二阶段，领导者需采取高工作-高关系行为，高工作能弥补下属能力的欠缺，高关系则试图使下属领会领导者的意图；第三阶段可采用支持性、非指导性的参与式领导风格；第四阶段领导者可享"清闲"，因为下属既愿意又有能力担负责任。

（三）路径-目标理论

路径-目标理论是由罗伯特·豪斯开发的一种有关领导的权变模型。路径-目标理论的核心在于为下属提供信息、支持或其他必要的资源，帮助他们达到自己的目标是领导者的工作。路径-目标的概念来自这样的信念：有效的领导者通过明确指明道路来帮助下属实现工作目标，并为下属清理前进途中的各种障碍，从而使下属的工作更为顺利。豪斯认为领导者是灵活的，同一领导者可以根据不同的情境表现出任何一种领导风格。

豪斯确定了下表四种领导行为。

表4-2-1　豪斯的四种领导行为

领导行为	具体说明
支持型	十分友善,并对下属的个人需求表现出关怀
参与型	与下属共同磋商,并在决策前充分考虑下属的建议
成就型	设置有挑战性的目标,并期望下属实现自己的最佳水平
指示型	让下属知道自己对他们的期望,以及完成工作的时间安排,并对如何完成任务给予具体指示

习 题 演 练

1. 某企业开发一新产品准备投放市场,已知在市场需求好的情况下,可获利900万元;在市场需求不好的情况下,损失800万元。因为是新产品,市场需求的好与坏的概率无从得知,这种决策类型是(　　)。

A. 确定型决策　　　　　　　　　B. 不确定型决策

C. 风险型决策　　　　　　　　　D. 危机决策

2. 小王是某大型企业集团的总裁助理,年富力强,在助理岗位上工作得十分出色。他最近被任命为集团销售总公司的总经理,从而由一个参谋性人员变成了独立部门的负责人。下面是他最近参与的几项活动,你认为这其中哪一项几乎与他的领导角色无关?(　　)

A. 向下属传达他对销售工作目标的认识

B. 与某用户谈判以期达成一项长期销售协议

C. 召集各地分公司经理讨论和协调销售计划的落实情况

D. 召集公司有关部门的职能人员开联谊会,鼓励他们攻克难关

3. 一家产品单一的跨国公司在世界许多地区拥有客户和分支机构,该公司的组织结构应考虑按(　　)因素来划分部门。

A. 职能　　　　　　　　　　　　B. 产品

C. 地区　　　　　　　　　　　　D. 矩阵结构

4. 当一个管理者决定需要做什么以及怎样完成时,他是在履行管理的哪项职能?(　　)

A. 计划　　　　　　　　　　　　B. 组织

C. 领导　　　　　　　　　　　　D. 控制

5. 决策过程中遇到首次出现的问题,无先例可循,此类决策属于(　　)。

A. 确定型决策　　　　　　　　　B. 风险型决策

C. 单一性决策　　　　　　　　　D. 非程序性决策

参 考 答 案

1.【答案】B。解析:不确定型决策所处的条件和状态都与风险型决策相似,不同的只是

各种方案在未来将出现哪一种结果的概率不能预测,因而结果不确定。

2.【答案】B。解析:领导角色是指负责激励和动员下属,负责人员配备、培训等职责。B 项更侧重于体现管理者的谈判者角色。

3.【答案】C。解析:因为此跨国机构产品单一,所以不选 B。此公司在世界许多地区拥有客户和分支机构,应按照地区来划分部门。

4.【答案】B。解析:组织职能是指管理者决定需要做什么,如何做以及由谁来做。

5.【答案】D。解析:程序化决策涉及的是例行问题,非程序化决策涉及的是例外问题。例外问题一般是没有先例可以参考的。

第三章　计算机

考点详解

考点一　计算机及其应用基础知识

一、计算机硬件系统

计算机硬件的五大部件中,每一个部件都有相对独立的功能,分别完成各自不同的工作。典型的冯·诺依曼计算机以运算器为中心,而现代计算机已转化为以存储器为中心,如图4-3-1所示,五大部件在控制器的控制下协调统一地工作。首先,将表示计算步骤的程序和计算中需要的原始数据,在控制器输入命令的控制下,通过输入设备送入计算机的存储器中存储。然后,当计算开始时,在取指令作用下将程序指令逐条送入控制器,控制器对指令进行译码,并根据指令的操作要求向存储器和运算器发出存储、取数命令和运算命令,经过运算器计算并将结果存放在存储器中。最后,在控制器的取数命令和输出命令作用下,通过输出设备输出计算结果。

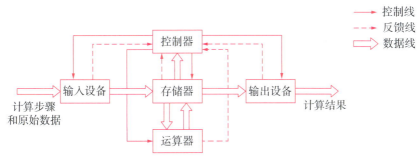

图4-3-1　计算机五大部件工作流程图

(一)运算器

运算器的功能是对数据进行加工处理,完成算术运算和逻辑运算,因此,运算器又称为算术逻辑运算部件(ALU)。算术运算是指加、减、乘、除及它们的复合运算,而逻辑运算是指与、或、非、异或、移位等运算。

(二)控制器

控制器是计算机的指挥中心,它控制计算机的各个部件有条不紊地工作,其基本功能是从内存取指令、分析指令和执行指令。控制器按照计算程序所排列的指令序列,首先从存储器中取出一条指令放入控制器中,通过译码器对该指令的操作码进行分析,再根据指令性质执行这条指令,进行相应操作;接着从存储器中取出第二条指令,再执行,以此类推。

通常将运算器和控制器统称为中央处理器,即 CPU,它是整个计算机的核心部件,是计算机的"大脑"。CPU 控制了计算机的运算、处理、输入和输出等工作。

(三)存储器

存储器是计算机的记忆装置,它的主要功能是存放程序和数据。程序是计算机操作的依据,数据是计算机操作的对象。程序和数据在计算机中以二进制的形式存放于存储器中。存储器存储容量的大小以字节为单位来度量。

根据存储器在计算机系统中的作用分类,可将存储器分为内存储器、外存储器和高速缓冲存储器(Cache)。

1. 内存储器

内存储器(简称内存)在计算机主机内,它与 CPU 直接交换信息,容量虽小,但存取速度快,一般只存放计算机运行期间需要的程序和数据。内存容量的大小是衡量计算机性能的主要指标之一。内存主要包括随机存取存储器和只读存储器。

随机存取存储器(RAM):是指存储器中任何存储单元的内容都能被随机存取,且存取时间与存储单元的物理位置无关。RAM 是易失性存储器,即掉电后信息会丢失。RAM 又分为 SRAM(静态随机存取存储器)和 DRAM(动态随机存取存储器)。

只读存储器(ROM):可以看作是 RAM 的一种特殊形式,其特点是存储器中的内容是固定不变的,即只能随机读出而不能写入,且掉电后信息不会丢失。

2. 外存储器

为了扩大内存的容量,引入了外存储器(简称外存)。外存用来存放当前暂不参与运行的程序和数据,以及一些需要永久性保存的信息。外存不能与 CPU 直接交换信息,程序必须调入内存才可执行。外存设在主机外部,存取速度慢,但存储容量大,掉电后信息不会丢失,属于非易失性存储器。常用于计算机系统的外存有硬磁盘、软磁盘、磁带、光盘等,且前三种都属于磁表面存储器。

3. 高速缓冲存储器(Cache)

在多体并行存储系统中,由于 I/O 设备向内存请求的级别高于 CPU 访存,这就出现了 CPU 等待 I/O 设备访存的现象,降低了 CPU 的工作效率。为了避免 CPU 与 I/O 设备争抢访存,可在 CPU 和内存之间加一级缓存,即 Cache。Cache 的提出缓解了内存和 CPU 之间速度不匹配的问题。

高速缓冲技术利用的是程序访问的局部性原理,将程序中正在使用的部分存放在一个高速且容量较小的 Cache 中,使 CPU 的访存操作大多针对 Cache 进行,从而使程序的执行速度大大提高。

(四)输入设备

输入设备是从计算机外部向计算机内部传送信息的装置。其功能是将数据、程序及其他信息,从人们熟悉的形式转换成计算机能够识别和处理的形式,输入到计算机内部。

常用的输入设备有键盘、鼠标、光笔、扫描仪、触摸屏、条形码阅读器等。

（五）输出设备

输出设备是将计算机的处理结果传送到计算机外部供计算机用户使用的装置。其功能是将计算机内部二进制形式的数据信息转换成人们所需要的或其他设备能接收和识别的信息形式。

常用的输出设备有显示器、打印机、绘图仪等。

通常将输入设备和输出设备统称为 I/O 设备，它们都属于计算机的外部设备。

二、计算机软件系统

（一）计算机软件系统的组成

计算机软件是指在硬件系统上运行的各种程序及有关资料。软件系统是为了充分发挥硬件结构中各部分的功能和方便用户使用计算机而编制的各种程序，不仅包括可以在计算机上运行的系统和应用程序，也包括与计算机程序相关的文档。计算机软件系统分为系统软件和应用软件。

（二）系统软件

系统软件用来管理计算机系统，监视服务，使系统资源得到合理调度，高效运行。系统软件是计算机正常运转不可缺少的，一般由计算机生产厂家或专门的软件开发公司研制，出厂时写入 ROM 芯片或存入磁盘（供用户选购）。任何用户都要用到系统软件，其他程序都要在系统软件的支持下运行。

系统软件主要包括操作系统、语言处理程序、数据库管理系统和系统辅助处理程序等。

1. 操作系统

操作系统是系统软件的核心。操作系统一般由五个功能模块组成，分别是处理机管理、存储管理、设备管理、文件管理和作业管理。操作系统直接运行在裸机上，任何其他软件必须在操作系统的支持下才能运行。

操作系统的功能是管理计算机系统的全部硬件资源、软件资源和数据资源，使计算机系统所有资源最大限度地发挥作用，为用户提供方便的、有效的、友善的服务界面。常见的操作系统有 Windows、UNIX、Linux、Mac OS 和 DOS 等。

根据所提供的功能不同进行分类，操作系统可分为批处理操作系统、分时操作系统、实时操作系统、通用操作系统、网络操作系统和分布式操作系统。

批处理操作系统：采用多道程序设计技术，根据预先设定的调度策略选择若干作业并发地执行。

分时操作系统：在一台主机上连接了多个配有显示器和键盘的终端并由此所组成的系统，该系统允许多个用户同时通过自己的终端，以交互方式使用主机，共享主机中的资源。

实时操作系统：系统能及时响应外部事件的请求，在规定的时间内完成对该事件的处理，并控制所有实时任务协调一致地运行。

通用操作系统：同时兼有多道批处理、分时、实时处理的功能，或者其中两种及以上功能的操作系统。

网络操作系统：在计算机网络环境下，对网络资源进行管理和控制，实现数据通信及对网络资源的共享，为用户提供与网络资源之间接口的一组软件和规程的集合。

分布式操作系统：负责管理分布式处理系统资源和控制分布式程序运行。

2. 语言处理程序

语言处理程序一般是由汇编程序、编译程序、解释程序和相应的操作程序等组成。程序设计语言包括机器语言、汇编语言和高级语言。汇编程序用于将汇编语言源程序翻译成机器语言目标程序；编译程序和解释程序用于将高级语言源程序翻译成机器语言目标程序。

编译程序是先将源程序全部翻译成等价的目标程序，再执行此目标程序；解释程序是将源程序逐句翻译成目标程序，翻译一句就执行一句，边翻译边执行。

3. 数据库管理系统

数据库是长期储存在计算机内、有组织的、可共享的大量数据的集合。数据库管理系统是位于用户与操作系统之间的一层数据管理软件。数据库中的数据由数据库管理系统统一管理和控制。目前常用的数据库管理系统有 Oracle、MySQL、SQL Server 和 Access 等。

4. 系统辅助处理程序

系统辅助处理程序是指为了帮助用户使用和维护计算机，向用户提供服务性手段而编写的一类程序，通常包括编辑程序、调试程序、诊断程序、硬件维护和网络管理程序等。

（三）应用软件

除了系统软件以外的所有软件都是应用软件。应用软件是用户利用计算机及其提供的系统软件为解决各种实际问题而编制的计算机程序。

应用软件主要是为用户提供在各个具体领域中的辅助功能。应用软件具有很强的实用性，专门用于解决某个应用领域中的具体问题。应用软件的内容广泛，主要包括文字处理软件、表格处理软件、演示文稿软件、辅助设计软件、实时控制软件等。

三、数据结构与算法

（一）数据结构基础知识

1. 数据结构的定义

数据结构是由与特定问题相关的某一数据元素的集合和该集合中数据元素之间的关系组成的。

2. 数据结构的分类

数据结构分为逻辑结构和存储结构。

（1）逻辑结构。数据的逻辑结构是指数据元素之间的逻辑关系。数据的逻辑结构与数据元素在计算机中存储的位置无关。常见的数据逻辑结构可分为以下几类。

①集合：集合中的任何两个数据元素之间都没有逻辑关系，只是属于同一个集合。

②线性结构：线性结构中的数据元素之间存在"一对一"的关系。

③树形结构:树形结构中的数据元素之间存在"一对多"的关系。

④图状结构:图状结构中的数据元素之间存在"多对多"的关系。

(2)存储结构。数据的存储结构是指数据元素及其关系在计算机中的表示,或者说是数据的逻辑结构在计算机存储空间中的存放形式。常见的数据存储结构可分为以下几类。

①顺序存储:逻辑上相邻的元素存放到物理位置上也相邻的存储单元中。使用顺序存储结构可以随机存取元素,但是在进行插入和删除操作时需要移动元素。

②链式存储:不要求逻辑上相邻的元素在物理位置上也相邻,元素之间的逻辑关系由附加的链接指针指示。链式存储结构比顺序存储结构的存储密度小,查找速度也相对较慢,但是插入和删除操作较为灵活。

③索引存储:在存储元素信息的同时需要建立附加的索引表。

④散列存储:根据元素的关键字通过一个函数直接计算出该元素的存储地址。

(二)算法基础知识

1. 算法的定义

算法是对特定问题求解步骤的一种描述,是一系列解决问题的清晰指令。

2. 算法的特征

算法的特征如下:

(1)有穷性:算法必须在执行有穷步之后终止,即一个算法的操作步骤是有限的。

(2)确定性:算法中的每一条指令都必须有确切的含义,并且对于特定的输入有特定的输出。

(3)有输入:算法有零个或多个输入,它们是算法开始运算前赋予参与运算的各个变量的初始值。

(4)有输出:算法有一个或多个输出,输出的值应是算法计算得出的结果。

(5)可行性:算法是能够执行的,且算法中每一条运算都必须是足够基本的,也就是说算法中定义的操作都是可以通过可实现的基本运算执行有限次来实现的。

3. 算法的评定

评定一个算法的优劣,主要有以下几个标准:

(1)正确性:算法在正确的输入条件下能够正确地执行,并且满足具体问题的要求。正确性是评定一个算法优劣最重要的标准。

(2)健壮性:算法对非法输入的处理能力。当输入的数据非法时,算法也能做出反应或进行适当处理。

(3)可读性:算法可供人们阅读的容易程度。可读性好,有助于人们理解、测试和修改算法。

(4)空间复杂度:执行算法所需要的存储空间。

(5)时间复杂度:执行算法所需要的计算工作量。

四、数据结构

(一)线性表

线性表是一种最基本、最简单、最常用的数据结构。线性表是由 $n(n \geqslant 0)$ 个类型相同的数据元素组成的有限序列。线性表的长度是指线性表中元素的个数。空表是指长度为 0 的线性表。

非空线性表中一定存在唯一的第一个元素和最后一个元素;除第一个元素之外,其他元素有且仅有一个直接前趋(前件);除最后一个元素之外,其他元素有且仅有一个直接后继(后件)。

采用顺序存储方式实现的线性表称为顺序表;采用链接存储方式实现的线性表称为链表。

(二)栈

1. 栈的定义

栈是一种只能在一端进行插入和删除操作的线性表。

允许进行插入和删除操作的一端称为栈顶;不允许进行插入和删除操作且固定不变的一端称为栈底。栈的插入操作称为入栈;栈的删除操作称为出栈。

2. 栈的特点

栈的特点是后进先出(Last In First Out,简称 LIFO),第一个出栈的元素始终是栈顶元素。因此,栈又称后进先出线性表。

(三)队列

1. 队列的定义

队列是一种运算受限制的线性表,只允许在一端进行插入操作,在另一端进行删除操作。

允许进行删除操作的一端称为队头;允许进行插入操作的一端称为队尾。队列的插入操作称为入队;队列的删除操作称为出队。

2. 队列的特点

队列的特点是先进先出(First In First Out,简称 FIFO),即先入队的元素先出队,后入队的元素后出队。因此,队列又称先进先出线性表。

(四)树和二叉树

1. 树

一棵树是 $n(n \geqslant 0)$ 个节点的有限集合。$n = 0$ 为空树,非空树可记为 $T = \{r, T_1, T_2, \cdots, T_n\}$。其中,$r$ 为 T 的根节点,非空树中有且仅有一个根节点;当 $n > 1$ 时,其余节点可分为 $m(m \geqslant 0)$ 个互不相交的有限子集,而且每一个子集本身也是一棵树,称为根的子树。因此,树属于递归结构。

2. 二叉树

一棵二叉树是节点的一个有限集合,该集合或者为空,或者是由一个根节点加上两棵分别称为左子树和右子树的互不相交的二叉树组成。

二叉树中的每个节点最多有两棵子树,即二叉树中不存在度大于 2 的节点,并且二叉树的子树有左、右之分,左、右子树的次序不能随意颠倒。

二叉树具有如下性质:

(1)在二叉树的第 $i(i \geq 1)$ 层,最多有 2^{i-1} 个节点。

(2)深度为 $k(k \geq 1)$ 的二叉树最少有 k 个节点,最多有 $2^k - 1$ 个节点。

(3)对于任何一棵非空二叉树,若其叶节点数为 n_0,度为 2 的非叶节点数为 n_2,则 $n_0 = n_2 + 1$。

考点二　Internet 基础

一、Internet 基础知识

(一)Internet 的概念

Internet(也称互联网或因特网)是由数量非常大的各种计算机网络互连起来的,组成 Internet 的计算机网络包括局域网、城域网和广域网等。这些网络通过普通电话线、高速专用线路、光缆、微波、卫星等通信线路把不同国家的政府、军事机构、科研机构、公司、学校等组织的网络联系起来。Internet 由美国的 ARPANET 网络发展而来。

Internet 有两个重要的特点,即连通性和共享。连通性是指 Internet 使得联网用户之间,不论相距多远,都可以很经济、便捷地交换各种信息(如文件、音频、视频等),好像这些用户终端彼此直接连通一样。共享是指资源共享,包括信息共享、软件共享和硬件共享。

Internet 提供的资源主要分为两类,即信息资源和服务资源。

(1)信息资源:Internet 提供了巨大的数据和信息空间,其内容涉及天文学、气象、航天、农业、化学、政治、医疗保险、金融、音乐、影视等几乎所有的领域,它是信息的巨大集合。

(2)服务资源:Internet 提供了各种各样的工具和手段为用户服务。Internet 提供的服务有 WWW 服务、电子邮件服务、远程登录 TELNET 服务、文件传输服务等。

(二)Internet 的接入技术

常用的 Internet 接入方式主要有公用电话交换网(PSTN)技术、综合业务数字网(ISDN)、DDN(数字数据网)专线、非对称数字用户线(ADSL)、甚高速数字用户线、电缆调制解调器(Cable-Modem)、光纤接入技术、LMDS(本地多点分配业务)接入和局域网接入技术等。

二、网址与域名系统

计算机的 IP 地址对于用户来说不容易记忆,所以 TCP/IP 设计了一种字符型的主机命名机制,即域名系统(DNS)。域名系统负责将互联网上的主机名字转换为 IP 地址。

DNS 被设计为一个联机分布式的数据库系统,并采用客户/服务器模型。域名到 IP 地址的解析是由分布在互联网上的若干域名服务器程序共同完成的。域名服务器程序在专设的节点上运行,运行该程序的机器称为域名服务器。

互联网采用了层次树状结构的命名方法,任何一个连接在互联网上的主机或路由器都有一个唯一的层次结构的名字,即域名。域名可以看作是 IP 地址的别名。

域名由标号序列组成,各标号之间用点(.)隔开(注意,域名中的"点"和点分十进制 IP 地址中的"点"没有对应关系)。域名的一般格式如下:

…. 三级域名 . 二级域名 . 一级域名

DNS 规定,域名中的标号都由英文字母和数字组成,每一个标号不超过 63 个字符,不区分大小写字母。标号中除连字符(-)外不能使用其他标点符号。目前已经有一些由两个汉字组成的中文顶级域名出现了。

顶级域名主要分为三类:国家顶级域名、通用顶级域名、基础结构域名。

(1)国家顶级域名。例如,cn 表示中国,us 表示美国,jp 表示日本。

(2)通用顶级域名。最先确定的通用顶级域名有 7 个,分别为:com,公司企业;edu,美国专用的教育机构;gov,美国的政府部门;int,国际组织;mil,美国的军事部门;net,网络服务机构;org,非营利性组织。

(3)基础结构域名。这种顶级域名只有一个,即 arpa,用于反向解析域名,因此又称为反向域名。

三、TCP/IP 协议

在互联网使用的各种协议中,最重要的两个协议是 TCP 和 IP。TCP 和 IP 是指两个用在 Internet 上的网络协议(或数据传输的方法)。它们分别是传输控制协议和网际协议。现在一般用 TCP/IP 表示互联网所使用的整个 TCP/IP 协议族。

TCP/IP 协议族中的协议保证 Internet 上数据的传输,提供了现在上网所用到的几乎所有服务,如电子邮件的传输、文件传输、访问万维网等。

IP 协议用来使互连起来的多个计算机网络能够进行通信。与 IP 协议配套使用的还有三个协议,分别是地址解析协议(ARP)、网际控制报文协议(ICMP)以及网际组管理协议(IGMP)。

TCP 是一种面向连接的、可靠的、基于字节流的运输层通信协议,其数据传输单位是报文段。

考点三 | 前沿信息技术

当前前沿信息技术及其具体内容见下表。

表 4-3-1　前沿信息技术

技术	具体内容
大数据	定义:大数据是由数量巨大、结构复杂、类型众多的数据构成的数据集合,是基于云计算的数据处理与应用模式,通过数据的整合共享,交叉复用,形成的智力资源和知识服务能力通过数据清洗,可以发现并纠正数据文件中可识别的错误,检查数据一致性,处理无效值和缺失值,过滤不完整的数据、错误的数据、重复的数据等 特征:①数据规模大;②数据种类多;③数据处理速度快;④数据价值密度低;⑤数据真实性 应用:电子政务、医疗行业、能源行业、零售行业、气象行业等
物联网	定义:物联网是指基于互联网、传统电信网等信息载体,可以让所有能够被独立寻址的普通物理对象实现互连互通的网络,常见的应用架构为云—用户—终端 主要包括三个层次:传感器网络、信息传输网络、信息应用网络 特征:①是各种感知技术的广泛应用;②是一种建立在互联网上的泛在网络;③具有智能处理的能力,能够对物体实施智能控制 应用模式:对象的智能标签(如智能卡、条码标签)、环境监控和对象跟踪(如共享单车)、对象的智能控制(如根据光线的强弱来调整路灯的亮度)
云计算	定义:狭义的云计算是指 IT 基础设施的交付和使用模式,即通过网络以按需、易扩展的方式获得所需资源;广义的云计算是指服务的交付和使用模式,即通过网络以按需、易扩展的方式获得所需服务 架构:基础设施即服务 IaaS、平台即服务 PaaS、软件即服务 SaaS 特征:①安全;②方便;③数据共享;④无限可能;⑤公共云成本较低;⑥IaaS 满足企业不同需要;⑦大企业倾向架设私有云 关键技术:虚拟化技术、云存储技术、安全技术、资源监控、自动部署 发展趋势:扩展投资价值、混合云计算、以云为中心的设计、移动云服务
人工智能	定义:人工智能简称 AI,是一门研究如何构造智能系统或智能机器(智能计算机),使其能模拟、延伸、扩展人类智能的学科,也称为机器智能 特征:具有感知能力、记忆与思维能力、学习能力和行为能力 目标:让机器能够胜任一些通常需要人类智能才能完成的复杂工作,模拟人的行为,代替人类工作 应用:自动定理证明、博弈、模式识别、智能信息检索、知识发现和数据挖掘、专家系统等领域 研究内容:①知识表示;②机器感知;③机器思维;④机器学习;⑤机器行为 其中,知识表示方法是指研究怎样才能把知识存储到计算机中,进而求解现实问题,主要分为符号表示法和连接机制表示法。符号表示法是用各种包含具体含义的符号表示知识的方法,连接机制表示法是用神经网络表示知识的方法。而神经网络是指由大量简单处理单元经广泛连接而组成的人工网络,是对人脑或生物神经网络若干基本特性的抽象和模拟 常见的神经网络控制结构:参数估计自适应控制系统、内模控制系统、预测控制系统、模型参考自适应系统、变结构控制系统

表4-3-1(续)

技术	具体内容
AR	定义:AR(Augmented Reality,增强现实)技术是一种将虚拟信息与真实世界巧妙融合的技术,广泛运用了多媒体、三维建模、实时跟踪及注册、智能交互、传感等多种技术手段,将计算机生成的文字、图像、三维模型、音乐、视频等虚拟信息模拟仿真后,应用到真实世界中,两种信息互为补充,从而实现对真实世界的"增强" 应用:教育、培训、医疗、设计、广告等领域
VR	定义:VR(Vitual Reality,虚拟现实)技术是一种可以创建和体验虚拟世界的计算机仿真系统,它利用计算机生成一种模拟环境,使用户沉浸到该环境中 特征:沉浸性、交互性、共享性 应用:医学、娱乐、军事航天、室内设计、房产开发、工业仿真等领域
MR	定义:MR(Mixed Reality,混合现实)技术是虚拟现实技术的进一步发展,该技术通过在现实场景呈现虚拟场景信息,在现实世界、虚拟世界和用户之间搭起一个交互反馈的信息回路,以增强用户体验的真实感 应用:游戏等领域
量子通信	定义:量子通信是利用量子力学原理对量子态进行操控的一种通信形式,可以有效解决信息安全问题 优点:保密性高,量子具有测量的随机性和不可复制的特性,几乎不可能被破译 应用:量子密码通信、量子远程传态和量子密集编码等
5G	定义:5G是指第五代移动通信技术 优点:和4G相比,5G传输速率更快、网络带宽更高,呈现高可靠、低时延、低功耗的特点 应用:虚拟现实、超高清视频、无人驾驶、智能制造、智慧城市等
超级计算机	定义:超级计算机是由数百数千甚至更多的处理器组成的、能计算普通个人计算机和服务器不能完成的大型复杂课题的计算机,具有高速度、大容量的特点 发展方向:在同一个基础架构上,同时支持传统的科学计算、大数据和人工智能等应用;争取更快的计算速度
区块链	定义:区块是指每一个信息块内含有一个时间戳;区块链是指含有时间戳的信息区块彼此连接,构成的信息区块链条 分类:按照中心化可分为去中心化的公共链、多中心化的联盟链、中心化的私有链 特征:①去中心化;②不可篡改;③全程留痕;④可以追溯;⑤集体维护;⑥公开透明 优点:无须第三方中介机构的参与,数据高度安全可靠,运行过程中高效透明且成本较低 应用:信息防伪和数据追踪、物联网领域、智能城市、比特币等 其中,比特币通过分布式一致性的技术特性实现其交易安全性
边缘计算	定义:边缘计算是一种分散式运算架构,将应用程序、数据资料与服务的运算,由网络中心节点移送到网络逻辑上的"边缘节点"进行处理 提高数据处理能力,使数据处理最接近数据源,从而提供更好的性能和实时体验 优点:其应用程序在边缘侧发起,产生更快的网络服务响应,满足行业在实时业务、应用智能、安全与隐私保护等方面的基本需求等

表4-3-1(续)

技术	具体内容
3D打印技术	定义:3D打印(3DP)即快速成型技术的一种,又称增材制造,它是一种以数字模型文件为基础,运用粉末状金属或塑料等可粘合材料,通过逐层打印的方式来构造物体的技术
	应用:珠宝、鞋类、工业设计、建筑、工程和施工(AEC)、汽车、航空航天、牙科和医疗产业、教育、地理信息系统、土木工程、枪支及其他领域

经典例题

数据在企业生产经营中起着至关重要的作用,近乎所有的经营活动都要依赖数据,它犹如企业经营者的眼睛一样,通过数据可以反映出经营的问题。当我们获取数据后,为顺利分析数据,需要先对数据进行清洗。数据清洗工作一般不包括(　　　)。

A. 估计合理值修改异常数据

B. 将缺失的数据补充完整

C. 纠正或删除错误的数据

D. 筛选清除多余重复的数据

【答案】A。解析:数据清洗是指发现并纠正数据文件中可识别的错误的最后一道程序,包括检查数据一致性,处理无效值和缺失值等。数据清洗的任务是过滤不符合要求的数据,主要包括不完整的数据、错误的数据、重复的数据三大类。

习题演练

1.(　　　)负责将互联网上的主机名字转换为IP地址。

A. 域名系统(DNS)

B. 数字数据网(DDN)

C. 非对称数字用户线(ADSL)

D. 综合业务数字网(ISDN)

2. 下列不属于操作系统软件的是(　　　)。

A. Windows 2010　　　　　　　　　B. UNIX

C. Linux　　　　　　　　　　　　　D. Microsoft Office

3. 以量子计算、物联网、区块链、大数据为代表的新一代信息技术正在加速突破应用,深刻影响国家的前途命运和人民生活福祉。下列新技术与其特征对应不正确的是(　　　)。

A. 区块链—分布式数据存储、点对点传输、共识机制、加密算法

B. 大数据—海量的获据规模、多样的数据类型、数据价值密度高

C. 量子计算—巨大信息携带量、超强并行计算处理能力

D. 物联网—物与物互连、人与物互连、人与人互连

参 考 答 案

1.【答案】A。

2.【答案】D。解析：Microsoft Office 是一套常用的办公软件，并非操作系统软件。

3.【答案】B。解析：大数据的特征主要是数据量大、数据类型多样化、数据价值密度低、数据处理速度快。故本题选 B。

第四章 工程造价相关知识

考点详解

考点一 工程造价概述

一、工程造价的含义

工程造价通常是指工程项目在建设期(预计或实际)支出的建设费用。由于所处的角度不同,工程造价有不同的含义。

从投资者(业主)角度分析,工程造价是指建设一项工程预期开支或实际开支的全部固定资产投资费用。从市场交易角度分析,工程造价是指在工程发承包交易活动中形成的建筑安装工程费用或建设工程总费用。

二、工程造价的相关概念

(一)静态投资与动态投资

静态投资是指不考虑物价上涨、建设期贷款利息等影响因素的建设投资。静态投资包括建筑安装工程费、设备和工器具购置费、工程建设其他费、基本预备费,以及因工程量误差而引起的工程造价增减值等。

动态投资是指考虑物价上涨、建设期贷款利息等影响因素的建设投资。动态投资除包括静态投资外,还包括建设期贷款利息、涨价预备费等。

(二)建设项目总投资与固定资产投资

建设项目总投资是指为完成工程项目建设,在建设期(预计或实际)投入的全部费用总和。建设项目按用途可分为生产性建设项目和非生产性建设项目。生产性建设项目总投资包括固定资产投资和流动资产投资两部分;非生产性建设项目总投资只包括固定资产投资,不含流动资产投资。建设项目总造价是指项目总投资中的固定资产投资总额。

固定资产投资是投资主体为达到预期收益的资金垫付行为。建设项目固定资产投资也就是建设项目工程造价,二者在量上是等同的。其中,建筑安装工程投资也就是建筑安装工程造价,二者在量上也是等同的。

(三)建筑安装工程造价

建筑安装工程造价亦称建筑安装产品价格。从投资角度看,它是建设项目投资中的建筑安装工程投资,也是工程造价的组成部分。从市场交易角度看,建筑安装工程实际造价是投资者和承包商双方共同认可的、由市场形成的价格。

考点二 施工图预算的编制

一、施工图预算的含义

施工图预算是以施工图设计文件为依据,按照规定的程序、方法和依据,在工程施工前对工程项目的工程费用进行的预测与计算。

二、施工图预算的内容

按照预算文件的不同,施工图预算的内容有所不同。

(一)建设项目总预算

建设项目总预算是反映施工图设计阶段建设项目投资总额的造价文件,是施工图预算文件的主要组成部分。由组成该建设项目的各个单项工程综合预算和相关费用组成。建设项目总预算具体包括建筑安装工程费、设备及工器具购置费、工程建设其他费用、预备费、建设期利息及铺底流动资金。施工图总预算应控制在已批准的设计总概算投资范围以内。

(二)单项工程综合预算

单项工程综合预算是反映施工图设计阶段一个单项工程(设计单元)造价的文件,是总预算的组成部分,由构成该单项工程的各个单位工程施工图预算组成。其编制的费用项目是各单项工程的建筑安装工程费和设备及工器具购置费总和。

单位工程预算是依据单位工程施工图设计文件、现行预算定额以及人工、材料和施工机具台班价格等,按照规定的计价方法编制的工程造价文件,包括单位建筑工程预算和单位设备及安装工程预算。

单位建筑工程预算是建筑工程各专业单位工程施工图预算的总称,按其工程性质分为一般土建工程预算,给排水工程预算,采暖通风工程预算,煤气工程预算,电气照明工程预算,弱电工程预算,特殊构筑物如烟窗、水塔等工程预算以及工业管道工程预算等。

设备及安装工程预算是安装工程各专业单位工程预算的总称,设备及安装工程预算按其工程性质分为机械设备安装工程预算、电气设备安装工程预算、工业管道工程预算和热力设备安装工程预算等。

考点三 施工招标方式和程序

一、施工招标方式

工程施工招标分公开招标和邀请招标。

(一)公开招标

公开招标又称无限竞争性招标,是指招标人按程序,通过报刊、广播、电视、网络等媒体发布招标公告,邀请具备条件的施工承包商投标竞争,然后从中确定中标者并与之签订施工合同的过程。

公开招标方式的优点:招标人可以在较广的范围内选择承包商,投标竞争激烈,择优率更高,有利于招标人将工程项目交予可靠的承包商实施,并获得有竞争性的商业报价,同时,也可在较大程度上避免招标过程中的赌标行为。因此,国际上政府采购通常采用这种方式。

公开招标方式的缺点:准备招标、对投标申请者进行资格预审和评标的工作量大,招标时间长、费用高。同时,参加竞争的投标者越多,中标的机会就越小;投标风险越大,损失的费用也就越多,而这种费用的损失必然会反映在标价中,最终会由招标人承担,故这种方式在一些国家较少采用。

(二)邀请招标

邀请招标也称有限竞争性招标,是指招标人以投标邀请书的形式邀请预先确定的若干家施工承包商投标竞争,然后从中确定中标者并与之签订施工合同的过程。采用邀请招标方式时,邀请对象应以5~10家为宜,至少不应少于3家,否则就失去了竞争意义。

与公开招标方式相比,邀请招标方式的优点是不发布招标公告,不进行资格预审,简化了招标程序,因而节约了招标费用、缩短了招标时间。而且由于招标人比较了解投标人以往的业绩和履约能力,从而减少了合同履行过程中承包商违约的风险。对于采购标的较小的工程项目,采用邀请招标方式比较有利。此外,有些工程项目的专业性强,有资格承接的潜在投标人较少或者需要在短时间内完成投标任务等,不宜采用公开招标方式的,也应采用邀请招标方式。值得注意的是,尽管采用邀请招标方式时不进行资格预审,但为了体现公平竞争和便于招标人对各投标人的综合能力进行比较,仍要求投标人按招标文件的有关要求,在投标文件中提供有关资质资料,在评标时以资格后审的形式作为评审内容之一。

邀请招标方式的缺点:由于投标竞争的激烈程度较差,有可能会提高中标合同价;也有可能排除某些在技术上或报价上有竞争力的承包商参与投标。

二、施工招标程序

公开招标与邀请招标在程序上的主要差异:一是使施工承包商获得招标信息的方式不同;二是对投标人资格审查的方式不同。但是,公开招标与邀请招标均要经过招标准备、资格审查与投标、开标评标与授标三个阶段。

招标准备的主要工作步骤:①申请审批、核准招标;②组建招标组织;③策划招标方案;④招标公告或投标邀请;⑤编制标底或确定招标控制价;⑥准备招标文件。

资格审查与投标的主要工作步骤:①发售资格预审文件;②进行资格预审;③发售招标文件;④现场踏勘、标前会议;⑤投标文件的编制、递交和接收。

开标评标与授标的主要工作步骤:①开标;②评标;③授标。

考点四　招标工程量清单

招标工程量清单是招标人依据国家标准、招标文件、设计文件以及施工现场实际情况编制的,随招标文件发布供投标报价的工程量清单,包括说明和表格。编制招标工程量清单,应充分体现"实体净量""量价分离"和"风险分担"的原则。招标阶段,由招标人或其委托的工程造价咨询人根据工程项目设计文件,编制出招标工程项目的工程量清单,并将其作为招标文件的组成部分。招标人对招标工程量清单中各分部分项工程或适合以分部分项工程项目清单设置的措施项目的工程量的准确性和完整性负责;投标人应结合企业自身实际、参考市场有关价格信息完成清单项目工程的组合报价,并对其承担风险。

习题演练

1. (　　)是指不考虑物价上涨、建设期贷款利息等影响因素的建设投资。
A. 建设项目总投资　　　　　　　　B. 固定资产投资
C. 静态投资　　　　　　　　　　　D. 动态投资

2. 招标准备的主要工作步骤不包括(　　)。
A. 发售招标文件
B. 申请审批、核准招标
C. 编制标底或确定招标控制价
D. 策划招标方案

3. 编制招标工程量清单,应充分体现的原则不包括(　　)。
A. 实体净量　　　　　　　　　　　B. 风险分散
C. 量价分离　　　　　　　　　　　D. 风险分担

参 考 答 案

1.【答案】C。

2.【答案】A。解析:招标准备的主要工作步骤:①申请审批、核准招标;②组建招标组织;③策划招标方案;④招标公告或投标邀请;⑤编制标底或确定招标控制价;⑥准备招标文件。

3.【答案】B。解析:编制招标工程量清单,应充分体现"实体净量""量价分离"和"风险分担"的原则。

第五篇

英语

第一章　选词填空

考点详解

考点一　近义词辨析

近义词辨析考查考生对于意思相同或者相近的单词的理解，需要考生掌握每个单词的核心意义和区别于其他单词的用法。在词性相同的情况下，虽然代入原句都符合语法要求，但是要考虑单词意思的特殊性，结合句意来做。同义词组需要考虑语法点，考查是否有固定的用法。在平时的阅读中，考生需要注意积累同义词和近义词的用法。

经典例题

Jia Siming never openly _____ that his dream was to be a gardener because he was afraid of attracting others' ridicule.

  A. confessed   B. conceded   C. expressed   D. admitted

【答案】C。解析：句意：贾思明从来没有公开表示过他的梦想是成为一名园丁，因为他害怕招来别人的嘲笑。confess"承认（罪行）"；concede"承认（某事属实、合乎逻辑等）"；（勉强）让步"；express"表达，表露"；admit"（常指勉强）承认；承认（过错、罪行）"。根据句意，此处应为他从未公开表达过自己的梦想，故本题选C。

考点二　形近词辨析

形近词辨析主要考查考生对于形式上相近的词的理解，对于一些容易混淆的词或者短语的辨认和使用。做此类题型时，考生需要掌握每个单词的词性、意义，同时也要结合语法知识。而在银行考试中，一般以相同词根或词缀为主要考查点，如常考的词根为-tion，-ance，-nce，-able 等，因此考生遇到此类单词时，可以作为重点了解掌握，并注意区分不同单词的具体意思和用法。

表5-1-1　常见形近词

分组	例词	意思
1	aboard	prep./adv. 在(到)船(车、飞机)上
	abroad	adv. 在国外；在室外；广为流传
	board	n. 董事会；木板；甲板；膳食 vt. 上(飞机、车、船等)；提供膳宿

表5-1-1（续）

分组	例词	意思
2	adapt	v.（使）适应；改编，改写
	adopt	v. 采用，采纳；收养，领养
3	amiable	adj. 和蔼可亲的；亲切友好的
	amicable	adj. 友善的
4	arise	v. 起床，升起；出现，发生
	rise	v. 升高，增长；起床，站起
	arouse	v. 唤醒，唤起，引起（多用于抽象意味）
	rouse	v. 激起，唤醒（多用于具体意味）
5	abrupt	adj. 突然的；（言语、行为）粗鲁的
	bankrupt	adj. 破产的；v. 使破产
	corrupt	adj. 腐败的，贪污的；v. 使腐烂；破坏
	erupt	v. 爆发，喷出
6	accept	v. 接受，认可
	concept	n. 观念，概念
	except	prep. 除了……之外
7	access	n. 通道，（查阅或使用的）机会；v. 进入，存取
	assess	v. 估价，评价
	excess	n. 过度，无节制；adj. 多余的，过度的，额外的
	obsess	v.（使）迷住
	possess	v. 占有，拥有
8	acclaim	v. 喝彩，赞赏
	claim	v. 要求；认领；声称，主张
	declaim	v. 演说，高谈阔论
	disclaim	v. 放弃，拒绝承认
	exclaim	v. 呼喊，惊叫
9	accord	v. 一致，符合；n. 协议，条约
	concord	n. 和谐，一致
	discord	n. 不一致，意见不合
	record	v./n. 记录

经典例题

Care providers also need to help patients to manage their feelings of uncertainty and _____ them of the benefits of modern medicine and technology which can substantially aid in health improvement.

A. ensure

B. insure

C. assure

D. sure

【答案】C。解析：句意：护理者还需要帮助病人应对他们的不确定感，并使他们_____现代医学和技术的好处，这些医学和技术可以极大地帮助改善健康（状况）。ensure 意为"确定，保证"，确保某种行为一定会发生，用法为 ensure sth. /ensure that …；insure 是为防不测向保险公司付钱投保；assure 表示向某人保证某事一定会发生（让某人放心，以消除疑虑），用法为 assure sb. of sth. /assure sb. that …；sure 作形容词时，意为"确信的；可靠的；必定的"，作副词时，意为"当然；的确"。故本题选 C。

考点三 异形异义词辨析

该部分单纯考查考生的词汇量，以及对题干句意的把握和理解。词汇量的扩展可以通过记忆词根、词缀来实现，同时要加强对托业高频词汇的熟悉程度。银行考试和托业考试考查的词汇重合度较高，因此可以将托业词汇作为复习备考资料。

经典例题

Two million might be accepted due to newly created sectors. _____, if another 5 million people come to this city, what will be the result?

A. Nevertheless

B. Accordingly

C. Furthermore

D. Therefore

【答案】A。解析：句意：可能会有两百万人因新创领域而被接纳，不过如果再有五百万人来到这个城市，又会有怎样的结果呢？Nevertheless "然而，不过"，表示转折关系；Accordingly "因此，相应地"，表示因果关系；Furthermore "此外，而且"，表示递进关系；Therefore "因此，所以"，表示因果关系。根据语境可知，空格前后存在转折关系。故本题选 A。

考点四 词性辨析

词性辨析的题目是英语考试的标志性题目。该类题目主要考查考生对名词、形容词、副词和动词基本用法的掌握，如形容词修饰名词，副词修饰动词和整个句子，动词作谓语等。考生解题时先看空格前后所要修饰的成分，再判断正确选项。词性辨析题目难度比较小，考生需要把握准确率。

经典例题

Almost 70% of the information we gather is also available online around the world, with the _____ 30% coming from our contacts, from direct growers and wholesalers.

A. remains

B. remained

C. remain

D. remaining

【答案】D。解析：句意：我们所收集的 70% 的信息在网上都能找到，_____ 30% 是我们直接从种植者与批发商那里获得的。简单分析句子结构可知，此处要填形容词，排除 A、C 两项，remained 是动词的过去式，也可以排除，因此 remaining"剩下的，剩余的"为正确答案。故本题选 D。

考点五 / 介词

介词是一种用来表示词与词、词与句之间关系的虚词，在句中不能单独作成分。介词后面一般用名词、代词或相当于名词的其他词类、短语或从句作它的宾语。介词和它的宾语构成介词词组，在句中作状语、表语、补语等。考生在使用介词时，往往会出现遗漏介词或误用介词的情况，因此要注意准确使用介词及其相关搭配。

一、介词的种类

介词主要有如下几种：

（1）简单介词：at，in，off，on，about，against，under，of，over，past，after，before 等。

（2）合成介词：into，inside，onto，without，outside 等。

（3）短语介词：according to，because of，in front of，out of，instead of 等。

（4）分词介词：including，considering，regarding，respecting 等。

（5）双重介词：from under，from among，until after，after about，at about 等。

二、介词的用法

（一）常用介词的用法

1. 表示时间

（1）at 强调"点钟"；on 强调"日"和"某日的早、中、晚"；in 强调"段"，与表示月份、季节、年等的词连用。如：

She got up at six o'clock this morning. 她今天早上六点起床。

He left home on a cold winter evening. 他在一个寒冷的冬夜离开了家。

We came to Guangzhou in July，2008. 我们在 2008 年 7 月来到广州。

注意：morning，afternoon 和 evening 不强调某天的早、中、晚时用 in，如 in the evening。

（2）"during +时间段"表示"在……期间"，"by +时间点"表示"到……为止""在……之前"。如：

My daughter wants him to give her some work to do during the holiday. 我女儿想让他给她找点在假期里干的活。

By the time the doctor arrived the patient had died. 医生赶到时病人已死亡。

（3）表示在一段时间之后时，"in +时间段"用于将来时，"after +时间段"用于过去时。如：

He will be back in two weeks. 他将在两周内回来。

After an hour I went home. 一小时之后我回家了。

（4）表示持续的一段时间，用"for +时间段"；表示动作起始时间，用"since +过去的时间点"。如：

He has lived here for five years. 他在这里已经住了五年。

He has been in Guangzhou since 2008. 他自 2008 年就在广州了。

（5）"till（until）+时间点"用于肯定句时，表示动作的终点，意为"直到……为止"，句子的谓语动词必须是非瞬间性动词，如 work，stay，last，wait，live 等；用于否定句时，表示动作的起点，意为"直到……才"。如：

He'll be working until 8 o'clock. 他将一直工作到八点钟。

He didn't sleep until ten. 他十点钟才睡着。

2. 表示地点

（1）at 表示"范围较小的地方"，强调"点"；in 表示"范围较大的地方"，强调"空间或范围"。如：

When did your father arrive in China? 你爸爸是什么时候抵达中国的？

When did your father arrive at the airport? 你爸爸是什么时候抵达飞机场的？

（2）在与方位名词 east，west，south，north 等连用时，on 强调"接邻"，in 表示"在内部"，to 表示"在外部"。如：

Mongolia lies on the north of China. 蒙古与中国北部接壤。（毗邻）

Taiwan lies in the southeast of China. 台湾位于中国东南部。（范围之内）

Japan lies to the east of China. 日本在中国的东面。（范围之外）

（3）"across +表面"表示"横过"；"through +空间"表示"穿过"；over 表示从上面"越过"。如：

Ferryboats ply across the English Channel. 渡船定时穿越英吉利海峡。

The bird is flying through the window. 这只鸟儿正从窗户里飞过去。

They ran over the grass. 他们跑过草地。

3. 表示方式、手段、工具

（1）with 表示"用……工具"，其后要用冠词或物主代词。如：

He broke the window with a stone. 他用一块石头打破了窗户。

（2）by 表示"以……方法、手段"，其后常跟某种交通工具或跟 v. -ing 形式。如：

She went there by bus. 她坐巴士去那里。

I learn Japanese by watching cartoons. 我通过看动画片学习日语。

（3）in 表示"用……语言、材料、颜色等"。如：

This novel was written in Russian. 这部小说是用俄语写的。

（4）on 表示"通过……媒介、方式"，多用于固定词组。如：

They talked on the telephone. 他们通过电话交谈。

4. 其他

（1）表示"在……之间"时，between 通常指两者之间，而 among 用于三者或三者以上。

（2）表示"除……之外"时，besides 是包括后面所提及的人或物在内的"除……外，还"，except 是指不包括后面所提及的人或物在内的"除去"，而 except for 是排除非同类，常在说明基本情况后，从细节上加以修正或说明。

（3）to,of,for,with 接人称代词，表示不同意义：to 强调"方位"，of 说明"行为主体"，for 表示"对象"，with 表示"伴随"。

（二）介词词组在句子中的成分

介词词组在句中可作多种句子成分。

1. 作主语

From the library to the teaching building is a 5 minutes' walk. 从图书馆到教学楼要走五分钟。

2. 作表语

I was at my grandma's yesterday. 我昨天在我奶奶家。

3. 作宾语

He gave me until tomorrow. 他给我的期限是到明天。

4. 作定语

The expert will give us a lecture on how to improve soil. 这个专家将给我们做一个关于土壤改良的讲座。

5. 作补语

He woke up and found himself in hospital. 他醒来发现自己在医院里。（in hospital 作宾补）

6. 作状语

I will be free on Tuesday morning. 星期二上午我有空。（时间状语）

We'll meet at the station. 我们将在火车站碰面。（地点状语）

She covered her face with her hands and cried. 她用双手捂着脸哭。（方式状语）

He left home and worked in a big city for the sake of money. 为了赚钱，他离家到一个大城市工作。（目的状语）

（三）介词与其他词类的固定搭配

介词常常和形容词、名词、动词等构成固定搭配，即某些词的后面常要求用特定的介词表示固定的意义。以下是一些常见的固定搭配。

access to 进……的方法或通道	account for 是……的原因
according to 根据	advantage to 对……有利
agree to 同意/答应	agree with 同意观点

along with 连同	as far as 就……而言
answer for 对……负责	angry with 生某人的气
angry at 生某事的气	apart from 除……之外
as a result of 因为	at the back of 在……后面
because of 因为	blame for 对……的责备
break into 闯入	burst into 突然……起来
cause of ……的起因	call at 停靠,(短时间)停留
charge for 对……索价	change into 变成
consist of 由……组成	date from 追溯到
deal with 处理	due to 因为
faith in 对……的信仰,信奉	get over 恢复,克服
in fact 实际上	instead of 取代
in spite of 虽然,尽管	in front of 在……前面
in addition to 除……以外	in place of 代替
in case of 以防	in possession of 占有
key to ……的答案,……的钥匙	look through 浏览
objection to 对……的反对	on behalf of 代表
owing to 因为	popular with 受……欢迎
present at 出席	regardless of 不管
run out of 用完,耗尽	run through 匆匆浏览;排除
sensitive to 对……敏感	stick to 坚持

经典例题

The report _____ was read with interest by businessmen.

A. about the fiscal crisis

B. for the fiscal crisis

C. on the fiscal crisis

D. regard to the fiscal crisis

【答案】C。解析:句意:商人们饶有兴趣地阅读了那份关于财政危机的报告。介词 on 与 about 都有"关于"的意思,其区别在于 about 侧重叙事,on 侧重论述;on 表示专业的或内容详细的,指比较有系统地或理论性较强地论述某事,而 about 表示业余的或内容简单的,指泛泛地或非正式地谈论某事。如:It is a book on birds. 那是一本论及鸟类的书。(可能是一本学术著作)和 It is a book about birds. 那是一本关于鸟类的书。(可能是一本供小孩看的故事书)。for"为了;至于;因为";regard 常用于 as regard 或 with/in regard to,表示"关于"。此处是指关于财政危机的报告,且目标读者是商人,所以应该具有很强的专业性,C 项符合句意。

考点六 / 连词

连词是一种虚词,用于连接单词、短语、从句或句子,在句中不单独作成分。连词按其性质可分为并列连词和从属连词。

一、并列连词的用法

(一)表示转折关系的并列连词

这类连词主要有 but,yet 等。如:

Someone borrowed my pen, but I don't remember who it is. 有人借了我的钢笔,但我不记得是谁了。

(二)表示因果关系的并列连词

这类连词主要有 for,so 等。如:

You are supposed to get rid of carelessness, for it often leads to serious errors. 你们一定要克服粗心的坏习惯,因为粗心常常引起严重的错误。

注意:for 表示结果通常不能放在句首,也不能单独使用。

(三)表示并列关系的并列连词

这类连词主要有 and,neither … nor,not only … but (also),both … and 等。如:

Both New York and London have traffic problems. 纽约和伦敦都存在交通问题。

(四)表示选择关系的并列连词

这类连词主要有 or,or else,either … or …等。如:

People who are either under age or over age can not join the army. 年龄不到或者超龄的人都不得参军。

二、从属连词的用法

(一)引导时间状语从句的从属连词

1. 表示"当……时候"或"每当"的时间连词

这类连词主要有 when,while,as,whenever。如:

Don't talk while you're eating. 吃饭时不要说话。

2. 表示"在……之前(或之后)"的时间连词

这类连词主要有 before,after。如:

Try to finish your work before you leave. 离开前设法把工作做完。

3. 表示"自从"或"直到"的时间连词

这类连词主要有 since,until,till。如:

She's been playing tennis since she was eight. 她从八岁起就打网球了。

4. 表示"一……就"的时间连词

这类连词主要有 as soon as,the moment,the minute,the second,the instant,immediately,directly,instantly,once,no sooner … than,hardly … when 等。如:

I'll let you know as soon as I hear from her. 我一收到她的信就通知你。

5. 表示"上次""下次""每次"等的时间连词

这类连词主要有 every time, each time, (the) next time, any time, (the) last time, the first time。如：

I'll tell him about it (the) next time I see him. 我下一次见到他时，我就把这个情况告诉他。

注意：every time, each time, any time 前不用冠词，(the) next time, (the) last time 中的冠词可以省略，而 the first time 中的冠词通常不能省略。

(二)引导条件状语从句的从属连词

这类连词主要有 if, unless, as (so) long as, in case 等。如：

Do you mind if I open the window? 你介意我开窗吗？

注意：在条件状语从句中，谓语动词通常要用现在时表示将来意义，而不能直接使用将来时态。不过，有时表示条件的 if 之后可能用 will，但那不是将来时态，而是表示意愿或委婉的请求(will 为情态动词)。如：

If you will sit down for a few moments, I'll tell the manager you're here. 请稍坐，我这就通知经理说您来了。

(三)引导目的状语从句的从属连词

这类连词主要有 in order that, so that, in case that, for fear that 等。如：

He raised his voice so that everyone could hear. 他提高了嗓音，以便每个人都能听见。

(四)引导结果状语从句的从属连词

这类连词主要有 so that, so … that, such … that 等。如：

I went to the lecture early so that I got a good seat. 我去听演讲去得很早，所以找到个好座位。

(五)引导原因状语从句的从属连词

这类连词主要有 because, as, since, seeing that, now that, considering that 等。如：

He distrusted me because I was new. 他不信任我，因为我是新来的。

(六)引导让步状语从句的从属连词

这类连词主要有 although, though, even though, even if, while, however, whatever, whoever, whenever, wherever 等。如：

Although they are twins, they look entirely different. 他们虽是孪生，但是相貌却完全不同。

(七)引导方式状语从句的从属连词

这类连词主要有 as, as if, as though, the way 等。如：

Why didn't you catch the last bus as I told you to? 你怎么不按照我说的去赶乘末班公共汽车呢？

(八)引导地点状语从句的从属连词

这类连词主要有 where, wherever, everywhere, anywhere 等。如：

The church was built where there had once been a Roman temple. 这座教堂盖在一座罗马寺庙的旧址上。

(九)引导比较状语从句的从属连词

这类连词主要有 than 和 as … as。如：

She was now happier than she had ever been. 现在她比过去任何时候都快乐。

(十)引导名词性从句的从属连词

这类连词主要有 that，whether，if 等，它们用于引导主语从句、表语从句、宾语从句和同位语从句。其中 that 不仅不充当句子成分，而且没有词义，在句子中只起连接作用；而 if，whether 虽不充当句子成分，但有词义，表示"是否"。如：

He replied that he was going by train. 他回答说他将坐火车去。

经典例题

Education about consumption taxes is more likely to boost growth, _____ the growth effects of income and capital taxes are ambiguous.

A. for　　　　　　　　　　　　B. when

C. if　　　　　　　　　　　　　D. while

【答案】D。解析：句意：_____所得税和资本税的增长效应是不明确的，但是关于消费税的教育很可能会促进经济的发展。for 作连词时表示原因；when 意为"在……时候"；if 意为"如果"；while 意为"尽管"。根据句意可知，前后两句之间是让步关系。故本题选 D。

考点七　时态和语态

一、时态

时态是指特定时间内动作的状态，英语中的时态靠动词的变化和时间状语来表达。做关于时态的题目，考生需要从时态的概念、构成和时间状语三方面把握。

(一)一般现在时

一般现在时主要用来表示人、事物现在的状况和特点；表示经常或习惯性的动作，句子中常有 often，always，from time to time，usually，sometimes，every day 等时间状语；表示客观规律和永恒真理等。如：

He usually goes to work at 7 o'clock every morning.

She has a brother who lives in New York.

The earth goes around the sun.

Guangzhou is situated in the south of China.

(1)表示永恒的真理，即使出现在过去的语境中，仍用一般现在时。如：

I learned that the earth goes around the sun when I was in primary school.

(2)在时间和条件状语从句中，常用一般现在时代替一般将来时。常用的引导词如下。

时间:when,until,after,before,as soon as,once,the moment/the minute,the day

条件:if,unless,provided

如:If he accepts the job, he will get more money soon.

(3)在 the more ... the more ...(越……越……)句型中,若主句是一般将来时,从句通常用一般现在时。如:

The harder you study, the better results you will get.

(二)一般过去时

一般过去时表示在过去某个特定时间发生且完成的动作,或过去习惯性的动作,不强调对现在的影响,只说明过去。常与明确的过去时间状语连用,如 yesterday,last week,in 1945,at that time,once,before,a few days ago,when 等。

used to + do 表示过去经常但现在已不再维持的习惯性动作。如:

be/become/get used to + doing 表示习惯于做某事。

He used to smoke a lot. 他过去经常抽烟。

He has got used to getting up early. 他习惯了早起。

(三)一般将来时

一般将来时表示在将来某个时间会发生的动作或情况,常和 tomorrow, next year, in 2022 等表示将来的时间状语连用。

1. be going to +动词原形

这种结构表示说话人根据已有的迹象,判断将要发生某种情况;或表示主语现在的意图或现已做出的决定,即打算在最近或将来进行某事。这种意图或决定往往是事先经过考虑的。be going to 可表示单纯地预测未来的事,此时 be going to 可与 will 互换。如:

There is going to be a football match in our school tomorrow afternoon. 明天下午我们学校将有一场足球赛。(已有告示)

I think it is going to/will rain this evening. 我认为今晚要下雨。

2. shall/will +动词原形

will 可用于所有人称,但 shall 仅表示单纯将来时,用于第一人称 I 和 we。will 和 shall 可用来预言将来发生的事,如说出人们设想会发生的事,或者请对方预言将要发生什么事。如:

It will rain tomorrow. 明天将会下雨。

3. be to +动词原形

这种结构主要表示按计划或安排要做的事情。如:

The concert is to be held this evening. 音乐会将在今晚举行。

4. be about to +动词原形

这种结构表示就要做或正好要做的事情,往往暗含一种时间上的巧合,因此通常不再与表示具体时间的状语连用。如:

The plane is about to take off. 飞机马上就要起飞了。

5. be +现在分词

这种结构表示即将发生的动作或存在的状态。并不是所有动词都具有这样的用法,可用于该句型中的动词是 come,go,leave,arrive,begin,start,stop,close,open,die,join,borrow,buy 等。

(四)进行时

1. 现在进行时

现在进行时表示说话时或目前一段时间内正在进行的活动。现在进行时与频率副词,如 always,constantly,continually,again 等连用表示说话人的某种感情色彩(赞叹、厌烦、埋怨等)。如:

We are having English class.

The house is being built these days.

The little boy is always making trouble.

(1)在时间状语或条件状语从句中表示将来正在进行的动作。如:

Look out when you are crossing the street.

Don't wake him up if he is still sleeping at 7:00 tomorrow morning.

(2)表示在最近按计划或安排要进行的动作(这时多有表示将来的时间状语)。如:

Mary is leaving on Friday.

2. 过去进行时

过去进行时表示过去某个时间点或某段时间内正在发生的动作。如:

The boy was doing his homework when his father came back from work.

He was taking a walk leisurely by the lake when he heard someone shouting for help.

What were you doing at nine last night?

The radio was being repaired when you called me.

3. 将来进行时

将来进行时表示将来某个时间正在发生的动作,或按计划一定会发生的事情。如:

I'll be doing my homework this time tomorrow.

The President will be meeting the foreign delegation at the airport.

(五)完成时

1. 现在完成时

现在完成时表示过去某一时间发生并持续到现在或将持续下去的动作,强调过去发生的事对现在造成的影响;还表示现在已经完成的动作。现在完成时有一些标志性的时间状语。

(1)for +时间段;since +时间点。如:

They have lived in Beijing for five years.

They have lived in Beijing since 2000.

I have learned English for ten years.

（2）常见的不确定的时间状语：lately，recently，just，already，yet，up to now，till，now，so far，these days。如：

Has it stopped raining yet?

（3）在表示"最近几世纪/年/月以来……"的时间状语中，谓语动词用现在完成时。如：

in the past few years/months/weeks/days; over the past few years; during the last three months; for the last few centuries; throughout history

（4）表示"第几次做某事"，或在"it is the best（worst，most interesting）+名词+that"后面用现在完成时。如：

This is the first time that I have visited China.

It is the most interesting film that I have ever seen.

This is the only book that he has written.

2. 过去完成时

过去完成时表示过去某个时间之前已经完成的动作，即动作发生在"过去的过去"，句中有明显的参照动作或时间状语（before，after，by，up till），这种时态从来不孤立使用。如：

There had been 25 parks in our city up till 2000.

By the end of last term we had finished the book.

They finished earlier than we had expected.

（1）用于 hardly/scarcely ... when; no sooner ... than 句型中，主句用过去完成时，从句用一般过去时。如：

I had hardly finished my book when he came to see me.

I had no sooner got into the room than it began to snow.

No sooner had I arrived home than the telephone rang.（注意主谓倒装）

（2）表示"第几次做某事"，主句用过去时，从句用过去完成时。如：

That was the second time that she had seen her grandfather.

It was 5 years since we had parted.

3. 将来完成时

将来完成时表示在将来某时刻之前业已完成的事情，时间状语非常明显。

（1）常用的时间状语一般为"by +将来的时间"。如 by the end of this year，by 8 o'clock this evening，by March next year，以及由 by the time，before 或 when 等引导的状语从句。如：

By the end of next month, he will have travelled 1 000 miles on foot.

By the time you reach the station, the train will have left.

By next Tuesday, I will have got ready for the exam.

（2）在时间和条件状语从句中,将来完成时则由现在完成时表示。如:

The children will do their homework the moment they have come back from school.

经典例题

In the booming city of Rio de Janeiro, a luxury hotel _____ trash into treasure for more than a decade, long before food waste was at the forefront of anyone's mind.

A. was turning

B. has been turning

C. is turning

D. had been turning

【答案】D。解析:句意:在蓬勃发展的里约热内卢,远在食物浪费成为人们关注的焦点之前,一家豪华酒店在十多年的时间里把垃圾_____珍宝。根据后半句谓语 was 可知,食物浪费成为人们关注的焦点发生在过去,在过去的过去要用过去完成时。故本题选 D。

二、语态

（一）概念

语态是动词的一种形式,表示主语和谓语动词之间的具体关系,分为主动语态和被动语态两种。主动语态表示主语是谓语动作的执行者。被动语态表示主语是谓语动作的承受者。考试中经常会出现被动语态的考点。

（二）常考知识点

各种时态的被动语态形式。如表所示:以 make 为例。

表 5-1-2　各种时态的被动语态形式

时间	时态		
	一般时	进行时	完成时
现在	am/is/are made	am/is/are being made	has/have been made
过去	was/were made	was/were being made	had been made
将来	shall/will be made	—	shall/will have been made

动词的语态一般不单独考查,而是和时态、语气和非谓语动词一起考查,需要注意以下考点。

（1）不能用于被动语态的动词和词组:

come true, consist of, take place, happen, become, rise, occur, belong, break out, appear, arrive, die, fall, last, exist, fail, succeed

It took place before liberation.

（2）下列动词的主动语态表示被动意义,而且常与 well, quite, easily, badly 等副词连用:lock(锁),wash(洗),sell(卖),read(读),wear(穿),blame(责备),ride(乘坐),write(写)。如:

Glass breaks easily. 玻璃容易破碎。

The case locks easily. 这箱子很好锁。

The book sells well. 这本书很畅销。

（3）一些常用的经典被动句型：

It is said …，It is reported，It is widely believed，It is expected，It is estimated …

这些句子一般翻译为"据说……""人们认为……"。

而"以前人们认为……"则应该说：It was believed，It was thought …

经典例题

Ancient China's contribution to the development of human civilization was not well-_____ in the world.

A. approved   B. proclaimed

C. acknowledged   D. claimed

【答案】C。解析：句意：古代中国对人类文明发展的贡献在世界上并未得到充分认可。贡献应该是被认可，故应该用被动语态。故本题选C。

习题演练

1. The demand and supply _____ indicates operation status of this company.

A. bend   B. bow   C. twist   D. curve

2. Intense pain caused in car accident made him want to _____ .

A. roar   B. scream   C. yell   D. shout

3. The police will offer a ＄100,000 _____ for anyone who can provide clues and information about the killer.

A. award   B. present

C. reward   D. forward

4. When it comes to homosexuality，many people think it _____，immoral and wrong.

A. abnormal   B. uncommon

C. normal   D. common

5. "Tommy，run！Be quick！The house is on fire！"the mother shouted，with clearly _____ in her voice.

A. anger   B. rudeness

C. regret   D. panic

参考答案

1.【答案】D。解析：A项"弯曲"，指把某物变成曲线或角形；用于指人时，指头部或身躯弯下。B项"鞠躬；弯腰"，一般用于社交中的礼节性动作。C项"捻；拧；扭伤"，指通过拧或扭将某物弯曲。D项动词词意为"弯；使弯曲"，指成为曲线或者弧线的动作、状态；名词意为"曲线，曲线图表"。由句意可知，正确答案为D。故本题选D。

2.【答案】B。解析:A项"咆哮;呼喊;使……轰鸣",指大声地吼叫或咆哮。B项"尖声喊叫;大叫大嚷着要求",指因恐惧、快乐或痛苦而发出的尖叫声。C项"大叫;叫喊",指求援、鼓励时的呼叫。D项"呼喊;大声说",指有意识地高声喊叫,用于警告、发命令或引起别人注意等。由句意可知,正确答案为B。故本题选B。

3.【答案】C。解析:A项"(正式的或官方的对竞赛优胜者的)奖励;授予;奖品;判定"。B项"现在;礼物"。C项"(为某件事给予的)酬金;赏金;奖励"。D项作为名词指"(运动队的)前锋"。由句意可知,正确答案为C。故本题选C。

4.【答案】A。解析:A项"(指行为和现象)反常的,不规则的;变态的"。B项"不寻常的;罕有的",指少见或罕见。C项"正常的;正规的,标准的"。D项"共同的;普通的;一般的;通常的"。由句意可知,正确答案为A。故本题选A。

5.【答案】D。解析:A项"生气";B项"粗鲁";C项"后悔";D项"惊慌;慌乱"。根据句意,正确答案为D。故本题选D。

第二章 阅读理解

考点详解

考点一 细节题

细节题主要是为了测试考生在文章中提取具体事实及信息的能力,它在整个阅读理解题中所占比重最大。做细节题需要找到定位词,带回原文验证。一般出题都会按照文章段落的顺序出,做题时可以顺序定位。做题时可遵循同义词替换原则,例如 wrongly believe 与 misconception, manager 与 managerial,这种同义词替换的地方往往就是问题的答案所在。细节题常用的提问方式有以下几种:

Which of the following is NOT true?

Which of the following is NOT mentioned?

The main reason for … is …

According to the author …

例子

In spite of "endless talk of difference," American society is an amazing machine for homogenizing people. There is "the democratizing uniformity of dress and discourse, and the casualness and absence of deference" characteristic of popular culture. People are absorbed into "a culture of consumption" launched by the 19th century department stores that offered "vast arrays of goods in an elegant atmosphere. Instead of intimate shops catering to a knowledgeable elite" these were stores "anyone could enter, regardless of class or background. This turned shopping into a public and democratic act." The mass media, advertising and sports are other forces for homogenization.

According to the author, the department stores of the 19th century _____ .

A. played a role in the spread of popular culture

B. became intimate shops for common consumers

C. satisfied the needs of a knowledgeable elite

D. owed its emergence to the culture of consumption

【答案】A。解析:细节题。根据关键词 department stores of the 19th century 定位到本段。根据"Instead of intimate shops catering to a knowledgeable elite, these were stores …"可知,department stores 不同于 intimate shops,且 intimate shops 是面向知识精英阶层的,由此排除 B、C。D 项因果倒置,根据"People are absorbed into 'a culture of consumption' launched by the

19th century department stores"可知,是 the emergence of 19th department stores 在前,the culture of consumption 在后。因此 A 项"在传播大众文化中起了重要作用"为正确答案。故本题选 A。

经典例题

In accordance with International Financial Reporting Standards (IFRS), ICBC recorded net profits of RMB168. 69 billion in H1 2019, with a year‐on‐year increase of 5% and profit before provision (reflecting growth potential) of RMB308. 4 billion, with a year‐on‐year increase of 9. 9%. Operating income witnessed a year‐on‐year increase of 9. 1%. Against the backdrop of more fee cut for the real economy, ICBC saw a year‐on‐year increase of 11. 7% in net fee and commission income by deepening product and service innovation.

In the first half of 2019, ICBC recorded operating income with an annual increase of _____.

A. 11. 7%   B. 9. 1%

C. 9. 9%   D. 5%

【答案】B。解析:题干:2019 年上半年,工商银行实现营业收入同比增长_____。题干关键词为 operating income 和 annual increase,其中 annual increase 同义替换了原文的 year‐on‐year increase,定位到"Operating income witnessed a year‐on‐year increase of 9. 1%."(营业收入同比增长 9. 1%。)。由此可知,2019 年上半年,工商银行实现营业收入同比增长 9. 1%。故答案为 B。

考点二 / 推断题

推断题要求得出文章的隐含意义或深层含义。出题的地方有可能需要推理一句话、一个段落或一篇文章。推断题可以根据所要推断的一句话、一段或者全篇分为"小推"、"中推"和"大推"。"小推"指有关键词,且出现在段落的支持句中;"中推"指以段落为主,可以使用排除法,关键词在主题句上;"大推"指没有关键词,唯一的办法就是放入原文验证,需要理解全文。推断题的常用提问方式有以下几种:

What is implied by the guidelines?

What can be inferred from the information?

What will probably happen when …?

例子

If ambition is to be well regarded, the rewards of ambition—wealth, distinction, control over one's destiny—must be deemed worthy of the sacrifices made on ambition's behalf. If the tradition of ambition is to have vitality, it must be widely shared; and it especially must be highly regarded by people who are themselves admired, the educated not least among them. In an odd way, however, it is the educated who have claimed to have given up on ambition as an ideal. What is odd is that they have perhaps most benefited from ambition—if not always their own then that of their parents and grandparents. There is a heavy note of hypocrisy in this, a case of closing the barn door after the horses have escaped—with the educated themselves riding on them.

The last sentence of the paragraph most probably implies that it is _____ .

A. customary of the educated to discard ambition in words

B. too late to check ambition once it has been let out

C. dishonest to deny ambition after the fulfillment of the goal

D. impractical for the educated to enjoy benefits from ambition

【答案】C。解析：推断题。最后一句"There is a heavy note of hypocrisy in this, a case of closing the barn door after the horses have escaped—with the educated themselves riding on them."（这其中有着浓厚的虚伪色彩，恰如马跑后再关上马厩的门那样，而受过良好教育的人自己正骑在那些马背上。）通过比喻指责这些人是虚伪的，他们是抱负的受益者，但又虚伪地否认拥有抱负的重要性，故 C 项"达成目标后再否认抱负是不诚实的"表述正确。B 项"在抱负实现后再放弃它"是对原句比喻义的错误理解。A 项"受教育者习惯于口头上摒弃抱负"和 D 项"受教育者享受抱负带来的好处是不现实的"原文未提及。故本题选 C。

经典例题

A public spat between two warring and wildly popular Chinese apps bus had the feel of a teenage dance-off "Sorry, Douyin Fans", ran at article from the short video app on its WeChat account, in which it accused the mobile-messaging service of disabling links to Douyin's most popular videos. "All bail Douyin the drains queen," retorted Tencent. WeChat's parent, which said it had acted because the content was "inappropriate".

Why does the author describe at the beginning of the article that the spat between Douyin and Tencent is like a "teenage dance-off"?

A. Tencent and Douyin both asked their employees to break off possible communications with the other company.

B. Both Tencent and Douyin make statements to denounce each other's action.

C. Tencent blocked its users from registering on Douyin through WeChat account.

D. Douyin wanted to take the full responsibilities in the argument, while Tencent still accused Douyin's act as an affectation.

【答案】B。解析：题干：为什么在文章的开头，作者描述了抖音和腾讯之间的口角就像青少年打闹？根据题干关键词 teenage dance-off 定位到文章第一段第一句"A public spat between two warring and wildly popular Chinese apps has had the feel of a teenage dance-off."中国两款流行的应用程序之间发生了一场公开的口角，这让人产生一种青少年打闹的感觉。接下来就介绍了腾讯与抖音相互指责的具体内容，由此可知 B 项"腾讯和抖音都发表声明，相互指责对方的行为"最符合原文意思。故本题选 B。

考点三 主旨题

解答主旨题首先要遵从"主题句原则"。一般的英文写作都是开门见山，所以文章的第一段和每段的第一句话和最后一句话都会体现文章或段落的主题。其次注意"焦点重合"，即每段重复最多的词，或者是选项中都出现的词，需要注意。例如，每段都有"service"这个词,就应该在选项中留意这个词或者它的同义词。此外,有的文章带有一定的感情色彩,需要通篇把握文章的主旨和大意。主旨题主要是考查考生对于文章或段落的整体把握能力。

主旨题的题干中的标志词一般有 main idea,subject,best title,topic,purpose,summary 等。常见的提问方式有以下几种:

The main purpose of the passage is to …

What is this excerpt about?

What is this passage (paragraph) mainly about?

Which of the following best states the central idea of the passage (paragraph)?

Which of the following is the most suitable title for the article?

What can be the best title of the passage?

一、解题策略

1. 着重理解首段或末段

一篇思维缜密、结构严谨的议论文,中心思想一般会出现在文章的首段或末段,因此考生要着重理解首末两段,通过这两段来概括出中心思想。当然也有例外,有的文章开头是引子,引子之后才是文章主旨,这样的文章一般引子处会设题,以推断题或者结构题的形式出现,考查引子的目的是什么。

2. 重视承上启下段

文章主旨出现在中间段落的比较少见。如果是这种情况的话,主题句一般起着承上启下的作用。如果遇到文章中间的前后段意思转折较明显,考生应格外警惕,因为它往往是文章主旨所在之处。

3. 归纳各段主要内容

如果文章中没有明确的主题句,考生就要归纳各段主要内容从而概括主题。考生应着重理解每段的首句和末句,另外注意文章中反复提到的词,这一般是体现中心思想的核心词。

二、正确答案的特征

正确答案具有以下特征:

(1)选项具有概括性,能恰如其分地概括文中所阐述的内容。

(2)选项通常与作者的观点和态度一致。

(3)选项主题观点突出,不涉及细节。

三、干扰项特征

干扰项具有以下特征:

(1)选项以偏概全,过于注重细节而不能概括全部内容。有的选项只涉及细节,不能代表主题思想。

（2）选项所涉及的面太宽，超出了文章阐述的内容。

经典例题

So how do we recover and build resilience? Most people assume that if you stop doing a task like answering emails or writing a paper, that your brain will naturally recover, such that when you start again later in the day or the next morning, you'll have your energy back. But surely everyone reading this has had times where you lie in bed for hours, unable to fall asleep because your brain is thinking about work. If you lie in bed for eight hours, you may have rested, but you can still feel exhausted the next day. Because your brain has not received a break from high mental arousal states.

What is the main message we can get from the 6th paragraph?

A. Rest or do other things can help us recover from working.

B. There is nothing much we can do to build resilience.

C. Stopping working and rest is not the same thing with recovery.

D. Building resilience requires us to take breaks.

【答案】C。解析：题干：从第六段中，我们可以了解到的主要信息是什么？根据题干关键词定位到第六段。该段主要讲了我们如何恢复和锻炼韧性。大多数人认为，如果你停止回复邮件或写论文这样的任务，你的大脑会自然恢复，这样当你在一天晚些时候或第二天早上再次开始工作时，你就会恢复精力。但是每个阅读这篇文章的人肯定都有数次躺在床上几个小时而无法入睡的经历，因为你的大脑在思考工作。如果你在床上躺了八个小时，你可能已经休息了，但是第二天你仍然会感到疲惫。因为你的大脑没有从高度精神唤醒状态中得到休息。由此可知，虽然我们有时候停止工作并休息，但是我们的精力并没有得到恢复，因为大脑没有从高度精神唤醒状态中得到休息。C项"停止工作并休息与恢复不是一回事"符合文意，故本题选C。

考点四 态度题

态度题有两种，一种是"大态度"，一般就是问作者的态度。解答这类题的时候通常需要通读全文，掌握主题思想和主要事实，之后做出判断。文章中表示转折意义的词最能代表作者的态度，如 but，yet，however 等。另外一种是"小态度"，即文章中出现的某个人物的态度或者针对某句话的态度。解这类题首先要弄清问题问的是什么，然后在文中找到相应的关键词或句子。对重要的形容词和副词应认真分析，然后做出推断。解答态度题的时候需要区分这两种不同的态度。态度无非有三大方向"支持，中立，反对""positive/supportive/approving""neutral""negative/opposed"。

态度题的题干标志词有 attitude，opinion，tone 等，常见提问方式有以下几种：

What is the author's attitude towards …?

How would you describe … attitude towards …?

What is the tone(mood) of the passage?

The author's attitude towards … seems to be …

Which of the following best describes the author's attitude towards …?

一、解题策略

做态度题要把握六原则：

（1）表示"客观"的词多为正确选项，如 objective，impartial，unbiased，unprejudiced 等。

（2）作者态度基本不会是漠不关心，所以此类词一般不是正确选项，如 indifferent，uninterested，impassive，unconcerned 等。

（3）好还是坏，支持还是反对，态度一般会比较明确，带中立色彩的词相对来讲不容易成为正确答案，如 neutral，ambiguous 等。

（4）尽量不要用贬义词去评价作者态度。

（5）不要把考生自己的好恶态度揉进其中。

（6）要注意区分作者本人的态度和作者引用的观点的态度。

二、常见表示态度的词

1. 表示积极、肯定的意义

positive 肯定的	favorable 赞成的
supportive 支持的	enthusiastic 热情的
defensive 保卫的	optimistic 乐观的
confident 自信的	admiring 赞赏的
tolerant 容忍的	sympathetic 同情的
persuasive 有说服力的	approving 赞成的
informative 有教益的；提供有用信息的	

2. 表示消极、否定的意义

negative 否定的	pessimistic 悲观的
critical 批评的	worried 焦虑的
opposed 反对的	suspicious 可疑的
doubtful 怀疑的	ironic 讽刺的
skeptical 怀疑的	hostile 有敌意的
sarcastic 讽刺的	disappointed 失望的
radical 激进的	biased 有偏见的
confused 困惑的	subjective 主观的
disapproval 不赞成	objection 反对
criticism 批评	

3. 表示客观的意义

objective 客观的	impartial 公平的，不偏不倚的
unbiased 无偏见的	unprejudiced 无偏见的
disinterested 公正的，无私的	

4. 表示中立、不关心的意义

neutral 中立的 　　　　　　　　ambiguous 含糊的，模棱两可的

impassive 冷漠的 　　　　　　　uninterested 冷淡的，不感兴趣的

indifferent 漠不关心的 　　　　　unconcerned 冷漠的，不关心的

经典例题

The fact that you are earning your degree speaks volumes. Employers will want to know what degree you earned and what you studied, but as a recruiter, I'd be more focused on the types of internships you've taken, your skills and experiences (study abroad counts, as well). Subject matter counts, too. So if you're passionate about psychology and can fit in psychology classes, go for it. (I actually majored in psychology!) I knew at the time that understanding people would be a valuable asset to have during every stage of my life—both business and personal.

What's the speaker's attitude towards working outside of one's degree?

A. The speaker focuses more on one's internship experience rather than the degree.

B. The speaker encourages people to work outside of one's degree.

C. The speaker thinks it is not wise to choose a career that is not related to one's degree.

D. The speaker considers it risky to work outside of one's degree.

【答案】A。解析：题干：演讲者(作者)对做与大学文凭无关的工作持什么态度？首句点明所得文凭是能够说明一些事情的(The fact that you are earning your degree speaks volumes.)，but 一词表转折，表明作者是持不同的想法的，即"… but as a recruiter, I'd be more focused on the types of internships you've taken, your skills and experiences. "(但作为一名招聘人员，我更关注的是应聘者的实习经历、技能和经验)，由此可知，相比一个人的文凭而言，演讲者(作者)更关注的是人们的实习经历，故 A 项"演讲者更注重一个人的实习经历，而不是文凭"正确。

考点五　词义猜测题

词义猜测题是指在阅读过程中根据对语篇的信息、逻辑、背景知识及语言结构等的综合理解去猜测或推断某个词、短语或句子的意思。词义猜测题主要考查考生根据不同的语境判断、猜测意义的能力。出题形式一般有两种：一是考纯粹的生词(多半属于非常用词)；二是考熟词生义(或词的多义性)。

词义猜测题常用的提问方式有以下几种：

The underlined word "…"(Para 2, line 3) probably means …

What does the underlined word "…" means …

Which of the following is closest in meaning to "…"？

一、猜测熟词的生义

"代入检验"法：如果四个词都认识，就分别代回原文，检查一下是否符合逻辑。

"词汇关系"法：查看是否有特定的搭配或者逻辑关系。

"句子关系"法:根据语法结构和句子逻辑关系判断文章句子关系是顺接还是逆接,话题和感情色彩相同还是相反。

二、猜测生词含义

(1)通过语境猜测词义,通过文章主题和上下文的逻辑关系,来推测出生词和句子的含义。要求词不离句,句不离篇。从对两种事物或现象的对比描述中,推断出词义。

(2)根据定义猜测词义。定义的形式通常有用一个句子或者段落给生词定义,使用破折号、冒号后面的内容或者引号、括号中的内容对生词加以解释或者定义。

(3)通过经验及生活常识猜测词义。在阅读文章的基础上利用自己对日常生活的理解和判断来完成对单词的猜测。

经典例题

The prospect of job interviews is <u>daunting</u> enough, but some of us still look forward to charming potential employers when meeting face to face. However, it's markedly more difficult to build that all-important rapport when the "person" interviewing you isn't a person at all.

What does the underlined word mean in the first paragraph?

A. Not as good as expected.　　　　　　B. Discouraging through fear.

C. Making you feel excited.　　　　　　D. Causing sudden terror.

【答案】B。解析:根据题干定位到"The prospect of job interviews is daunting enough,but some of us still look forward to charming potential employers when meeting face to face."(求职面试已经够_____了,但我们中的一些人仍然期待着与潜在雇主面对面接触)。根据句中的 but 一词可知,前后两个句子在意思上形成对比,后一句说的是"一些人仍然期待与潜在雇主面对面接触",由此可推断前一句是指求职面试令人望而却步,心生退缩,进而不想跟潜在雇主面对面接触。故 B 项"令人望而却步"与原文试图表达的意思最为贴切。

习题演练

Why has crime in the U. S. declined so dramatically since the 1990s?

Economists and sociologists have offered a bounty of reasons, including more police, more security technology, more economic growth, more immigration, more imprisonment, and so on.

The "real" answer is almost certainly a combination of these factors, rather than one of them to the exclusion of the rest. But a new paper adds a surprising variable to the mix. What if the decline of crime in America started with the decline of cash?

Cash is critical to the health of an underground economy, because it's anonymous, nearly untraceable, and easily stolen. This makes it the lifeblood of the black market.

But Americans are rapidly abandoning cash thanks to credit cards, debit cards, and mobile payments. Half a century ago, cash was used in 80 percent of U. S. payments. Now that figure is about 50 percent, according to researchers.

In the 1980s, the federal government switched from paper money to electronic benefit transfers. They didn't switch all at once. They switched one county at a time within states. This created a kind of randomly controlled environment for the researchers, who studied Missouri's counties to establish whether the areas that switched from welfare cash to electronic transfers saw a concurrent decline in crime.

The results were striking: The shift away from cash was associated with "a significant decrease in the overall crime rate and the specific offenses of burglary and assault in Missouri and a decline in arrests." In other words, the counties saw a decline in specific crimes when they switched away from cash welfare.

Perhaps most interestingly, they found that the switch to electronic transfers reduced robbery but not rape, suggesting that the move away from cash only had an impact on crime related to getting and spending cash.

The move toward cashlessness in the U. S. continues quickly. Google now lets you attach money to emails to send to friends, which means that for some shoppers, pulling out your credit card could become as rare as finding exact change in your coin purse. It might seem absurd to imagine Visa, Square, and Google Wallet as crime-fighting technologies. But with a better understanding of how cash's availability affects crime, perhaps the government should consider killing more than just the penny.

1. Which of the following cannot explain why cash is critical to the health of an underground economy?

A. Cash is anonymous.

B. Cash is hardly traceable.

C. Cash is easily stolen.

D. Cash is the lifeblood of the black market.

2. The government switched one county at a time within states favors researchers because

_____ .

A. it reduced cash payment in Missouri

B. it offered a randomly controlled environment

C. it helped to extend electronic transfers to the state

D. it saw a concurrent decline in crimes

3. The shift away from cash in Missouri's counties resulted in _____ .

A. an unobvious decrease in the overall crime rate

B. a decrease in certain crimes such as robbery and rape

C. a decline in crimes related to the use of cash

D. a decline in overall crimes

4. It can be learned from the last paragraph that _____ .

A. the government is advised to advocate cashless payments

B. America has become a cashless society

C. most people now send their friends money by email

D. it is absurd to fight against crime by using Visa, Square, and Google Wallet

5. Which of the following would be the most appropriate title for this text?

A. Why has Crime in America Declined since the 1990s.

B. How the Decline of Cash Makes America a Safer Country.

C. The Impacts of the Decline of Cash in America.

D. The Relations between Cash and Crime.

参 考 答 案

1.【答案】D。解析：细节题。根据题干关键词定位到第四段。第一句提到现金对于地下经济运转很重要的三个原因：现金可以匿名使用、现金难以追踪、现金容易被偷。分别对应 A、B、C 三项。D 项"现金是黑市的命脉"只是题干意思的同义表达，而不是原因，因此为正确答案。故本题选 D。

2.【答案】B。解析：细节题。根据题干关键词定位到第六段。本段提到 This created a kind of ... for the researchers ...，即政府在州内一次更新一个县的系统，这项举措很巧合地为研究人员提供了一个受控环境，以方便进行减少现金使用是否会使犯罪率下降的研究，因此 B 项为正确答案。A 项"减少了密苏里州的现金支付"、C 项"帮助将电子转账扩展到整个州"原文并未提及。D 项"见证了犯罪率的同步下降"不符合题意，"犯罪率下降"是研究人员的研究结果，并不是进行研究之前政府发现的结果。故本题选 B。

3.【答案】C。解析：细节题。根据题干关键词定位到第七、八段。根据第七段 the counties saw a decline in specific crimes 和第八段 the move away from cash only had an impact on crime related to getting and spending cash 可以推断出 C 项"减少了和使用现金有关的犯罪"为正确答案。由 a significant decrease in the overall crime rate 可知 A 项错误。由（decrease in）the specific offenses 可知 D 项错误。由 reduced robbery but not rape 可知 C 项错误。故本题选 C。

4.【答案】A。解析：细节题。根据题干关键词定位到最后一段。根据文中 But ... affects crime, perhaps the government should consider killing more than just the penny.（但是如果能理解现金对于犯罪的影响，也许政府会考虑停用纸币而非只是硬币。）可知，作者希望政府能够废除纸币，故 A 项"政府被建议提倡无现金支付"符合题意，为正确答案。B 项"美国已成为无现金国家"与本段首句"美国加速了无现金的进程"不符。C 项"大多数人通过邮件向朋友寄钱"扩大了人数范围，与题意不符。D 项"用维萨信用卡、Square 卡以及谷歌钱包对抗犯罪很荒唐"曲解了原文意思，文中用"看起来很荒唐"引出其在减少犯罪方面的作用，故排除。故本题选 A。

5.【答案】A。解析：主旨题。本文前两段列举了 20 世纪 90 年代以来美国的犯罪情况急剧减少的因素。第三段承上启下，提出犯罪率下降是否和减少现金使用有关呢？第四段指出使用现金为什么容易导致犯罪。第五段至第八段通过研究说明减少现金使用有助于减少和现金支付有关的犯罪。第九段指出美国无现金进程加快，指出减少现金使用确实可以在一定程度上减少犯罪。整篇文章围绕两个关键词 cash 和 crime 展开论述。因此只有 B 项"减少现金使用如何使美国变得更安全"为正确答案。A 项"20 世纪 90 年代以来美国的犯罪情况为何下降"，没有提到现金的作用。C 项"减少现金使用对美国的影响"，没有提到对犯罪的影响。D 项"现金与犯罪的关系"过于宽泛，没有紧扣减少现金使用可减少犯罪这个中心主题。故本题选 A。

中公教育·全国分部一览表

中公教育总部
地址:北京市海淀区学清路23号汉华世纪大厦B座
电话:400-6300-999
网址:http://www.offcn.com

北京中公教育
地址:北京市海淀区学清路38号金码大厦B座910室
电话:010-51657188
网址:http://bj.offcn.com

吉林中公教育
地址:长春市朝阳区辽宁路2338号中公教育大厦
电话:0431-81239600
网址:http://jl.offcn.com

浙江中公教育
地址:杭州市石祥路71-8号杭州新天地商务中心望座东侧4幢4楼
电话:0571-86483577
网址:http://zj.offcn.com

江苏中公教育
地址:南京市秦淮区中山东路532-2号金蝶软件园E栋2楼
电话:025-86992955 / 66 /77
网址:http://js.offcn.com

湖南中公教育
地址:长沙市芙蓉区五一大道800号中隆国际大厦4、5层
电话:0731-84883717
网址:http://hn.offcn.com

四川中公教育
地址:成都市武侯区锦绣路1号保利中心东区1栋C座12楼(美领馆旁)
电话:028-87018758
网址:http://sc.offcn.com

山东中公教育
地址:济南市历下区经十路13308号中公教育大厦
电话:0531-86554188
网址:http://sd.offcn.com

陕西中公教育
地址:西安市新城区东五路48号江西大厦1楼(五路口十字向东100米路南)
电话:029-87448899
网址:http://sa.offcn.com

江西中公教育
地址:南昌市东湖区阳明东路66号央央春天1号楼投资大厦9楼
电话:0791-86823131
网址:http://jx.offcn.com

广东中公教育
地址:广州市天河区五山路371号中公教育大厦9楼
电话:020-35641330
网址:http://gd.offcn.com

山西中公教育
地址:太原市坞城路师范街交叉口龙珠大厦5层(山西大学对面)
电话:0351-8330622
网址:http://sx.offcn.com

河南中公教育
地址:郑州市经三路丰产路向南150米路西 融丰花苑C座(河南省财政厅对面)
电话:0371-86010911
网址:http://he.offcn.com

河北中公教育
地址:石家庄市建设大街与范西路交叉口众鑫大厦中公教育
电话:0311-87031886
网址:http://hb.offcn.com

重庆中公教育
地址:重庆市江北区观音桥步行街未来国际大厦7楼
电话:023-67121699
网址:http://cq.offcn.com

福建中公教育
地址:福州市八一七北路东百大厦19层
电话:0591-87515125
网址:http://fj.offcn.com

安徽中公教育

地址:合肥市南一环路与肥西路交叉口汇金大厦 7 层

电话:0551-66181890

网址:http://ah.offcn.com

云南中公教育

地址:昆明市东风西路 121 号中公大楼(三合营路口,艺术剧院对面)

电话:0871-65177700

网址:http://yn.offcn.com

贵州中公教育

地址:贵阳市云岩区延安东路 230 号贵盐大厦 8 楼(荣和酒店楼上)

电话:0851-85805808

网址:http://gz.offcn.com

黑龙江中公教育

地址:哈尔滨市南岗区西大直街 374-2 号

电话:0451-85957080

网址:http://hlj.offcn.com

辽宁中公教育

地址:沈阳市沈河区北顺城路 129 号(招商银行西侧)

电话:024-23241320

网址:http://ln.offcn.com

天津中公教育

地址:天津市和平区卫津路云琅大厦底商

电话:022-23520328

网址:http://tj.offcn.com

湖北中公教育

地址:武汉市洪山区鲁磨路中公教育大厦(原盈龙科技创业大厦)9、10 层

电话:027-87596637

网址:http://hu.offcn.com

海南中公教育

地址:海口市大同路 24 号万国大都会写字楼 17 楼(从西侧万国大都会酒店招牌和工行附近的入口上电梯)

电话:0898-66736021

网址:http://hi.offcn.com

甘肃中公教育

地址:兰州市城关区静宁路十字西北大厦副楼 2 层

电话:0931-8470788

网址:http://gs.offcn.com

内蒙古中公教育

地址:呼和浩特市赛罕区呼伦贝尔南路东达广场写字楼 702 室

电话:0471-6532264

网址:http://nm.offcn.com

新疆中公教育

地址:乌鲁木齐市沙依巴克区西北路 731 号中公教育

电话:0991-4531093

网址:http://xj.offcn.com

广西中公教育

地址:南宁市青秀区民族大道 12 号丽原天际 4 楼

电话:0771-2616188

网址:http://gx.offcn.com

青海中公教育

地址:西宁市城西区胜利路 1 号招银大厦 6 楼

电话:0971-4292555

网址:http://qh.offcn.com

上海中公教育

地址:上海市杨浦区锦建路 99 号

电话:021-35322220

网址:http://sh.offcn.com

宁夏中公教育

地址:银川市兴庆区清和北街 149 号(清和街与湖滨路交汇处)

电话:0951-5155560

网址:http://nx.offcn.com